Colección de
COCINA
CREATIVA

Publications International, Ltd.

Favorite Brand Name Recipes at www.fbnr.com

Fotografía de la página 177, por Vuksanovich, Chicago.
El resto del trabajo fotográfico, por Sacco Productions Limited, Chicago.
Se ilustra en la portada: Pollo con Nuez *(página 184).*
Se ilustra en la contraportada: Galletas Tuile Belgas *(página 284).*

ISBN: 0-7853-7030-7

Número de Tarjeta del Catálogo de la Biblioteca del Congreso: 2002100172

Hecho en China.

8 7 6 5 4 3 2 1

Cocción en horno de microondas: La potencia de los hornos de microondas varía de un modelo a otro. Utilice los tiempos de cocción indicados sólo como una guía, y verifique los tiempos indicados en el manual del usuario.

Contenido

Introducción

La *Colección de Cocina Creativa* está diseñada para que los cocineros de cualquier nivel —desde principiantes hasta muy experimentados— preparen fabulosos platillos con ingredientes frescos, que con seguridad serán muy atractivos. En esta recopilación gastronómica de más de 160 recetas, se combinan sensacionales sabores con técnicas y términos de cocina contemporáneos.

Cada deliciosa receta se desarrolló con mucho cuidado para asegurar los mejores resultados. Para guiarlo a usted a través de la preparación y la cocción, las instrucciones se dan en forma precisa. A medida que lea las recetas, encontrará que muchas de las técnicas están ilustradas con útiles fotografías. Asimismo, para despertar su creatividad, cada receta se presenta acompañada de una fotografía a toda página que muestra la manera en que puede presentarse el platillo.

Además de las maravillosas recetas, la siguiente introducción está llena de consejos, sugerencias y guías informativas. Las ilustraciones y detalladas instrucciones —que van desde consejos de cómo trinchar un asado y cómo deshuesar una pechuga de pollo hasta cómo hornear galletas— lo guiarán a través de técnicas de cocina que le asegurarán el buen resultado en la cocina. Esta abundante información culinaria espera ser explorada por usted.

ENTREMESES

Guías Generales

Cuando sirva entremeses antes de una comida, tenga presente que su objetivo es entretener el apetito, no satisfacerlo. Es suficiente servir una o dos variedades; calcule de cinco a siete piezas en total por persona. Prepare recetas que contrasten en textura, temperatura y sabor con los platillos que vaya a servir después. Muchas personas prefieren servir el entremés de primer tiempo antes de pasar a los invitados a la mesa, porque esto le da tiempo al cocinero de dar a la comida los toques de último momento.

Los entremeses fríos, así como los dips y las verduras marinadas, se deben preparar con varias horas de anticipación, porque su sabor mejora con el tiempo. Algunos entremeses calientes se pueden preparar con antelación y simplemente se vuelven a calentar poco antes de servirlos, en tanto que otros se deben preparar al momento.

Si los entremeses se van a servir varias horas después de prepararlos, es importante conservarlos a la temperatura a la que se van a servir. Los entremeses fríos, como un cóctel de camarón, deben ponerse en una fuente sobre hielo triturado. Las botanas calientes, como las albóndigas, deben servirse en un utensilio que conserve el calor, como una parrilla para mesa o una olla para fondue.

CARNES

Guías Generales

Para que la carne termine de cocerse, se aconseja dejarla reposar de 10 a 20 minutos, tiempo recomendado para cortes grandes de carne, como asados, pavos y pollos enteros. La temperatura interna recomendada para sacar las carnes y las aves del horno debe ser de 3 a 6 °C menor que la temperatura final esperada, porque continúa subiendo durante el tiempo de reposo. También es más fácil trinchar la carne luego de que repose. Si la carne se corta inmediatamente después de sacarla del horno, pierde gran parte de sus deliciosos jugos.

Técnicas para Trinchar

A reserva de que planee trinchar la carne en la mesa, colóquela sobre una tabla grande para trinchar que tenga una cavidad en un extremo para recolectar el jugo. (O coloque una tabla para picar dentro de una charola para horno con el fin de recolectar el líquido.) Utilice un tenedor para carne con mango largo para sujetar la carne y un cuchillo largo y afilado para rebanarla.

Asados sin Hueso

Los asados de res, cerdo y cordero sin hueso son fáciles de trinchar. Sostenga el asado con firmeza con un tenedor de mango largo para carne. Con la hoja del cuchillo colocada en forma perpendicular a la tabla para picar, corte la carne a través de la fibra en rebanadas delgadas y uniformes, más o menos de .5 a 1.2 cm de grosor.

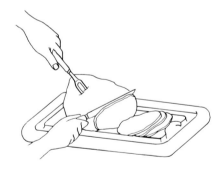

El pecho de res es un corte delgado. Siga las instrucciones anteriores, pero rebane la carne diagonalmente, en lugar de hacerlo a través de la fibra, así obtendrá rebanadas de carne con un área mayor.

AVES

Guías Generales

Cuando maneje aves crudas, debe conservar limpio todo lo que entre en contacto con la carne. Antes de cocer las aves crudas, enjuáguelas, y séquelas con toallas de papel dando ligeras palmadas. Después de que use las tablas para cortar y los cuchillos, lávelos con agua jabonosa caliente. Lávese las manos frotándolas muy bien antes y después de manejar la carne. ¿Por qué? Las aves crudas pueden albergar la dañina bacteria de la salmonela. Si la bacteria pasa a la superficie de trabajo, a los utensilios o a las manos, podrá contaminar otros alimentos y ocasionar envenenamiento. Con un manejo cuidadoso y una cocción adecuada, podrá prevenirlo.

Las aves siempre deben estar muy bien cocidas antes de comerlas. Nunca las cueza parcialmente ni las guarde, para después acabar de cocerlas, porque así también se promueve el crecimiento de la bacteria.

Guardar y Congelar

Las aves crudas y frescas se pueden guardar con la envoltura original, hasta por dos días, en la parte más fría del refrigerador. Sin embargo, congélelas de inmediato si no planea cocerlas en un periodo de dos días después de comprarlas. Puede congelar casi todas las aves con la envoltura original; se conservan bien así hasta por dos meses. Si planea tenerlas congeladas por más tiempo, envuélvalas con plástico autoadherible, papel de aluminio o envoltura de plástico. Una cubierta hermética es la clave para tener buenos resultados al congelar aves.

Cuando congele pollos, pavos, patos y gallinas Cornish, todos enteros, saque y enjuague la menudencia (si la traen) y séquela con toallas de papel dándole palmaditas. Recorte cualquier exceso de grasa. Envuélvala ajustadamente, etiquete, ponga la fecha y congélela envuelta en plástico grueso o en papel de aluminio.

Para obtener mejores resultados al descongelar las aves, colóquelas sin desenvolver en el refrigerador. El tiempo para descongelar varía dependiendo de qué tan congelada esté el ave y si está entera o en piezas. Como consejo general, para 2.5 kg deje descongelar 24 horas; calcule unas 5 horas por cada 450 g de piezas congeladas. *Nunca* descongele el pollo fuera del refrigerador, porque en la temperatura ambiente se fomenta el crecimiento bacterial.

Pruebas de Cocción

Hay varias formas de saber si el ave ya está cocida y lista para comerla. Para pollo y pavo enteros, inserte en la parte más gruesa del muslo, pero no cerca del hueso o la grasa, un termómetro de carne; éste debe indicar de 81 a 84 °C antes de sacarlo del horno. Si el pollo o el pavo entero está relleno, inserte el termómetro en el centro de la cavidad del cuerpo; cuando el relleno marque 70 °C, deberá estar cocido. (El pollo y el pavo se deben rellenar justo antes de asarlos; nunca los rellene con anticipación.) Las pechugas de pollo enteras asadas están cocidas cuando el termómetro de carne marque 76 °C.

Para verificar si ya están cocidas las piezas de pollo con hueso, debe poder insertar con facilidad un tenedor en el pollo y el jugo debe estar transparente; no obstante, la carne y el jugo que están cerca de los huesos pueden tener una apariencia rosada aun cuando el pollo esté bien cocido. Las piezas de pollo deshuesadas están cocidas cuando el centro pierde su color rosado; puede determinar esto haciendo un corte en el pollo con un cuchillo.

Técnicas de Preparación

Cómo Aplanar Pechugas de Pollo Crudas sin Hueso

Coloque media pechuga de pollo entre dos hojas de papel encerado. Con el lado plano de un mazo para carne o con un rodillo, golpee suavemente el pollo, del centro hacia los extremos de la pechuga, hasta que tenga el grosor que desee.

Cómo Quitar la Piel y el Hueso de una Pechuga de Pollo Entera

1. Congele la pechuga de pollo hasta que esté firme, pero no dura. (Sin embargo, no vuelva a congelar el pollo ya descongelado.) Sostenga la piel con una toalla de algodón limpia o con una toalla de papel, y despréndala de la carne; deseche la piel. Cuando termine de desprender la piel, lave la toalla de algodón antes de volver a utilizarla.

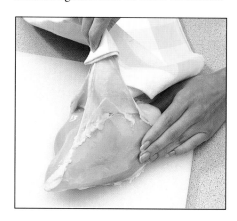

2. Ponga la pechuga sobre una tabla para picar, con la carne hacia abajo. Haga un ligero corte a través de la membrana y del cartílago en la V del extremo del pescuezo.

4. Pase los dedos a lo largo de ambos lados del esternón para soltar la carne del hueso triangular; con cuidado desprenda la quilla.

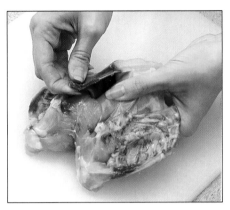

6. Inserte la punta del cuchillo debajo del hueso largo de la costilla en un lado de la pechuga. Corte y raspe la carne al tiempo que desprende los huesos.

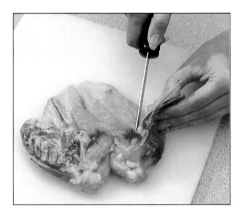

3. Sujete la pechuga con ambas manos y, con suavidad, doble los lados hacia atrás para romper el esternón.

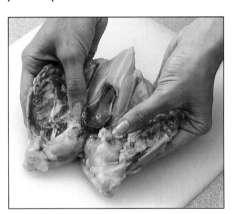

5. Con la punta de un cuchillo afilado, corte a lo largo de ambos lados del cartílago en el extremo del esternón. Retire el cartílago.

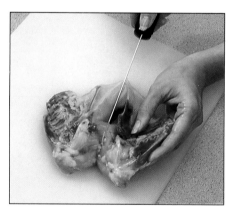

7. Corte la carne de la clavícula. Retire los huesos. Repita el procedimiento para deshuesar el otro lado de la pechuga.

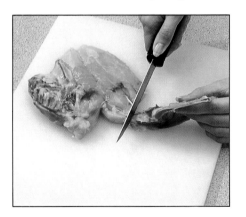

8. Quite la espoleta de la pechuga; para ello, corte la carne de la espoleta por el extremo del pescuezo. Sostenga la espoleta y despréndala de la pechuga.

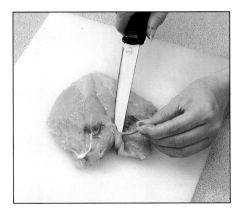

9. Para quitar el tendón blanco de cada mitad de pechuga, corte suficiente carne alrededor de cada tendón para que pueda sujetarlo. (Utilice un pedazo de toalla de papel para asirlo.) Retire el tendón.

10. Coloque la pechuga con la carne hacia arriba. Si lo desea, quite la parte suave de la parte más gruesa de cada mitad de pechuga y guárdela para usarla en otro platillo. Corte cualquier tejido conectivo flojo restante, si es necesario. Corte la pechuga por la mitad a lo largo, si lo prefiere.

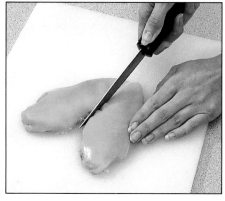

PESCADO

Guías Generales

El pescado se vende de diferentes formas. Los filetes se venden sin espinas, con o sin piel. Las postas son secciones transversales de pescado redondo grande (pescado con cuerpo redondo y ojos a ambos lados de la cabeza). Varían de 1.8 a 2.5 cm de grosor. Las postas tienen parte de la espina dorsal y el lado exterior está cubierto de piel.

Cuando compre filetes y postas, asegúrese de que la carne de los cortes esté húmeda, que no tenga manchas y que la piel esté brillante y flexible. El olor es un signo seguro de frescura. Si el pescado tiene olor desagradable fuerte, no lo compre.

Al comprar pescado congelado, el empaque debe tener su forma original y la envoltura debe estar intacta. No debe haber cristales de hielo, sangre visible ni manchas en la piel y en la carne.

Métodos y Pruebas de Cocción

Los métodos de cocción más comunes para el pescado son sofreír, freír con grasa, escalfar, hervir, asar y hornear. Antes de cocer el pescado, enjuáguelo bajo el chorro de agua fría y séquelo con toallas de papel dándole palmaditas. ¡El pescado se cuece con rapidez! Tenga cuidado de no cocerlo de más, porque se endurece y su sabor se estropea. El pescado está cocido cuando la carne se pone opaca y se desmenuza con facilidad al picarla con un tenedor. Los tiempos de cocción varían según el pescado y el corte, pero puede guiarse con los siguientes tiempos de cocción: 10 minutos por cada 2.5 cm de grosor; 15 minutos por cada 2.5 cm cuando se cuece en salsa; 20 minutos por cada 2.5 cm cuando está congelado.

MARISCOS

Guías Generales

El marisco fresco debe tener un olor fresco, suave, a brisa de mar. Las langostas y los cangrejos frescos se deben comprar vivos, tan cerca como sea posible del momento de cocinarlos. Deben mover enérgicamente las tenazas; las langostas deben cerrar su cola contra el pecho o enroscarla debajo del cuerpo, cuando se les alza. No obstante, si las langostas y los cangrejos están refrigerados, serán menos activos. No compre langostas o cangrejos que no muestren estas señales. El camarón se debe sentir firme al tacto.

Las almejas se pueden comprar vivas en su concha o recién sacadas de la concha, en su jugo. Las almejas de concha dura, los mejillones y los ostiones deben tener sus conchas cerradas herméticamente o deben cerrarlas bien cuando se les da un golpe ligero; si no las cierran es que los mariscos están muertos y se deben desechar. La almeja de concha suave no cierra su concha por completo. Para determinar si está viva, toque con delicadeza el cuello que sobresale de la concha para ver si se contrae; si no se contrae ligeramente, deseche la almeja. Deseche cualquier almeja, mejillón u ostión que tenga rajada o rota la concha.

Las almejas recién sacadas de su concha deben estar regordetas, húmedas y brillantes. Su color varía de verde grisáceo a beige a naranja claro u oscuro, dependiendo de la variedad.

Los ostiones recién sacados de su concha deben estar rodeados de un líquido transparente, ligeramente blanco lechoso o gris claro. Por lo general, el color de los ostiones es blanco cremoso, pero varía dependiendo de la variedad.

El color de las vieiras recién sacadas de su concha varía de un blanco cremoso a un canela o a un rosa claro. Las vieiras de bahía, que generalmente se encuentran en la costa este de Estados Unidos, miden más o menos 1.2 cm de diámetro. Las vieiras de mar son más grandes: 6.5 cm de diámetro, aproximadamente.

Pruebas de Cocción

Cuando cueza mariscos, lo primero que debe recordar es no cocerlos en exceso, porque se endurecen, se secan y pierden gran parte de su sabor. Caliente el marisco precocido hasta que esté bien caliente. Al marisco crudo sin concha o en su concha, le toma sólo unos minutos cocerse. Atienda las siguientes guías para saber cuándo está cocido el marisco.

Los mariscos sin concha, como las almejas, los mejillones y los ostiones, se ponen opacos. La orilla de los ostiones se empieza a enroscar. Tenga cuidado de no cocerlos en exceso porque se encogen.

Las almejas, los mejillones y los ostiones en su concha se deben abrir solos. Retírelos del fuego en cuanto se abran y continúe cociendo el resto hasta que todos estén abiertos. Deseche cualquiera que no se abra.

La langosta se cuece de acuerdo con su peso. Aunque casi de inmediato se torna de un color rojo brillante, esto no es señal de que esté cocida. Cuando la hierva, el tiempo de cocción se comienza a contar una vez que el agua retome el hervor. Hierva la langosta según el tiempo que se recomienda en la página 242.

Las vieiras adquieren un color blanco lechoso o se tornan opacas y firmes. Dependiendo de su tamaño, las vieiras tardan de 3 a 4 minutos en cocerse.

El camarón se torna rosa y opaco. El tiempo de cocción varía según su tamaño; por ejemplo, hervido o al vapor, toma de 3 a 5 minutos cocer 450 g de camarón mediano con caparazón; en tanto que se necesitan de 5 a 8 minutos para cocer camarón gigante.

GALLETAS

Guías Generales

Hay cinco tipos básicos de galletas: en barra, de cuchara, de refrigerador, enrolladas y con figura. Estos tipos se determinan por la consistencia de la masa y la forma de las galletas.

Galletas en Barra: Utilice siempre el tamaño de molde que se indica en la receta. Si utiliza un tamaño diferente, se afecta el tiempo de horneado y la textura de las galletas. Un molde más chico dará por resultado una textura más parecida a la de un pastel; si usa un molde más grande el resultado será una textura más seca.

Galletas de Cuchara: Son galletas de tamaño y forma uniforme que se terminan de hornear al mismo tiempo. Para dar forma fácilmente a las galletas de cuchara con tamaño uniforme, utilice una cuchara para helado con barra liberadora. Por lo general, el mango indica el número de bolas que se pueden servir de un litro de helado. Seleccione una del número 80 o 90 para hacer galletas de tamaño estándar. Cualquiera de estas cucharas rinde más o menos una cucharadita redondeada de masa para cada galleta.

Galletas de Refrigerador: Siempre enrolle la masa antes de refrigerarla. Es más fácil darle forma a la masa si la coloca sobre un pedazo de papel encerado o en envoltura de plástico. Antes de refrigerar, envuelva bien los rollos, porque la exposición al aire puede ocasionar que la masa se reseque.

Cuando rebane los rollos, utilice un cuchillo afilado, presione la masa con suavidad y ruede el rollo hacia adelante y hacia atrás; este movimiento asegura que las galletas se conserven redondas. Rodar el rollo mientras lo corta también evita que se aplaste de un solo lado.

Galletas Enrolladas: Para manejar la masa para galletas con mayor facilidad, refrigérela antes de enrollarla. Saque del refrigerador sólo la masa con la que va a trabajar. Conserve los recortes y vuelva a enrollarlos al mismo tiempo para evitar que la masa se endurezca.

Galletas con Figura: A estas galletas se les puede dar forma de bola o media luna con las manos, o mediante un cortador de galletas para obtener figuras más complejas.

Si en la receta se indica cortar las galletas, no les dé forma con las manos, a menos que así se indique, porque la masa tiene una consistencia propia para darle forma con un cortador de galletas. Si en su primer intento de usar el cortador no obtiene un buen resultado, sólo vuelva a colocarlo y pruebe de nuevo.

Hornear

Las mejores charolas para hornear son las que no tienen borde, o las que tienen uno o dos bordes cortos. Estas charolas permiten que el calor circule con facilidad mientras hornea, e incluso ayudan a que se doren las galletas.

Para obtener óptimos resultados al hornear y dorar, meta sólo una charola de galletas a la vez en el centro del horno. Si las galletas no se están dorando en forma uniforme, gire la charola a la mitad del tiempo de cocción. Cuando necesite hornear más de una charola de galletas a la vez, intercámbielas a la mitad del tiempo de cocción.

Se obtienen buenos resultados utilizando manteca o aceite antiadherente en aerosol para engrasar la charola. Al cubrir las charolas con papel pergamino, se reduce significativamente la tarea de limpieza, las galletas se hornean de forma más uniforme y puede dejarlas enfriar sobre el papel en lugar de pasarlas a una rejilla de alambre.

Deje enfriar las charolas entre tandas, ya que la masa se expande si la pone en una charola caliente.

Para evitar cocer de más las galletas, revíselas cuando transcurra el tiempo mínimo de horneado. Si se necesita más tiempo, cuídelas para que no se quemen. Por lo general, es mejor que queden un poco crudas que quemadas.

Algunos tipos de galletas deben retirarse de inmediato de la charola después de hornearlas, y colocarlas en una sola capa en una rejilla de alambre para que se enfríen. Es necesario dejar enfriar un poco las galletas frágiles sobre la charola antes de pasarlas a la rejilla de alambre. Las galletas de barra se pueden dejar enfriar y guardar en la misma charola.

Guardar y Congelar

Guarde por separado las galletas suaves y las firmes, a temperatura ambiente, para evitar que cambie su textura y su sabor. Conserve las galletas suaves en recipientes que cierren herméticamente; si comienzan a secarse, ponga en el recipiente un pedazo de manzana o de pan para ayudar a que las galletas conserven su humedad. Si las galletas firmes se humedecen, caliente las que no tengan decoración en el horno, a 150 °C, de 3 a 5 minutos.

Guarde las galletas con glasé pegajoso, decoración frágil y betún en una sola capa entre hojas de papel encerado. Las galletas

de barra se pueden guardar en el molde; cuando ya estén frías, cúbralas con papel de aluminio o envoltura de plástico.

Como regla general, las galletas firmes se conservan mejor congeladas que las galletas suaves. Las galletas de barra con mucha mantequilla y los brownies son la excepción a la regla, ya que congelados se conservan perfectamente. Las galletas horneadas se pueden congelar hasta por tres meses en recipientes que cierren herméticamente o en bolsas para congelar. Las galletas con merengue no se conservan bien congeladas, y las galletas remojadas en chocolate se pueden manchar si se congelan. Descongele las galletas y los brownies, sin envolver, a temperatura ambiente.

PASTELES

Hornear

Ponga el molde o moldes rellenos en el centro del horno previamente calentado. Puede ser necesario bajar las rejillas del horno para hornear roscas. Si utiliza dos rejillas, acomódelas de manera que el horno quede dividido en tres partes y después espacie los moldes de modo que no se horneen directamente uno encima del otro. Evite abrir la puerta del horno durante la primera mitad del tiempo de horneado. La temperatura del horno debe permanecer constante para que el pastel suba adecuadamente.

Un pastel de mantequilla está cocido cuando comienza a subir más allá del molde, la parte superior se contrae si se toca suavemente y al salir limpio y seco el medidor de pasteles o un palillo de madera insertado en el centro. Un pastel esponjoso estará cocido cuando empiece a dorarse y la parte superior se contraiga cuando se toca con suavidad.

Enfriar

Después de sacar del horno un pastel de mantequilla, déjelo reposar por 10 minutos en el molde sobre una rejilla de alambre, o

durante el tiempo que indique la receta. Pase un cuchillo alrededor de la orilla del pastel para aflojarlo del molde. Coloque una rejilla de alambre sobre el molde; voltee juntos la rejilla y el molde; el pastel deberá quedar sobre la rejilla. Si no sale, déle un golpe ligero a la base del molde. Suba el molde y retire del pastel el papel encerado, si lo utilizó. Ponga una segunda rejilla sobre el pastel y voltee ambas rejillas y el pastel para dejar que éste se enfríe. Retire la rejilla superior.

Después de sacar del horno un pastel horneado en molde para rosca, póngalo de inmediato en un embudo a prueba de calor o en una botella. Si lo deja enfriar de cabeza, puede caerse.

TÉCNICAS ESPECIALES

Sofreír

Sofreír —un método rápido de cocción inventado por los chinos— es la cocción rápida en aceite caliente, a fuego alto, de trozos chicos de ingredientes, durante un periodo corto. Mientras se cuecen los ingredientes, se deben revolver vigorosamente sin cesar.

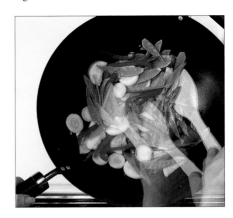

Cuando sofría, organice y prepare todos los ingredientes *antes de empezar a cocerlos.* Debe medirlos o pesarlos, lavarlos, picarlos, rebanarlos y mezclarlos porque no tendrá suficiente tiempo para prepararlos mientras los cuece. La carne, las aves, el pescado y las verduras deben cortarse en trozos de un tamaño similar para asegurar que se cuezan de manera uniforme.

La intensidad del calor que se utiliza para cocer en wok es un factor importante. En la mayoría de los casos, es necesario poder controlar con facilidad el fuego alto. Por esta razón, una estufa de gas con control inmediato del fuego es, por lo general, más eficiente que una estufa eléctrica o un wok eléctrico.

Cómo Hacer una Base para Pay

Corte la manteca dentro de los ingredientes en polvo con un mezclador para masa o con dos cuchillos, hasta que en la mezcla se formen pedazos del tamaño de un chícharo.

Rocíe agua helada y revuelva con un tenedor sólo hasta que la mezcla se incorpore. Si va a hacer una base doble para pay, divida la masa a la mitad y haga una bola con cada mitad. Para hacer una base sencilla, forme una sola bola con la masa. Coloque la masa sobre una superficie enharinada y extiéndala con un rodillo enharinado hasta que mida 3 cm de grosor y sea más o menos 2.5 cm más grande que el molde; espolvoree más harina según sea

necesario. Para pasar la masa al molde, coloque el rodillo sobre un extremo de la masa. Con suavidad, enrolle la masa sobre el rodillo y levántela.

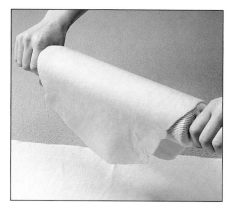

Con cuidado, desenrolle la masa para que caiga dentro del molde.

Cómo Asar Chiles Frescos

Ase los chiles frescos sobre el fuego de una estufa de gas o en un asador. Si utiliza una estufa de gas, sosténgalos con unas pinzas y colóquelos directamente en medio de la llama. Gírelos hasta que se les formen ampollas y estén chamuscados. De inmediato, métalos en una bolsa de plástico y ciérrela. Si utiliza un asador, póngalos

sobre la rejilla forrada con papel de aluminio; áselos de 5 a 7.5 cm de la fuente de calor hasta que se les formen ampollas y se chamusquen uniformemente; voltéelos según sea necesario. Métalos en una bolsa de plástico y ciérrela.

Deje reposar los chiles en la bolsa durante 20 minutos. Pélelos debajo del chorro de agua fría, frótelos y despréndales la piel.

Abra a lo largo el chile con tijeras o cuchillo. Desprenda con cuidado las semillas y las venas, y deséchelas.

Enjuague bien los chiles y escúrralos; séquelos con toallas de papel dándoles palmaditas.

GLOSARIO

Aceite de ajonjolí: Aceite de color ámbar, hecho con semillas de ajonjolí tostadas y prensadas. Por lo general, se utiliza para dar sabor a platillos de la cocina asiática. Debido a que tiene un bajo punto de ahumado y a que se quema con facilidad, raramente se utiliza como aceite para cocinar.

Alcaparras: Son los botones en flor de un arbusto originario del Mediterráneo; se secan al sol y después se envasan en salmuera de vinagre. Antes de usar las alcaparras, se deben escurrir y enjuagar para eliminar el exceso de sal.

Cardamomo: Especia aromática de la familia del jengibre; es originario de la India. Se vende entero o molido. El cardamomo entero tiene un sabor más intenso que el molido. Las semillas se desprenden de las vainas antes de utilizarse para cocinar.

Cilantro (perejil chino): Hierba de sabor acre y picante, de hojas verdes delicadas, similar en aspecto, pero no en sabor, al perejil de hoja plana. Se utiliza ampliamente en la cocina mexicana; no tiene sustitutos. Guárdelo en el refrigerador hasta por una semana con los tallos sumergidos en un vaso con agua; cubra las hojas con una bolsa de plástico.

Cinco especias chinas: Mezcla de cinco especias molidas, de color cacao, lista para usarse; por lo general contiene semilla de anís, hinojo, clavo, canela y jengibre o pimienta. Tiene un sabor acre y ligeramente dulce; se debe utilizar escasamente.

Champiñón shiitake: Champiñón café oscuro, grande, con sombrerete carnoso y de exquisito sabor. Originario de Japón y Corea; se vende fresco o seco.

Chile de árbol: Chile pequeño, delgado, con forma de aguja y piel suave; es de color rojo brillante y tiene un sabor muy picante.

Chile jalapeño: Chile chico, verde oscuro, normalmente de 5 a 7.5 cm de largo y unos 2 cm de ancho; tiene un extremo despuntado o ligeramente ahusado. Su sabor varía de picante a muy picante. Los chiles jalapeños también se venden enlatados o en escabeche. El chile jalapeño fresco se puede sustituir por chile serrano o cualquier otro chile chico picante.

Chile poblano: Chile grande, de color verde muy oscuro, de forma triangular, con el extremo en punta. Por lo general, mide de 9 a 12 cm de largo. Su sabor va de moderado a muy picante. Puede sustituirse el chile poblano por chile Anaheim, que no es muy picante.

Chile serrano: Chile muy chico, de color verde medio, muy picante. Generalmente, mide de 3 a 4 cm de largo y 1 cm de ancho; tiene la punta afilada. Los chiles serranos también se venden en escabeche. El chile serrano puede sustituirse por chile jalapeño o cualquier otro chile chico, picante y fresco.

Chorizo: Salchicha de cerdo, con textura gruesa, de color naranja o rojo, que se vende a granel o en tripa. El sabor va de muy sazonado a algo picante. Siempre retire la envoltura antes de utilizarlo.

Oreja de Judas (oreja de árbol u oreja de nube): Champiñón seco que expande de cinco a seis veces su tamaño cuando se remoja en agua tibia. Tiene textura crujiente y es de sabor delicado, por lo que a menudo toma el sabor de los ingredientes con los que se cuece.

Prosciutto: En italiano significa "jamón"; el prosciutto está sazonado, curado en sal y deshumedecido (no ahumado). Por lo general, se vende en rebanadas muy delgadas y se come como primer tiempo con rebanadas de melón e higos, o cortado en tiras con pasta y verduras. Envuélvalo herméticamente y refrigérelo hasta por 3 días o congélelo hasta por 1 mes.

Sake: Vino japonés hecho de arroz fermentado. Tradicionalmente se sirve caliente como bebida, pero también se utiliza en escabeches y salsas. Lo puede sustituir con jerez seco.

Salsa de ostión: Salsa concentrada espesa, café, hecha con ostión molido, salsa de soya y salmuera. Proporciona muy poco sabor a pescado y se utiliza como sazonador para intensificar otros sabores.

Salsa de pescado (nam plat): Extracto de pescado fermentado. Se utiliza como condimento e ingrediente sazonador en la cocina del sudeste de Asia.

Salsa hoisin: Salsa espesa, de color café oscuro, hecha con frijol de soya, harina, azúcar, especias, ajo, chile y sal. Tiene sabor a especia dulce y se utiliza en innumerables recetas chinas.

Salsa satay: Salsa picante y condimentada hecha con salsa de soya, camarón molido, chile, azúcar, ajo, aceite y especias. También se le conoce como salsa barbecue china.

Té de limón: Planta rígida parecida al pasto, de color verde pálido, con sabor y aroma a limón ácido; es esencial en la cocina del sudeste de Asia. Se puede encontrar fresco o seco en mercados orientales.

Tomatillo (tomate verde o tomate mexicano): Fruta chica, de color verde, dura; antes de utilizarlo, debe retirarse su cáscara exterior, que parece de papel. El tomatillo tiene un sabor ácido distintivo y se usa mucho en salsas cocidas. Se vende fresco o en lata (etiquetado como tomatillo entero). No tiene sustituto.

Vino de arroz (mirin): Este vino con poco contenido de alcohol se hace con arroz aglutinado. Es un ingrediente básico en la cocina japonesa; se utiliza para dar sabor y endulzar salsas y glasés. El "vino de arroz para cocinar" se usa sólo para cocinar. Lo puede sustituir por jerez seco.

Entremeses

Brochetas Serbias de Cordero

450 g de carne de cordero molida
450 g de carne molida de res
  1 cebolla amarilla chica, finamente
    picada (página 68)
  2 dientes de ajo picados (página
    116)
  1 cucharada de pimentón picante
    húngaro*
  1 huevo chico ligeramente batido
    Sal y pimienta negra molida al
    gusto
  3 a 4 pimientos morrones rojos,
    verdes o amarillos, cortados en
    cuadros
    Arroz pilaf cocido
    Rebanadas de tomate rojo y
    brochitas de cebollín para
    adornar

*Si desea que no quede picante, utilice pimentón dulce.

1. En un recipiente grande, revuelva la carne de cordero con la carne de res, la cebolla amarilla, el ajo, el pimentón y el huevo; sazone con la sal y la pimienta negra.

2. Ponga la mezcla de carne sobre una tabla para picar; forme un rectángulo de 20×15 cm. Con un cuchillo afilado, corte la carne en 48 cubos (de 2.5 cm); con cada cubo haga una salchicha oblonga chica.

3. Ponga las salchichas en una charola forrada con papel encerado y congélelas de 30 a 45 minutos o hasta que estén firmes. *No deben congelarse por completo.*

4. Prepare un asador para cocer directamente (técnica en la página 109).

5. En cada aguja metálica para brocheta, ensarte alternadamente 3 salchichas y 3 trozos de pimiento morrón.

6. Ase sobre carbón medio caliente de 5 a 7 minutos. Gire las brochetas; tenga cuidado de que no se rompan las salchichas. Ase de 5 a 7 minutos más hasta que se cueza la carne. Acompañe con el arroz pilaf.

7. Para hacer las brochitas de cebollín, corte la raíz y casi toda la parte verde de los cebollines. Con una tijera afilada, haga cortes paralelos, de más o menos 3.5 cm, a lo largo de cada cebollín, en el extremo de la raíz o en ambos extremos. Abra como abanico las secciones cortadas para formar la brocha. Si lo desea, ponga las brochas en un recipiente con agua helada; déjelos en remojo durante varias horas para que se abran y se enrosquen. Adorne si lo desea.

Rinde 16 brochetas

Paso 2. Forme salchichas oblongas con los cubos de carne.

Paso 5. Ensarte las salchichas y los trozos de pimiento.

Paso 7. Corte los cebollines en forma de brochas.

Canapés Chinos de Cerdo y Camarón Cocidos al Vapor (Siu Mai)

150 g de camarón miniatura cocido, descongelado y enjuagado

450 g de carne molida de cerdo

½ taza de castañas de agua finamente picadas

2 cebollines enteros finamente picados

1 cucharada de salsa de soya

1 cucharada de jerez seco

2 cucharaditas de fécula de maíz

1 cucharadita de jengibre fresco picado (página 130)

½ cucharadita de aceite de ajonjolí

¼ de cucharadita de azúcar

1 huevo, separado

1 cucharada de agua

36 hojas para wonton*

36 chícharos frescos (5 o 6 vainas)

Salsa de soya adicional (opcional)

Aceite con chile (opcional)

Rama de estragón para adornar

*En la mayoría de los mercados encontrará hojas para wonton cuadradas. En algunos encontrará hojas circulares de 7.5 cm de diámetro; si compra la hoja circular, omita el paso 3.

1. Escurra el camarón sobre toallas de papel. Reserve 36 camarones. En un recipiente grande, ponga el resto de los camarones; agregue el cerdo, las castañas, el cebollín, 1 cucharada de salsa de soya, el jerez, la fécula de maíz, el jengibre, el aceite de ajonjolí y el azúcar; revuelva bien.

2. Añada la clara de huevo a la mezcla de cerdo y revuelva bien hasta que se incorpore; deje a un lado. Ponga la yema de huevo en una taza; agregue el agua y bata.

3. Para recortar las hojas cuadradas en círculo, apile 12 hojas, una sobre otra; conserve el resto de las hojas cubiertas con plástico para evitar que se resequen. Corte círculos de 7.5 cm con la punta de un cuchillo para pelar; como guía, utilice un cortador de galletas redondo. Repita el procedimiento con el resto de las hojas; conserve las hojas cortadas cubiertas con plástico.

4. Para rellenar los canapés, trabaje a la vez con 4 hojas recortadas; conserve el resto envueltas en plástico. Barnice ligeramente las hojas con la mezcla de yema de huevo.

continúa en la página 16

Paso 2. Incorpore la clara de huevo a la mezcla de cerdo.

Paso 3. Recorte en círculos las hojas para wonton.

Paso 4. Barnice las hojas recortadas con la mezcla de yema de huevo.

***Canapés Chinos de Cerdo y Camarón
Cocidos al Vapor, continuación***

5. En el centro de cada hoja, coloque
1½ cucharadas de la mezcla de cerdo. Forme
los canapés doblando hacia arriba la orilla de
la hoja; haga unos pliegues chicos; deje que
el relleno sobresalga. Presione la envoltura
alrededor del relleno en el centro, para darle
forma de "pellizco". Colóquelos en una
charola y cubra con envoltura de plástico.

6. Para cocer al vapor los canapés, ponga una
vaporera de bambú de 30 cm de diámetro
sobre un wok. Agregue agua a 1.5 cm por
debajo de la vaporera (el agua no debe tocar
la vaporera). Retire la vaporera; tape el wok y
ponga a hervir a fuego alto.

7. Unte un poco de aceite en la base de la
vaporera. Acomode la mitad de los canapés,
más o menos a 1.5 mm de distancia entre uno
y otro. Barnice ligeramente la parte superior
de los canapés con la mezcla de yema de
huevo; encima de cada canapé, ponga
1 chícharo y 1 camarón de los que reservó;
presiónelos para afianzarlos en su lugar.

8. Ponga la vaporera en el wok sobre el agua
hirviente; baje el fuego a medio. Tape y deje
cocer al vapor durante unos 12 minutos o
hasta que el cerdo esté firme al tacto. Retire el
wok del fuego. Con una espumadera o una
espátula, pase los canapés a un platón.

9. Repita los pasos 7 y 8 con el resto de los
canapés. Sirva de inmediato con la salsa de
soya y el aceite con chile para remojarlos.
Adorne, si lo desea.

Rinde 3 docenas de canapés

Paso 5. Presione la hoja alrededor
del relleno.

Paso 7. Coloque un camarón
encima de cada canapé.

Paso 8. Coloque la vaporera en el
wok con agua hirviente.

Albóndigas Bañadas con Salsa de Crema Agria y Ajonjolí

1 cebolla mediana
¼ de taza de semillas de ajonjolí
1 rebanada de pan fresco
675 g de carne molida de res
¼ de taza de leche
1 huevo
½ cucharadita de sal
⅛ de cucharadita de pimienta negra
⅛ de cucharadita de jengibre molido
4 cucharadas de aceite vegetal
4 cucharadas de mantequilla o margarina
1 taza de caldo de res
Salsa de crema agria y ajonjolí (página 18)
Ramas de perejil italiano para adornar

1. Para picar la cebolla en el procesador de alimentos, pélela y córtela en cuartos; póngala en el recipiente y pulse de 4 a 7 veces hasta que la cebolla esté finamente picada. Reacomode la cebolla una vez. Pique ⅔ de taza de cebolla. Escurra la cebolla si es necesario. (Véase la página 68, donde se muestra la técnica para picarla con cuchillo.)

2. Para tostar las semillas de ajonjolí, distribúyalas en una sartén grande. Mueva la sartén sobre fuego medio-bajo hasta que las semillas comiencen a brincar y a dorarse, durante unos 3 minutos. Reserve 2 cucharadas de semillas de ajonjolí tostado para la Salsa de Crema Agria y Ajonjolí.

3. Corte la rebanada de pan en cuartos. Muela el pan en el procesador de alimentos o en la licuadora hasta que esté finamente molido. Debe obtener ½ taza de pan molido.

4. En un recipiente grande, mezcle la carne molida, la cebolla, el pan molido, la leche, el huevo, la sal, la pimienta y el jengibre.

continúa en la página 18

Paso 1. Pique la cebolla en el procesador de alimentos.

Paso 2. Mueva la sartén hasta que las semillas de ajonjolí comiencen a brincar y se doren.

Paso 3. Procese el pan hasta que esté finamente molido.

5. Ponga la mezcla de carne en una tabla para picar; forme un rectángulo de 20×15 cm. Con un cuchillo afilado, corte la carne en 48 cubos (de 2.5 cm); con cada cubo forme una albóndiga de 2.5 cm de diámetro.

6. En una sartén grande, caliente a fuego medio 2 cucharadas de aceite y 2 cucharadas de mantequilla. Fría la mitad de las albóndigas hasta que se doren por todos lados, de 8 a 9 minutos. Agregue ½ taza de caldo. Deje que hierva a fuego medio-alto. Reduzca el fuego a bajo y deje cocer, tapado, de 5 a 10 minutos. Ponga a un lado las albóndigas cocidas. Repita el procedimiento con el resto de las albóndigas; utilice las 2 cucharadas de aceite, las 2 cucharadas de mantequilla y la ½ taza de caldo restantes.

7. Mientras tanto, prepare la Salsa de Crema Agria y Ajonjolí. Ponga las albóndigas calientes en un platón; báñelas con la salsa. Espolvoree encima las 2 cucharadas restantes de ajonjolí tostado. Adorne si lo desea.

Rinde 4 docenas de albóndigas

Salsa de Crema Agria y Ajonjolí

2 **cucharadas de mantequilla o margarina**
2 **cucharadas de harina de trigo**
½ **cucharadita de jengibre molido**
¼ **de cucharadita de sal**
¼ **de taza de caldo de res**
1 **cucharada de salsa de soya**
2 **cucharadas de semillas de ajonjolí tostado**
¾ **de taza de crema agria**

1. En una sartén chica, derrita a fuego bajo la mantequilla. Agregue la harina, el jengibre y la sal; cueza revolviendo hasta que burbujee, más o menos por 1 minuto. Vierta el caldo de res. Cueza hasta que se espese, durante un minuto más; revuelva sin cesar. Incorpore la salsa de soya y las semillas de ajonjolí.

2. Retire del fuego; vierta en un recipiente chico. Agregue la crema agria y revuelva hasta que se incorpore. *Rinde 1½ tazas*

Paso 5. Forme albóndigas de 2.5 cm de diámetro.

Paso 6. Cueza la mitad de las albóndigas hasta que estén doradas por todos lados.

Salsa de Crema Agria y Ajonjolí: Paso 1. Cueza la mezcla de mantequilla; revuelva hasta que burbujee.

Burritos de Queso y Chorizo

Salsa de cebolla y chile (receta
   más adelante)
24 tortillas de maíz (de 10 cm de
   diámetro) o 6 tortillas de
   harina (de 20 cm de diámetro),
   cortadas en cuartos
225 g de queso Chihuahua o queso
   manchego
120 a 180 g de chorizo
   Chiles para adornar

1. Prepare la Salsa de Cebolla y Chile.

2. Caliente el horno a 200 °C. Envuelva las tortillas en papel de aluminio.

3. Corte el queso en rebanadas muy delgadas. Divida las rebanadas uniformemente entre 4 a 6 platos chicos que pueda meter al horno. (O ponga las rebanadas en una cacerola grande poco profunda.)

4. Quite y deseche la envoltura del chorizo. Ponga una sartén mediana a fuego alto hasta que esté caliente; baje el fuego a medio. Desmenuce el chorizo en la sartén y dórelo de 6 a 8 minutos; revuelva para separar la carne. Retire el chorizo con una espumadera; escúrralo sobre toallas de papel. Consérvelo caliente.

5. Hornee el queso por 3 minutos. Meta las tortillas al horno; continúe horneando durante 4 minutos más o hasta que se funda el queso.

6. Ponga las tortillas en un tortillero; distribuya uniformemente el chorizo sobre el queso. Para servir, ponga la mezcla de queso sobre una tortilla y corone con la salsa; doble la tortilla en forma de quesadilla. Adorne si lo desea.

Rinde de 4 a 6 porciones

Paso 3. Corte el queso en rebanadas muy delgadas.

Paso 4. Quite la envoltura del chorizo.

Salsa de Cebolla y Chile

1 cebolla mediana
1 o 2 chiles jalapeños frescos
3 cucharadas de jugo de lima recién
   exprimido
¼ de cucharadita de sal

1. Corte la cebolla y los chiles por la mitad a lo largo. Retire y deseche las semillas de los chiles. Corte a lo largo las mitades de cebolla y de chile en rebanadas muy delgadas; separe las tiras.

2. En un recipiente, mezcle todos los ingredientes; revuelva bien. Deje reposar, tapado, a temperatura ambiente por 2 horas para que se mezclen los sabores.

Rinde aproximadamente 1 taza

Salsa de Cebolla y Chile: Paso 1. Corte la cebolla.

Nuggets de Pollo

2 pechugas de pollo enteras, abiertas, sin piel y deshuesadas (páginas 6-8)
Aceite vegetal
1 huevo
⅓ de taza de agua
⅓ de taza de harina de trigo
2 cucharaditas de semillas de ajonjolí
1½ cucharaditas de sal
Salsa agridulce, salsa de tomate para cóctel y salsa tártara para remojar el pollo
Anillos de cebolla morada para adornar

1. Sobre una tabla para picar, corte el pollo en trozos de 2.5 cm.

2. En una cacerola grande, vierta 7.5 cm de aceite y póngalo a calentar a fuego medio-alto hasta que registre 190 °C en un termómetro para freír. Ajuste el fuego para conservar la temperatura.

3. Mientras tanto, en un recipiente grande, bata el huevo con el agua hasta que se incorporen. Agregue la harina, las semillas de ajonjolí y la sal; revuelva hasta formar una mezcla suave.

4. Remoje los trozos de pollo en la mezcla, unos cuantos a la vez; sacuda el exceso.

5. Fría el pollo, unos cuantos pedazos a la vez, en el aceite caliente por 4 minutos o hasta que el pollo esté dorado y pierda el color rosado en el centro. Con una espumadera, retire el pollo y póngalo sobre toallas de papel para que se escurra.

6. Acompañe con las salsas. Adorne si lo desea.

Rinde 8 porciones

Paso 1. Corte el pollo en trozos de 2.5 cm.

Paso 3. Revuelva la mezcla.

Paso 4. Remoje los trozos de pollo en la mezcla.

Pizza de Pollo

225 g de masa para pizza, refrigerada
2 pechugas de pollo enteras, abiertas, sin piel y deshuesadas (páginas 6-8)
1 pimiento morrón verde grande
1 cebolla grande
¼ de taza de aceite vegetal
225 g de champiñones rebanados
½ taza de aceitunas negras sin hueso, rebanadas
1 lata (300 g) de salsa para pizza con queso
1 cucharadita de sal de ajo
1 cucharadita de hojas de orégano seco, machacadas
¼ de taza de queso parmesano
2 tazas (225 g) de queso mozzarella rallado

1. Caliente el horno a 220 °C.

2. Separe la masa en ocho triángulos. Engrase una charola para pizza de 30 cm de diámetro y acomode los triángulos de masa; cubra bien la base de la charola. Selle las uniones.

3. Sobre una tabla para picar, corte el polio en trozos de 2.5 cm.

4. Para preparar el pimiento morrón, haga un corte circular con un cuchillo para pelar alrededor de la parte superior del pimiento. Jale el tallo para desprenderlo junto con las semillas y las venas. Enjuague el pimiento debajo del chorro de agua para eliminar cualquier exceso de semillas; escúrralo bien.

5. Sobre la tabla para picar, rebane el pimiento en aros delgados; retire cualquier vena que haya quedado.

6. Pique la cebolla (técnica en la página 68).

7. En una sartén grande, caliente el aceite a fuego medio-alto. Agregue el pollo, el pimiento, la cebolla, los champiñones y las aceitunas. Cueza revolviendo durante 5 minutos o hasta que el pollo pierda su color rosado en el centro.

8. Extienda la salsa para pizza sobre la masa. Encima distribuya la mezcla de pollo. Espolvoree la sal de ajo, el orégano y el queso parmesano. Corone con queso mozzarella.

9. Hornee por 20 minutos o hasta que la base esté dorada. Corte en rebanadas y sirva. Adorne a su gusto. *Rinde 8 porciones*

Paso 2. Acomode los triángulos de masa en la charola.

Paso 4. Retire tallo, semillas y venas del pimiento.

Paso 5. Rebane el pimiento en aros delgados.

Alones de Pollo Empanizados al Ajo

900 g de alones de pollo (unos 15 alones)
3 cabezas de ajo*
Agua hirviente
1 taza más 1 cucharada de aceite de oliva
10 a 15 gotas de salsa picante
1 taza de queso parmesano rallado
1 taza de pan molido estilo italiano
1 cucharadita de pimienta negra
Zanahoria y apio en rebanadas, para adornar

*Al bulbo entero de ajo se le llama cabeza.

1. Caliente el horno a 190 °C.

2. Localice la primera y la segunda articulaciones de los alones. Sobre una tabla para picar, corte con un cuchillo afilado a través de las articulaciones de cada alón; retire y deseche las puntas. Enjuague las secciones de los alones; séquelas con toallas de papel dándoles palmaditas.

3. Para pelar las cabezas de ajo, ponga suficiente agua hirviente en una olla chica y sumérjalas (deben quedar cubiertas) de 5 a 10 segundos. Saque los ajos con una espumadera. Sumérjalos en agua fría y escúrralos. Desprenda la cáscara.

4. En un procesador de alimentos, ponga el ajo, 1 taza de aceite y la salsa picante; tape y procese hasta que se muelan.

5. Vierta la mezcla de ajo en un recipiente chico. En un recipiente poco profundo, combine el queso, el pan molido y la pimienta negra. Remoje los alones, uno a la vez, en la mezcla de ajo; después, empanícelos hasta que queden bien cubiertos y sacuda el exceso.

6. Con la cucharada de aceite restante, barnice una charola de 33×23 cm con recubrimiento antiadherente. Acomode ahí los alones en una sola capa. Espolvoree encima las mezclas de ajo y de pan molido restantes.

7. Hornee de 45 a 60 minutos o hasta que el pollo esté dorado y crujiente. Adorne si lo desea.

Rinde unas 6 porciones

Paso 2. Corte los alones de pollo en secciones.

Paso 3. Saque los ajos blanqueados del agua hirviente.

Paso 5. Empanice los alones.

Satay de Pollo con Salsa de Cacahuate

½ taza de jugo de lima

⅓ de taza de salsa de soya baja en sodio

¼ de taza compacta de azúcar morena

4 dientes de ajo picados (página 116)

¼ de cucharadita de pimienta roja molida

3 mitades de pechugas de pollo deshuesadas y sin piel (unos 565 g)

18 agujas de bambú para brocheta (de 25 a 30 cm de largo)

¼ de taza de mantequilla de cacahuate (maní) cremosa o con trozos

¼ de taza de leche de coco espesa, sin endulzar*

¼ de taza de cebolla finamente picada

1 cucharadita de pimentón

1 cucharada de cilantro finamente picado

*La leche de coco se forma dentro de la lata; la crema espesa (su consistencia puede ser suave como yogur o firme como manteca) flota encima del agua de coco. Abra la lata, sin agitarla, y retire la parte espesa de la parte superior. Si es menos de ¼ de taza, complete la diferencia con agua de coco.

1. En un recipiente mediano, mezcle el jugo de lima, la salsa de soya, el azúcar, el ajo y la pimienta roja; revuelva hasta que se disuelva el azúcar. Reserve ⅓ de taza.

2. Rebane el pollo a lo largo en tiras de 1 cm de grosor. Agregue el pollo a la mezcla de lima y revuelva para bañarlo uniformemente.

3. Tape y deje a un lado, a temperatura ambiente, durante 30 minutos, o tape y refrigere hasta por 12 horas.

4. Prepare el asador para asado directo (técnica en la página 109). Cubra las agujas para brocheta con agua fría y remójelas por 20 minutos para evitar que se quemen; escúrralas.

5. En un recipiente mediano, ponga la mantequilla de cacahuate. Vierta la mezcla de lima que apartó, 1 cucharada a la vez, hasta que se incorpore. Agregue la leche de coco, la cebolla y el pimentón. Pase la salsa a un recipiente chico.

6. Escurra el pollo; deseche la mezcla de lima. En cada aguja, ensarte 1 o 2 rebanadas de pollo plegándolas.

7. Ase a la parrilla las brochetas sobre carbón caliente, de 2 a 3 minutos por lado, o hasta que el pollo pierda su color rosado en el centro. Páselas a un platón.

8. Espolvoree cilantro sobre la salsa; sirva con las brochetas. Adorne si lo desea.

Rinde 6 porciones

Paso 2. Corte la pechuga de pollo a lo largo.

Paso 6. Ensarte el pollo plegándolo en las agujas.

Mantequilla de Camarón

225 g de camarón mediano
 1 taza de agua
 ½ cucharadita de cebolla en polvo
 ½ cucharadita de sal de ajo
 1 caja (225 g) de queso crema suavizado
 4 cucharadas de mantequilla suavizada
 2 cucharadas de mayonesa
 2 cucharadas de salsa de tomate para cóctel
 1 cucharada de jugo de limón
 1 cucharada de perejil fresco picado (página 38)
 Surtido de galletas para cóctel o verduras crudas
 Rebanadas de cebollín, carambola (estrellita), kiwi y rábano, para adornar

1. Para pelar los camarones, arránqueles con delicadeza las patas. Afloje el caparazón con los dedos; después, saque el camarón; conserve el caparazón.

2. Para quitar la vena del camarón, con un cuchillo para pelar, haga un corte poco profundo a lo largo del dorso del camarón y levante la vena. (Este paso se facilita si lo hace debajo del chorro de agua fría.) Si lo desea, puede omitir este paso.

3. En una cacerola mediana, ponga los caparazones de camarón con el agua, la cebolla en polvo y la sal de ajo. Ponga a cocer a fuego medio durante 5 minutos. Con una espumadera, retire los caparazones; agregue el camarón y déjelo cocer por 1 minuto o hasta que el camarón se ponga rosado y opaco. Retire el camarón con la espumadera y póngalo sobre una tabla para picar; déjelo enfriar. Continúe cociendo el líquido de camarón hasta que se consuma y apenas cubra el fondo de la cacerola.

4. En un recipiente grande, mezcle el queso crema, la mantequilla, la mayonesa, la salsa de tomate y el jugo de limón; revuelva hasta que se incorporen. Agregue 1 cucharada del líquido de cocción concentrado. Deseche el resto del líquido.

5. Pique finamente el camarón. Añádalo junto con el perejil a la mezcla de queso; mezcle bien con una espátula de hule, hasta que el camarón y el perejil se incorporen.

6. Pase la mantequilla de camarón a un tazón decorativo o a un molde cubierto con envoltura de plástico. Tape y refrigere durante toda la noche. Sirva la mantequilla de camarón en el tazón, o voltéela, sáquela del molde y póngala en un platón; retire la envoltura de plástico. Sirva con las galletas. Adorne si lo desea. *Rinde de 2½ a 3 tazas*

Paso 1. Retire el caparazón de los camarones.

Paso 2. Desvene los camarones.

Paso 5. Incorpore el camarón y el perejil.

Camarón en Salsa de Jerez

225 g de camarón grande (unos 16 camarones)

60 g de champiñón de botón o de cultivo

1 rebanada gruesa de tocino, cortada en tiras de .5 cm de ancho (opcional)

2 cucharadas de aceite de oliva

2 dientes de ajo, en rebanadas delgadas (página 48)

2 cucharadas de jerez semiseco

1 cucharada de jugo de limón recién exprimido

¼ de cucharadita de pimienta roja machacada

Perejil fresco para adornar

Rebanadas de limón para adornar

1. Para pelar el camarón, retire con delicadeza las patas. Afloje el caparazón del cuerpo con los dedos; después, saque el camarón; deje adherido el último segmento de la cola.

2. Para quitar la vena del camarón, con un cuchillo para pelar, haga un corte poco profundo a lo largo del dorso del camarón y levante la vena. (Este paso se facilita si lo realiza debajo del chorro de agua fría.) Enjuague los camarones y séquelos con toallas de papel dándoles palmaditas.

3. Para preparar los champiñones, frótelos con una toalla de papel húmeda. Con un cuchillo para pelar, corte una rebanada delgada de la base de cada champiñón y deséchela. Rebane los champiñones en cuartos.

4. En una sartén grande, fría el tocino a fuego medio hasta que esté dorado y crujiente. Retírelo de la sartén con una espumadera y escúrralo sobre toallas de papel.

5. Agregue el aceite a la sartén con la grasa del tocino. Coloque los champiñones; cuézalos y revuélvalos por 2 minutos.

6. Incorpore el camarón y el ajo; cueza y revuelva durante 3 minutos o hasta que el camarón se torne rosado y opaco. Incorpore el jerez, el jugo de limón y la pimienta roja machacada.

7. Con una espumadera, pase los camarones a un recipiente. Cueza la salsa por 1 minuto o hasta que se consuma y se espese. Viértala sobre los camarones. Espolvoree encima el tocino. Adorne si lo desea. *Rinde 4 porciones de entremés*

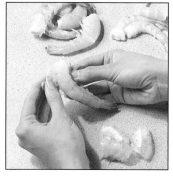

Paso 1. Pele el camarón y deje el último segmento de la cola.

Paso 2. Desvene el camarón con un cuchillo para picar.

Paso 6. Cueza el camarón hasta que se torne rosado y opaco.

Brochetas de Atún

1 **posta de atún, de 2.5 cm de
   grosor (unos 340 g)**
1 **diente de ajo**
⅓ **de taza de salsa de soya baja en
   sodio**
3 **cucharadas de vinagre de vino
   tinto**
1 **cucharada de aceite vegetal**
1 **cucharada compacta de azúcar
   morena**
1 **cucharada de cilantro molido**
1 **cucharadita de jengibre molido**
⅛ **de cucharadita de pimienta roja
   molida**
12 **agujas de bambú para brocheta
   (de 20 cm de largo)**

1. Enjuague el atún y séquelo con toallas de papel dándole palmaditas.

2. Para rebanar con facilidad el pescado, envuélvalo con plástico y déjelo en el congelador durante 1 hora o hasta que esté firme; no debe congelarse por completo.

3. Rebane el pescado a través de la fibra en 12 rebanadas de .5 cm de grosor.

4. Para picar el ajo, recorte los extremos; machaque ligeramente el diente con el lado plano de la hoja de un cuchillo de chef; desprenda la cáscara. Píquelo hasta obtener trozos finos y uniformes.

5. Para preparar la marinada, mezcle en una cacerola la salsa de soya, el vinagre, el aceite, el azúcar, el cilantro, el jengibre, la pimienta y el ajo. Incorpore las rebanadas de pescado; revuelva para bañarlas y tape. Marine en el refrigerador de 1 a 6 horas; gire las rebanadas una o dos veces.

6. Remoje las agujas para brocheta en agua fría durante 20 minutos para evitar que se quemen.

7. Saque las agujas del agua. En cada aguja, ensarte una rebanada de pescado plegándola.

8. Barnice el pescado con la marinada; deseche el sobrante.*

9. Caliente un asador eléctrico. Acomode las brochetas transversalmente sobre la rejilla. Ase a 10 cm por debajo de la fuente de calor, de 1 a 2 minutos, o hasta que el pescado esté opaco y se desmenuce con facilidad cuando lo pique con un tenedor. Sirva de inmediato.

Rinde 12 brochetas

*Para utilizar la marinada como salsa para remojar las brochetas, póngala en una olla chica y hiérvala.

Paso 3. Corte el pescado en rebanadas de .5 cm de grosor.

Paso 5. Remuévalo para bañarlo.

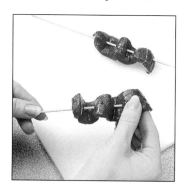
Paso 7. Ensarte las rebanadas de pescado en las agujas.

Ostiones a la Romana

1 docena de ostiones
  Sal
2 rebanadas de tocino crudo,
  cortado en trozos de 2.5 cm
½ taza de pan molido sazonado a la
  italiana
2 cucharadas de mantequilla o
  margarina derretida
½ cucharadita de sal de ajo
6 cucharadas de queso romano,
  parmesano o provolone
  rallado
  Cebollín fresco para adornar

1. Con un cepillo duro, frote muy bien los ostiones debajo del chorro de agua fría. Remoje los ostiones en una mezcla de ⅓ de taza de sal por 4 litros de agua, durante 20 minutos. Deseche el agua y repita 2 veces más este procedimiento.

2. Acomode los ostiones en una charola y refrigérelos por 1 hora para que se aflojen.

3. Para abrir los ostiones, tome con una mano el cuchillo para ostión y en la otra sostenga una toalla gruesa o póngase un guante. Con la toalla, sujete la concha en la palma de la mano. Mantenga nivelado el ostión e inserte la punta del cuchillo entre las valvas, cerca de la charnela; gire el cuchillo para alzar la concha hasta que escuche un crujido. (Utilice el cuchillo para apalancar; no lo fuerce.)

4. Gire el cuchillo para abrir la concha, conserve nivelado el ostión todo el tiempo para conservar el licor.* Corte el músculo de la concha y deseche la concha superior.

5. Corte el músculo de la concha inferior; tenga cuidado de no derramar el licor; no saque el ostión de la concha.

6. Caliente el horno a 190 °C. Sobre una charola para horno, acomode las conchas con los ostiones. Corone los ostiones con 1 trozo de tocino; hornee durante 10 minutos o hasta que el tocino esté crujiente.

7. Mientras tanto, en un recipiente chico, mezcle el pan molido con la mantequilla y la sal de ajo. Con una cuchara, sirva la mezcla sobre los ostiones; corone con el queso. Hornee de 5 a 10 minutos o hasta que el queso se funda. Sirva de inmediato. Adorne si lo desea.

Rinde 4 porciones de entremés

*Licor (cuerpo líquido) es el término que se utiliza para nombrar al líquido que contienen los ostiones.

Paso 3. Inserte el cuchillo entre las valvas, cerca de la charnela.

Paso 4. Gírelo para abrir la concha.

Paso 5. Desprenda el ostión de la concha.

Bollitos de Cangrejo a la Diabla

Bollitos suizos (página 40)
2 tazas de carne de cangrejo
Perejil fresco
¼ de taza de mayonesa
2 cucharadas de cebolla picada
2 cucharaditas de vino blanco
1 cucharadita de salsa inglesa
1 cucharadita de mostaza en polvo
1 cucharadita de jugo de limón
¼ de cucharadita de pimienta
blanca molida

1. Prepare los bollitos suizos.

2. Para eliminar el cartílago y el caparazón de la carne de cangrejo, desmenuce suavemente con los dedos un poco de carne a la vez. Palpe con cuidado para encontrar los trozos chicos. El caparazón puede ser blanco o naranja, y el cartílago, blanco lechoso y delgado. Deseche el cartílago y el caparazón que encuentre. Desmenuce la carne de cangrejo con un tenedor.

3. Para picar el perejil, póngalo en una taza medidora. Córtelo con unas tijeras para cocina hasta obtener ¼ de taza.

4. Para preparar el relleno, ponga la carne de cangrejo en un recipiente mediano. Agregue el perejil, la mayonesa, la cebolla, el vino, la salsa inglesa, la mostaza, el jugo de limón y la pimienta. Revuelva para incorporarlos.

5. Caliente el horno a 190 °C. Rellene los bollitos con la mezcla de cangrejo.

6. Ponga los bocadillos sobre una charola sin engrasar; hornéelos durante 10 minutos o hasta que estén bien calientes.   *Rinde unos 40 bocadillos*

continúa en la página 40

Paso 2. Retire el cartílago y el caparazón del cangrejo.

Paso 3. Corte el perejil con tijeras.

Paso 5. Rellene los bollitos suizos con la mezcla de cangrejo.

Bollitos de Cangrejo a la Diabla,
continuación

Bollitos Suizos

½ **taza de leche**
½ **taza de agua**
¼ **de taza de mantequilla o margarina**
¼ **de cucharadita de sal**
　Pizca de nuez moscada
　Pizca de pimienta blanca molida
1 **taza de harina de trigo**
4 **huevos, a temperatura ambiente**
1 **taza de queso suizo desmenuzado**

1. Caliente el horno a 200 °C.

2. En una olla de 3 litros, a fuego medio-alto, caliente la leche, el agua, la mantequilla, la sal, la nuez moscada y la pimienta hasta que la mezcla hierva. Retire la olla del fuego; agregue la harina y revuelva hasta que se incorpore. Cueza a fuego medio-bajo, removiendo sin cesar, hasta que la mezcla se separe del costado de la olla y se forme una bola. Retire la olla del fuego.

3. Agregue los huevos, uno a la vez; bata con una cuchara de madera hasta que se incorporen y la mezcla esté brillante después de cada adición. Continúe batiendo hasta que la mezcla pierda su brillo. Incorpore ¾ de taza de queso.

4. En 2 charolas grandes engrasadas, vierta cucharaditas redondeadas de masa con queso; póngalas a 2.5 cm de distancia entre ellas. Encima espolvoree el queso restante.

5. Hornee de 30 a 35 minutos o hasta que los bollos estén dorados. Déjelos enfriar por completo sobre rejillas de alambre.

6. Antes de rellenarlos, corte la parte superior de los bollos; con una cuchara saque la masa húmeda del centro y deséchela.

Rinde unas 4 docenas

Bollitos Suizos: Paso 2. Revuelva hasta que forme una bola.

Bollitos Suizos: Paso 4. En charolas, vierta cucharaditas redondeadas de masa.

Bollitos Suizos: Paso 6. Con una cuchara, saque la masa húmeda del centro de los bollitos.

Rollos Primavera Vegetarianos Vietnamitas

12 champiñones orientales secos
  (30 g)
1 zanahoria grande pelada (100 g)
2 cucharaditas de azúcar
  Salsa Hoisin con Cacahuate
  (maní) (página 42)
1½ tazas de germinado de soya
  (120 g)
3 tazas más 2 cucharadas de aceite
  vegetal
1 cebolla amarilla mediana,
  pelada, cortada por la mitad y
  rebanada
1 diente de ajo picado (página 116)
1 cucharada de salsa de soya
1 cucharadita de aceite de ajonjolí
14 envolturas de huevo para rollo
  primavera u hojas de huevo
  para rollo primavera (de
  17.5 cm de diámetro)
1 huevo batido
1 manojo de menta fresca u hojas
  de albahaca (opcional)
14 hojas grandes de lechuga
  (opcional)

1. Ponga los champiñones en un recipiente; cúbralos con agua caliente. Déjelos reposar durante 30 minutos.

2. Mientras tanto, para cortar las zanahorias en tiras delgadas, corte una tira a lo largo de manera que la zanahoria se asiente plana sobre la tabla para picar. Corte la zanahoria en trozos de 5 cm de largo. Coloque los trozos planos sobre la tabla para picar. Con un cuchillo, corte a lo largo, en rebanadas delgadas.

3. Apile unas cuantas rebanadas y córtelas en tiras de .5 cm de ancho.

4. Ponga las tiras de zanahoria en un recipiente chico. Agregue una cucharadita de azúcar y revuelva hasta que se mezcle. Deje reposar por 15 minutos; mueva de vez en cuando.

5. Prepare la salsa hoisin con cacahuate.

6. Limpie el germinado de soya; deseche las vainas verdes. Ponga el germinado en un colador y enjuáguelo debajo del chorro de agua fría; escurra.

7. Escurra los champiñones; conserve ½ taza del líquido. Sacuda el exceso de líquido. Con un cuchillo para pelar, corte los tallos de los champiñones y deséchelos. Corte los sombreretes en rebanadas delgadas.

continúa en la página 42

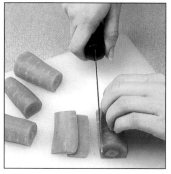

Paso 2. Corte la zanahoria en rebanadas delgadas.

Paso 3. Corte la zanahoria en tiras de .5 cm de ancho.

Paso 7. Corte los sombreretes de los champiñones en rebanadas delgadas.

8. Ponga un wok a fuego medio-alto durante 1 minuto o hasta que esté caliente. Vierta 2 cucharadas de aceite vegetal y caliéntelo por 30 segundos. Añada la cebolla y sofríala durante 1 minuto. Incorpore el champiñón, el ajo y el líquido que conservó. Baje el fuego a medio. Tape y cueza por 3 minutos o hasta que los champiñones estén suaves. Destape; agregue la salsa de soya, el aceite de ajonjolí y la cucharadita de azúcar restante. Cueza y revuelva la mezcla de champiñón de 3 a 5 minutos más hasta que se haya evaporado todo el líquido. Pase la mezcla de champiñón a un recipiente mediano; déjela a un lado para que se enfríe un poco.

9. Agregue las tiras de zanahoria y el germinado de soya a la mezcla de champiñón; remueva un poco. Ponga 1 envoltura en la superficie de trabajo, con una esquina apuntando hacia usted; conserve el resto de las envolturas cubiertas con plástico. Escurra la mezcla de champiñón; ponga 3 cucharadas de la mezcla en el tercio inferior de la envoltura. Barnice las orillas de la envoltura con un poco de huevo batido.

10. Para formar los rollos primavera, doble la esquina inferior de la envoltura sobre el relleno. Doble y sobreponga las esquinas opuestas, derecha e izquierda, para formar un rollo de 8.5 cm de ancho. Enrolle sobre el relleno hacia la esquina restante y ponga el rollo en una charola cubierta con envoltura de plástico. Repita el procedimiento con las hojas y el relleno restantes.

11. A fuego alto, caliente en el wok las 3 tazas de aceite vegetal restantes hasta que el aceite registre 190 °C en un termómetro para freír. Fría 4 rollos de 2 a 3 minutos hasta que se doren; con pinzas, voltéelos una vez. Repita el procedimiento con el resto de los rollos; entre tandas, vuelva a calentar el aceite. Escurra los rollos sobre toallas de papel; acomódelos en platos extendidos y acompáñelos con un tazón chico de Salsa Hoisin con Cacahuate. Adorne a su gusto. Para servir, envuelva los rollos con hojas de menta y de lechuga, si lo desea; después, remójelos en la salsa.

Rinde 14 rollos

Paso 9. Barnice las orillas de las envolturas con el huevo batido.

Salsa Hoisin con Cacahuate

---

2 cucharadas de mantequilla de cacahuate (maní) cremosa
2 cucharadas de agua
1 cucharada de salsa de soya
⅓ de taza de salsa hoisin
½ cucharadita de aceite de ajonjolí
1 diente de ajo picado (página 116)
Gotas de salsa picante

En un recipiente chico, mezcle la mantequilla de cacahuate, el agua y la salsa de soya; revuelva hasta que se incorporen. Agregue el resto de los ingredientes. Vierta en tazones chicos.   *Rinde aproximadamente ½ taza*

Paso 10. Enrolle para cubrir el relleno.

Champiñones Rellenos

24 champiñones medianos (unos 450 g)
180 g de carne magra de cerdo, sin hueso
¼ de taza de castañas de agua enteras (55 g)
3 cebollines enteros
½ pimiento morrón chico, rojo o verde
1 tallo chico de apio
1 cucharadita de fécula de maíz
1 cucharadita de jengibre picado
2 cucharaditas de jerez seco
1 cucharadita de salsa de soya
½ cucharadita de salsa hoisin
1 clara de huevo ligeramente batida
Aceite vegetal para freír
Pasta (receta más adelante)
½ taza de harina de trigo
Hojas de tomillo fresco para adornar

1. Limpie los champiñones frotándolos con una toalla de papel húmeda.

2. Retire los tallos de los champiñones; deje los sombreretes a un lado. Pique finamente los tallos; colóquelos en un recipiente grande.

3. Pique finamente la carne de cerdo, las castañas, los cebollines, el pimiento morrón y el apio. Agregue a los tallos de champiñón picados. Incorpore la fécula de maíz, el jengibre, el jerez, la salsa de soya, la salsa hoisin y la clara de huevo; revuelva bien.

4. Rellene los sombreretes de champiñón con la mezcla de cerdo, de manera que ésta sobresalga ligeramente.

5. A fuego alto, caliente el aceite en un wok o en una sartén grande, hasta que registre 190 °C. Mientras tanto, prepare la pasta.

6. Meta los champiñones en la harina y después en la pasta, para cubrirlos por completo.

7. Ponga de seis a ocho champiñones en el aceite caliente; fríalos hasta que estén totalmente dorados, durante unos 5 minutos; escúrralos sobre toallas de papel. Repita el procedimiento con el resto de los champiñones. Adorne si lo desea.

Rinde 2 docenas

Paso 1. Limpie los champiñones.

Paso 4. Rellene los sombreretes.

Pasta

½ taza de fécula de maíz
½ taza de harina de trigo
1½ cucharaditas de polvo para hornear
¾ de cucharadita de sal
⅓ de taza de leche
⅓ de taza de agua

En un recipiente mediano, mezcle la fécula de maíz, la harina, el polvo para hornear y la sal. Agregue la leche y el agua; bata con un batidor de alambre hasta que estén bien incorporados.

Paso 6. Cubra los champiñones rellenos con la harina y la pasta.

Rollos de Ajo Horneados

3 cabezas grandes de ajo*
225 g de pasta filo descongelada a temperatura ambiente
¾ de taza de mantequilla, derretida
½ taza de nuez finamente picada
1 taza de pan molido estilo italiano

*Al bulbo entero de ajo se le llama cabeza.

1. Para pelar las cabezas de ajo enteras, sumérjalas en una olla chica con suficiente agua hirviente para cubrirlas completamente, de 5 a 10 segundos. De inmediato, saque los ajos con una espumadera; sumérjalos en agua fría y escúrralos. Desprenda la cáscara.** Separe los dientes y déjelos a un lado.

2. Caliente el horno a 180 °C. Desenvuelva la pasta; desenróllela y póngala sobre una hoja grande de papel encerado. Con unas tijeras, corte la pasta a lo ancho en tiras de 5 cm de ancho.

3. Cubra la pasta con una hoja grande de plástico y un trapo de cocina limpio y húmedo. (La pasta se seca muy rápido si no está cubierta.)

4. Trabaje con 1 tira de pasta a la vez; póngala sobre una superficie plana y barnícela de inmediato con la mantequilla derretida. Coloque 1 diente de ajo en un extremo. A lo largo de la tira, distribuya más o menos 1 cucharadita de nueces.

5. Enrolle la tira de pasta envolviendo el diente de ajo y las nueces; oculte las orillas a medida que enrolla.

6. Barnice los rollos con mantequilla y ruédelos sobre el pan molido.

7. Repita el procedimiento con las tiras de pasta, los dientes de ajo, la nuez, la mantequilla y el pan molido restantes. (No utilice los dientes muy chicos; consérvelos para otro platillo.) Ponga los rollos sobre la rejilla del horno eléctrico. Hornee por 20 minutos. *Rinde de 24 a 27 bocadillos*

**Para pelar los dientes de ajo en horno de microondas, ponga los dientes que vaya a utilizar en un tazón. Cueza en el horno a temperatura ALTA (100 %) hasta que se suavicen un poco (de 5 a 10 segundos por diente o de 45 a 55 segundos para una cabeza entera). Pele los dientes.

Paso 2. Corte la pasta filo a lo ancho, en tiras de 5 cm.

Paso 4. Distribuya las nueces a lo largo de la tira de pasta.

Paso 5. Enrolle la tira de pasta.

Tapas de Pimiento Asado y Marinado

1 pimiento morrón rojo grande
1 pimiento morrón amarillo
   grande
1 diente de ajo
3 cucharadas de aceite de oliva
1 cucharada de vinagre de jerez o
   vinagre de vino blanco
1 cucharada de alcaparras,
   escurridas y enjuagadas
1 cucharadita de azúcar
½ cucharadita de comino
1 hogaza de pan francés
   Hojas de albahaca fresca para
   adornar

1. Cubra la rejilla de un asador eléctrico con papel de aluminio. Caliente el asador. Ponga los pimientos sobre la rejilla; áselos a 10 cm de la fuente de calor, de 15 a 20 minutos, o hasta que se oscurezcan por todos lados; con unas pinzas, gire los pimientos cada 5 minutos.

2. Para que los pimientos se acaben de cocer y se pueda desprender la cáscara, métalos en una bolsa de papel por 30 minutos.

3. Para rebanar el diente de ajo, corte los extremos; macháquelo un poco con el lado plano de la hoja del cuchillo; desprenda la cáscara. Corte el ajo a lo ancho en rebanadas delgadas.

4. En un recipiente chico, ponga el ajo, el aceite, el vinagre, las alcaparras, el azúcar y el comino. Revuelva hasta que se mezclen.

5. Para pelar los pimientos, haga un corte alrededor del rabillo; tuérzalo y retírelo. Corte los pimientos por la mitad; desprenda la piel con un cuchillo para pelar. Enjuáguelos bajo el chorro del agua fría para eliminar las semillas. Corte cada mitad en trozos en forma de diamante o cuadrados de 2.5 cm. Métalos en una bolsa de plástico con cierre.

6. Vierta la mezcla de aceite sobre los pimientos; cierre la bolsa y refrigere por lo menos durante 2 horas o toda la noche; voltee la bolsa de vez en cuando. Antes de servir, deje que adquieran la temperatura ambiente.

7. Corte el pan en rodajas; si lo desea, tuéstelo. Sirva los pimientos sobre el pan. Adorne a su gusto.

Rinde de 4 a 6 bocadillos por porción

Paso 1. Ase los pimientos hasta que se oscurezcan.

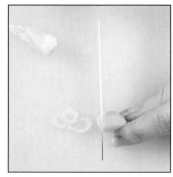

Paso 3. Corte el ajo a lo ancho, en rebanadas delgadas.

Paso 5. Pele los pimientos con un cuchillo para pelar.

Champiñones Rockefeller

**18 champiñones de botón o de
cultivo grandes (unos 450 g)**
2 rebanadas de tocino
**¼ de taza de cebolla picada (página
68)**
**1 bolsa (285 g) de espinaca picada,
descongelada y exprimida**
1 cucharada de jugo de limón
**1 cucharadita de ralladura de
cáscara de limón**
**½ frasco (60 g) de pimiento picado
y escurrido**
**Rebanadas de limón y toronjil
para adornar**

1. Aceite ligeramente un molde de 33×23 cm.
Caliente el horno a 190 °C. Para preparar los
champiñones, sacúdalos y límpielos frotándolos con
una toalla de papel húmeda.

2. Desprenda los tallos enteros de los champiñones;
déjelos a un lado. Ponga los sombreretes en una sola
capa en el molde previamente preparado.

3. Con un cuchillo para picar, corte una rebanada
delgada de la base de cada tallo y deséchela. Pique
los tallos.

4. En una sartén mediana, fría el tocino a fuego
medio hasta que esté crujiente. Saque el tocino con
unas pinzas y póngalo sobre toallas de papel.

5. Agregue los tallos de champiñón y la cebolla en
la grasa de la sartén. Cueza y revuelva hasta que la
cebolla esté suave. Añada la espinaca, el jugo de
limón, la ralladura de limón y el pimiento; remueva
bien. Con una cuchara, rellene los sombreretes con
la mezcla de espinaca.

6. Desmenuce el tocino y espolvoréelo encima de
los champiñones. Hornee por 15 minutos o hasta
que estén bien calientes. Adorne si lo desea. Sirva
de inmediato. *Rinde 18 bocadillos*

Paso 1. Limpie los champiñones
con una toalla de papel húmeda.

Paso 2. Desprenda los tallos de
los champiñones.

Paso 5. Rellene los champiñones
con la mezcla de espinaca.

Guacamole Clásico

4 cucharadas de cebolla finamente picada

1½ cucharadas de cilantro picado grueso

1 o 2 chiles serranos o jalapeños, sin semillas, finamente picados

¼ de cucharadita de ajo picado (opcional)

2 aguacates maduros grandes

1 tomate rojo mediano bien maduro

Agua hirviente

1 a 2 cucharaditas de jugo de lima recién exprimido

¼ de cucharadita de sal

Totopos

Chiles y ramas de cilantro para adornar

1. En un mortero grande de piedra, ponga 2 cucharadas de cebolla, 1 cucharada de cilantro, los chiles y el ajo. Muela con la mano del mortero. (Si es necesario, puede moler la mezcla en licuadora, pero tendrá una consistencia más líquida de lo deseado.)

2. Corte los aguacates por la mitad a lo largo; retire y deseche los huesos. Con una cuchara, saque la pulpa del aguacate y póngala en un recipiente. Agregue la mezcla de chile. Machaque con una cuchara de madera, con un machacador de frijol o con un machacador de papa; deje algunos trozos chicos de aguacate.

3. Para aflojar la cáscara del tomate rojo, póngalo en una olla chica con agua hirviente, de 30 a 45 segundos. Enjuague de inmediato bajo el chorro del agua fría. Pele el tomate rojo; córtelo por la mitad a lo ancho. Con suavidad, exprima cada mitad para sacar las semillas. Pique el tomate.

4. Agregue el tomate rojo, el jugo de lima, la sal, la cebolla y el cilantro restantes a la mezcla de aguacate; revuelva bien. Sirva de inmediato, o tape y refrigere hasta por 4 horas. Acompañe con los totopos. Adorne si lo desea.

Rinde unas 2 tazas

Paso 2. Con una cuchara, saque la pulpa del aguacate.

Paso 3. Exprima la mitad de tomate y saque las semillas.

Paso 4. Agregue el tomate rojo a la mezcla de aguacate.

Frittata Mediterránea

¼ de taza de aceite de oliva
5 cebollas amarillas chicas, en rebanadas delgadas
400 g de tomate rojo, pelado, sin semillas y picado
110 g de prosciutto o jamón cocido, picado
¼ de taza de queso parmesano rallado
2 cucharadas de perejil fresco picado
½ cucharadita de mejorana seca machacada
¼ de cucharadita de albahaca seca machacada
¼ de cucharadita de sal
Pizca generosa de pimienta negra recién molida
6 huevos
2 cucharadas de mantequilla o margarina
Hojas de perejil italiano para adornar

1. En una sartén mediana, caliente el aceite a fuego medio-alto. Fría la cebolla de 6 a 8 minutos hasta que esté suave y dorada. Agregue el tomate rojo y fríalo a fuego medio durante 5 minutos. Con una espumadera, pase el tomate rojo y la cebolla a un recipiente grande; deseche la grasa. Deje enfriar la mezcla a temperatura ambiente.

2. Cuando la mezcla de tomate y cebolla esté fría, incorpore el jamón, el queso, el perejil, la mejorana, la albahaca, la sal y la pimienta. En un recipiente chico, bata los huevos; vierta en la mezcla de jamón.

3. Caliente un asador eléctrico. En una sartén grande que pueda meter al asador, caliente la mantequilla a fuego medio hasta que se derrita y burbujee; reduzca el fuego a bajo.

4. Añada la mezcla de huevo a la sartén; extiéndala uniformemente. Cueza a fuego bajo, de 8 a 10 minutos, hasta que falte por cocerse la parte superior (.5 cm) de la mezcla de huevo; mueva suavemente la sartén para verificar esto. No revuelva.

5. Ase la mezcla de huevo a unos 10 cm de la fuente de calor, de 1 a 2 minutos, hasta que la parte superior del huevo esté cocida. (No deje que se dore porque se resecará.) Puede servir la frittata caliente, a temperatura ambiente o fría. Para servir, corte en rebanadas. Adorne si lo desea.

Rinde de 6 a 8 porciones de entremés

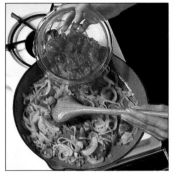

Paso 1. Incorpore el tomate rojo a la mezcla de cebolla.

Paso 2. Vierta el huevo a la mezcla de jamón.

Paso 4. Extienda uniformemente la mezcla de huevo en la sartén.

Omelet de Verduras

Salsa Coreana
 ¼ de taza de vinagre de vino de
    arroz
 2 cucharadas de salsa de soya
 4 cucharaditas de azúcar

Omelet de Verduras
 1 zanahoria grande pelada
 2 cucharadas más 1 cucharadita
    de aceite vegetal
 225 g de carne molida de cerdo
 1 diente de ajo picado (página 116)
 8 huevos
 ½ cucharadita de sal
 ½ cucharadita de pimienta negra
    molida
 1 taza de germinado de soya
 ½ taza de cebollín, cortado en
    trozos de 4 cm de largo
 4 latas vacías (de 245 g), sin las
    tapas superior e inferior

1. Para preparar la Salsa Coreana, mezcle todos los ingredientes en un recipiente chico. Revuelva hasta que el azúcar se disuelva.

2. Para cortar las zanahorias en tiras delgadas, haga un corte a lo largo para que se pueda asentar sobre la tabla para picar. Corte la zanahoria a lo largo en trozos de 5 cm de largo. Ponga los trozos planos sobre la tabla para picar. Corte a lo largo en rebanadas delgadas con un cuchillo.

3. Apile unas cuantas rebanadas y córtelas en tiras de .5 cm de ancho.

4. En una sartén a fuego medio-alto, caliente 1 cucharada de aceite. Sofría la zanahoria por 2 minutos.

5. Sofría la carne de cerdo y el ajo durante unos 2 minutos, o hasta que el cerdo esté bien dorado.

6. En un recipiente mediano, mezcle los huevos, la sal y la pimienta; bata hasta que esté espumoso. Incorpore el germinado de soya, el cebollín, la zanahoria y la mezcla de cerdo.

7. Rocíe las latas con aceite en aerosol.

8. En una sartén con recubrimiento antiadherente, caliente 2 cucharaditas de aceite a fuego medio-alto. Ponga las latas sobre la sartén; vierta ½ taza de la mezcla de huevo en cada lata. Baje el fuego a medio-bajo; tape y cueza por unos 3 minutos o hasta que se cueza el huevo.

9. Retire las latas; con una espátula, voltee las tortillas de huevo y cueza de 1 a 2 minutos más. Repita el procedimiento con el aceite y la mezcla de huevo restantes.

10. Corte las tortillas de huevo en cuartos; sirva con la Salsa Coreana. *Rinde 4 porciones*

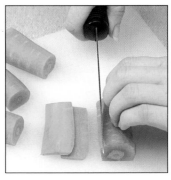

Paso 2. Corte la zanahoria en rebanadas delgadas.

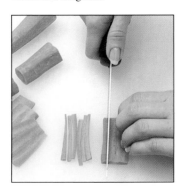

Paso 3. Corte la zanahoria en tiras de .5 cm de ancho.

Paso 8. Vierta la mezcla de huevo en las latas.

Empanadas Picantes de Camarón

Masa para las Empanadas
120 g de queso crema suavizado
½ taza de mantequilla o margarina suavizada
¼ de taza de queso parmesano recién rallado
½ cucharadita de orégano seco machacado
¼ de cucharadita de pimienta negra molida
1 a 1¼ tazas de harina de trigo

Relleno de Camarón
225 g de camarón cocido y pelado (página 30)
1 lata (120 g) de chile verde en rajas
¼ de taza de queso parmesano recién rallado
2 cebollines picados
3 a 4 cucharadas de cilantro fresco picado

1. En un procesador de alimentos, ponga el queso crema, la mantequilla, el queso parmesano, el orégano y la pimienta; procese hasta que se incorporen. Agregue la harina; procese hasta que la masa se separe de la pared del recipiente.

2. Forme dos bolas con la masa; cúbralas con plástico y refrigérelas por 30 minutos o hasta que estén firmes.

3. Ponga una bola en una superficie ligeramente enharinada; aplánela un poco. Para amasar, doble la masa por la mitad hacia usted y luego aléjela con las palmas de las manos (técnica en la página 190). Gire la masa un cuarto de vuelta y continúe doblando, empujando y girando. Amase durante 5 minutos o hasta que la masa esté suave y elástica.

4. Extienda la masa hasta que mida 3 mm de grosor. Corte la masa en círculos; utilice un cortador de galletas de 7.5 cm de diámetro. Junte los recortes y forme una bola; cúbrala con plástico y refrigérela. Repita el proceso de amasado con la segunda bola. Extiéndala con los recortes que conservó; en total debe cortar 36 círculos.

5. Caliente el horno a 230 °C. Para preparar el relleno de camarón, ponga en el procesador de alimentos los ingredientes del relleno y procese hasta que estén bien picados.

6. Para hacer las empanadas, ponga 1 cucharadita de relleno en cada círculo. Doble a la mitad; selle las orillas con un tenedor: Póngalas sobre charolas para horno sin engrasar.

7. Hornee las empanadas por 10 minutos o hasta que estén doradas. Deje enfriar un poco en una rejilla de alambre; sírvalas calientes. Adorne si lo desea. *Rinde unas 36 empanadas*

Paso 1. Procese hasta que se forme la masa.

Paso 4. Corte la masa en círculos de 7.5 cm de diámetro.

Paso 6. Selle la orilla con un tenedor.

Sopas y Ensaladas

Sopa Rusa

½ **col verde (unos 450 g)**
675 g **de remolacha roja (betabel)**
3 **cucharadas de aceite vegetal**
450 g **de pierna de res, cortada en**
cubos de 1.5 cm
1½ **tazas de cebolla picada**
(página 68)
3 **dientes de ajo picados**
(página 116)
5 **zanahorias peladas y cortadas en**
trozos de 2.5 cm
1 **chiviría, pelada y cortada en**
trozos de 2.5 cm (página 160)
2 **litros de caldo de res**
785 g **de tomate rojo picado**
¼ **de taza de jugo de limón recién**
exprimido
1 **cucharada de azúcar**
1 **cucharadita de pimienta negra**
molida
Sal al gusto
Crema agria y perejil para
adornar
Jugo de limón y azúcar
adicionales (opcional)

1. Deseche las hojas exteriores marchitas o magulladas de la col. Con un cuchillo para chef corte la col en 4 rebanadas. Con cuidado, corte el corazón y después corte las rebanadas a lo ancho para formar jirones.

2. Corte la parte superior de las remolachas; pélelas con un pelador de verduras. Pártalas en secciones con las manos,* rállelas con la sección grande del rallador de metal o utilice un procesador de alimentos.

3. En una olla de 10 litros, ponga el aceite a fuego medio-alto hasta que esté caliente. Agregue la carne de res; fríala hasta que esté dorada.

4. Agregue la cebolla y el ajo; cueza y revuelva por 3 minutos o hasta que la cebolla esté suave.

5. Añada la col, la remolacha, la zanahoria, la chiviría, el caldo, el tomate rojo, el jugo de limón, el azúcar y la pimienta; revuelva bien. Ponga a hervir a fuego alto. Reduzca el fuego a bajo; tape y deje cocer por 2 horas.

6. Sazone al gusto con sal. Sirva la sopa en platos hondos. Adorne si lo desea. Sirva con el jugo de limón y el azúcar adicionales.

Rinde 12 porciones

*El jugo de remolacha puede pigmentar sus manos y la tabla para picar. Si parte las remolachas con las manos, utilice guantes de hule y parta las remolachas sobre un plato de vidrio.

Paso 1. Corte las rebanadas de col a lo ancho.

Paso 2. Ralle la remolacha con un rallador de metal.

Paso 3. Fría la carne hasta que esté dorada.

Clásica Sopa con Albóndigas

1 kg de huesos de res
3 tallos de apio
2 zanahorias
1 cebolla mediana cortada por la mitad
1 hoja de laurel
6 tazas de agua fría
1 huevo
4 cucharadas de perejil fresco picado
1 cucharadita de sal
½ cucharadita de mejorana seca machacada
¼ de cucharadita de pimienta negra molida
½ taza de pan molido
¼ de taza de queso parmesano rallado
450 g de carne molida de res
400 g de tomate rojo entero, cocido y pelado
½ taza de rotini o macarrón chico, sin cocer

1. Para preparar el caldo, enjuague los huesos. En una olla de 6 litros, ponga los huesos, el apio, la zanahoria, la cebolla y la hoja de laurel. Agregue agua y ponga a hervir; después, baje el fuego. Tape parcialmente y deje cocer por 1 hora; retire la espuma de vez en cuando.

2. Caliente el horno a 200 °C. Rocíe un refractario de 33×23 cm con antiadherente en aerosol. En un recipiente mediano, mezcle el huevo con 3 cucharadas de perejil, ½ cucharadita de sal, la mejorana y ⅛ de cucharadita de pimienta; revuelva ligeramente. Incorpore el pan molido y el queso. Agregue la carne de res; revuelva bien. Ponga la mezcla de carne sobre una tabla para picar; forme un cuadro de 2.5 cm de grosor. Con un cuchillo afilado, corte la carne en cubos de 2.5 cm; con cada cubo haga una bola. Ponga las albóndigas en el refractario que preparó; hornéelas de 20 a 25 minutos hasta que estén doradas por todos lados y bien cocidas; gírelas de vez en cuando. Escúrralas sobre toallas de papel.

3. Cuele el caldo y viértalo en un recipiente mediano. Rebane el apio y la zanahoria; déjelos a un lado. Deseche los huesos, la cebolla y la hoja de laurel. Para desgrasar el caldo, déjelo reposar por 5 minutos para que suba la grasa. Pase rápidamente una toalla de papel sobre la superficie del caldo; deje que la toalla absorba la grasa. Deseche la toalla y repita el procedimiento con tantas toallas de papel como sea necesario para eliminar la grasa.

4. Regrese el caldo a la olla. Pique los tomates rojos; agréguelos al caldo con todo y su jugo. Ponga a hervir; deje hervir durante 5 minutos. Incorpore la pasta, la sal y la pimienta restantes y deje cocer por 6 minutos; revuelva de vez en cuando. Añada las verduras que separó y las albóndigas. Baje el fuego a medio; cueza por 10 minutos hasta que esté caliente. Incorpore la cucharada de perejil restante. Sazone al gusto.   *Rinde de 4 a 6 porciones*

Paso 2. Corte la carne en cubos de 2.5 cm.

Paso 3. Desgrase el caldo.

Sopa de Pollo Estilo Cajún

1.250 kg de muslos de pollo
  4 tazas de consomé de pollo
  1 lata (225 g) de salsa de tomate
     rojo
  2 tallos de apio rebanados
  1 cebolla mediana picada
     (página 68)
  2 dientes de ajo picados
     (página 116)
  2 hojas de laurel
  1 a 1½ cucharaditas de sal
  ½ cucharadita de comino molido
  ¼ de cucharadita de pimentón
  ¼ de cucharadita de pimienta
     negra molida
  ¼ de cucharadita de pimienta roja
     molida
     Pizca de pimienta blanca molida
225 g de okra (quimbombó, angú)
     fresca o congelada
  1 pimiento morrón verde grande
     picado (página 75)
  ⅓ de taza de arroz sin cocer
     Salsa picante (opcional)
     Orégano para adornar

1. En una cacerola para asar de 5 litros, ponga el pollo, el consomé, la salsa de tomate rojo, el apio, la cebolla, el ajo, las hojas de laurel, la sal, el comino, el pimentón y las pimientas negra, roja y blanca. Ponga a hervir a fuego alto. Baje el fuego a medio-bajo; deje cocer, sin tapar, por 1 hora o hasta que el pollo esté suave; deseche la espuma de la superficie.

2. Mientras tanto, lave la okra y córtela en rebanadas de 12 mm. Cúbrala ligeramente y refrigérela.

3. Saque el pollo de la sopa y déjelo enfriar un poco. Retire la grasa de la sopa con un cucharón grande; retire tanta como le sea posible. (O refrigere la sopa por varias horas y retire la grasa que suba a la superficie. Si refrigera la sopa para desgrasarla, también refrigere el pollo.)

4. Desprenda la carne de los huesos; deseche la piel y los huesos. Corte el pollo en trozos del tamaño de un bocado.

5. Agregue a la sopa el pollo, el pimiento morrón y el arroz; ponga a hervir a fuego alto. Baje el fuego a medio-alto; deje cocer, sin tapar, durante unos 12 minutos o hasta que el arroz esté suave. Agregue la okra; deje cocer por 8 minutos más o hasta que esté suave. Deseche las hojas de laurel. Sirva la sopa en tazones; acompañe con salsa picante. Adorne si lo desea. *Rinde 6 porciones*

Paso 1. Deseche la espuma de la superficie.

Paso 2. Rebane la okra.

Paso 4. Desprenda la carne de los huesos.

Sopa de Tallarín con Pollo

13 tazas de consomé de pollo
¼ de taza de vermouth seco
¼ de taza de mantequilla o
**   margarina**
1 taza de crema espesa
1 paquete (360 g) de tallarín de
**   huevo**
1 taza de apio, en rebanadas
**   delgadas**
1½ tazas de agua
¾ de taza de harina de trigo
2 tazas de pollo cocido cortado en
**   cubos***
Sal y pimienta al gusto
¼ de taza de perejil finamente
**   picado (opcional) (página 38)**
Perejil y rizos de zanahoria para
**   adornar**

*Para cocer a fuego bajo y cortar en cubos
media pechuga de pollo deshuesada y sin piel,
véase la página 96, pasos 2 y 3.

1. En una cacerola chica ponga 1 taza de consomé,
el vermouth y la mantequilla. Ponga a hervir a fuego
alto. Continúe hirviendo de 15 a 20 minutos o hasta
que el líquido se reduzca a ¼ de taza y tenga
consistencia de jarabe. Incorpore la crema.

2. En una olla, ponga a hervir el consomé restante.
Agregue el tallarín y el apio; cueza hasta que el
tallarín esté suave.

3. En un recipiente mediano, disuelva la harina en el
agua. Vierta en la olla con el consomé. Hierva por
2 minutos; revuelva sin cesar.

4. Incorpore la mezcla de crema; agregue el pollo.
Sazone con sal y pimienta. Caliente sólo hasta que
tenga la temperatura deseada para servir. No debe
hervir. Espolvoree el perejil. Adorne si lo desea.
Rinde 15 porciones

Nota: Puede congelar esta sopa.

Paso 2. Incorpore el apio al
consomé hirviente.

Paso 3. Vierta la mezcla de
harina en el consomé.

Guiso Condimentado de Camarón

1 cebolla grande
  Perejil fresco
½ taza de aceite vegetal
½ taza de harina de trigo
½ taza de apio picado
½ taza de cebollín picado
6 dientes de ajo picados
4 tazas de consomé de pollo o
  agua*
1 paquete (285 g) de okra
  (quimbombó, angú) rebanada
  (opcional)
1 cucharadita de sal
½ cucharadita de pimienta roja
  molida
900 g de camarón mediano, pelado y
  desvenado (página 30)
3 tazas de arroz cocido caliente
  Ramas de perejil fresco para
  adornar

*El espesor tradicional de esta sopa es similar al de un estofado. Si la prefiere más ligera, agréguele de 1 a 2 tazas más de consomé.

1. Para picar la cebolla, quítele la cáscara. Con un cuchillo para pelar, corte la cebolla por la mitad a través de la raíz. Ponga el lado cortado hacia abajo sobre una tabla para picar. Corte la cebolla en rebanas perpendiculares delgadas hasta el extremo de la raíz; sostenga la cebolla con los dedos para conservar su forma; después, gire la cebolla y córtela a lo ancho hasta el extremo de la raíz. Repita el procedimiento con la otra mitad de cebolla.

2. Para picar el perejil, póngalo en una taza medidora. Con unas tijeras de cocina, corte el perejil hasta que obtenga ½ taza.

3. Para el roux, ponga el aceite y la harina en una olla grande; cueza a fuego medio-alto, de 10 a 15 minutos, o hasta que el roux esté café oscuro; revuelva con frecuencia.

4. En la misma olla, agregue la cebolla picada, el perejil picado, el apio, el cebollín y el ajo. Cueza a fuego medio-alto, de 5 a 10 minutos, o hasta que las verduras estén suaves. Añada el consomé, la okra, la sal y la pimienta roja. Tape; deje cocer a fuego bajo durante 15 minutos.

5. Ponga el camarón; deje cocer de 3 a 5 minutos o hasta que el camarón se torne color rosa y opaco.

6. En platos soperos anchos, ponga más o menos ⅓ de taza de arroz; encima sirva la sopa. Adorne si lo desea.   *Rinde 8 porciones*

Paso 1. Pique la cebolla.

Paso 2. Pique el perejil con tijeras.

Paso 3. Cueza hasta que el roux esté café oscuro.

Guiso de Ostión con Elote

40 ostiones medianos*
   Sal
 1 taza de leche
 1 lata (435 g) de crema de elote
 ¼ de cucharadita de sal
 ¼ de cucharadita de semillas de
   apio
   Pizca de pimienta blanca molida
 4 cucharadas de mantequilla o
   margarina
 1 tallo de apio picado
 1 taza de crema, o de leche y
   crema a partes iguales
   Hojas de apio y cáscara de limón
   para adornar

*Si no encuentra ostiones frescos en su concha, sustitúyalos por 470 g de ostiones en su jugo. Licor es el término que se utiliza para nombrar el líquido que contiene el ostión.

1. Frote muy bien los ostiones con un cepillo duro bajo el chorro de agua fría. Remoje los ostiones durante 20 minutos, en una mezcla de ⅓ de taza de sal por 4 litros de agua. Deseche el agua y repita el procedimiento 2 veces más.

2. Ponga los ostiones en una charola; refrigérelos por 1 hora para que se aflojen. Para abrir los ostiones, tome con una mano el cuchillo para ostión y en la otra sostenga una toalla gruesa o póngase un guante. Con la toalla, sujete la concha en la palma de la mano. Mantenga nivelado el ostión e inserte la punta del cuchillo entre las valvas, cerca de la charnela; gire el cuchillo para alzar la concha hasta que escuche un crujido. (Utilice el cuchillo para apalancar; no lo fuerce.)

3. Gire el cuchillo para abrir la concha; conserve nivelado el ostión todo el tiempo para conservar el licor. Corte el músculo de la concha y deseche la concha superior. Vierta el ostión en un colador sobre un recipiente; deseche la concha inferior. Refrigere los ostiones. Cuele el licor del ostión con una manta de cielo húmeda con tres dobleces; deje a un lado el licor.

4. En una olla grande, ponga la leche, el elote, ¼ de cucharadita de sal, las semillas de apio y la pimienta. Ponga a cocer a fuego medio.

5. En una sartén mediana, derrita la mantequilla a fuego medio-alto. Agregue el apio y cueza de 8 a 10 minutos o hasta que esté suave. Vierta el licor que conservó; cueza hasta que esté bien caliente. Ponga los ostiones; caliente durante unos 10 minutos, sólo hasta que los ostiones comiencen a rizarse en las orillas.

6. Agregue la mezcla de ostión y la crema a la mezcla de leche. Cueza a fuego medio-alto hasta que esté bien caliente. No debe hervir.

7. Sirva en platos soperos con borde ancho. Adorne si lo desea.   *Rinde 6 porciones*

Paso 2. Inserte el cuchillo entre las valvas, cerca de la charnela.

Paso 3. Cuele el licor del ostión a través de manta de cielo.

Paso 5. Cueza el ostión hasta que las orillas comiencen a rizarse.

Cioppino de Mariscos

12 almejas gigantes*
  Sal
4 cucharadas de aceite de oliva
2 tazas de cebolla picada
  (página 68)
2 pimientos morrones rojos, sin
  semillas y picados
1 pimiento morrón verde, sin
  semillas y picado (página 75)
8 dientes de ajo picados
2 tazas de Caldo de Pescado
  (página 74)
2 tazas de vermouth o vino blanco
900 g de tomate rojo picado
1 cucharada de albahaca seca
  machacada
1 cucharadita de tomillo seco
  machacado
1 hoja de laurel
¼ de cucharadita de pimienta roja
  machacada
340 g de camarón grande, pelado y
  desvenado (página 30)
225 g de vieiras
8 tenazas de cangrejo o surimi con
  forma de tenaza
  Hojas de laurel frescas para
  adornar

*Si no encuentra almejas frescas en su concha, las puede sustituir por 250 g de almejas sin concha. Cuézalas al vapor en una vaporera para verduras hasta que estén firmes. Omita los pasos 1 y 2.

1. Para preparar las almejas, deseche las que permanezcan abiertas cuando las toque suavemente con un dedo. Para lavar las almejas, frótelas con un cepillo duro debajo del chorro de agua fría. Remójelas por 20 minutos en una mezcla de ⅓ de taza de sal por 4 litros de agua. Deseche el agua y repita el procedimiento 2 veces más.

2. Para cocer las almejas al vapor, ponga 1 taza de agua en una olla grande. Ponga a hervir a fuego alto; agregue las almejas. Tape la olla; baje el fuego a medio. Cueza al vapor de 5 a 7 minutos o hasta que las almejas se abran. Sáquelas de la olla con pinzas; déjelas a un lado. Deseche las almejas que no se hayan abierto.

3. En la olla, caliente el aceite a fuego medio-alto. Agregue la cebolla, el pimiento morrón y el ajo. Tape; reduzca el fuego a bajo y deje cocer de 20 a 25 minutos o hasta que estén suaves; revuelva de vez en cuando.

continúa en la página 74

Paso 1. Frote las almejas.

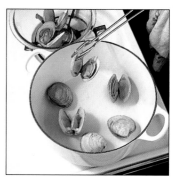

Paso 2. Saque las almejas con unas pinzas.

Paso 3. Agregue la cebolla, los pimientos y el ajo.

Cioppino de Mariscos, continuación

4. Agregue el Caldo de Pescado, el vermouth, el tomate rojo, la albahaca, el tomillo, la hoja de laurel y la pimienta roja machacada. Tape parcialmente; deje cocer por 30 minutos.

5. A la mezcla de tomate, incorpore la almeja, el camarón, las vieiras y las tenazas de cangrejo. Tape; retire del fuego. Deje reposar hasta que el camarón se torne color rosa y las vieiras se opaquen.

6. Retire la hoja de laurel y deséchela. Sirva en platos grandes para pasta o sopa. Adorne si lo desea.   *Rinde 4 porciones generosas*

Caldo de Pescado

800 g de esqueletos y cabezas de pescado blanco, como huachinango, bacalao, hipogloso o lenguado
2 cebollas medianas
3 tallos de apio, cortados en trozos de 5 cm de largo
10 tazas de agua fría
2 rebanadas de limón
¾ de cucharadita de tomillo seco machacado
8 granos de pimienta negra
3 ramas de perejil fresco
1 hoja de laurel
1 diente de ajo

1. Enjuague el pescado; recórtele las agallas y deséchelas.

2. Recorte la parte superior y las raíces de las cebollas; deje intacta gran parte de la cáscara exterior seca; corte en rebanadas.

3. En una olla grande, ponga los esqueletos y las cabezas de pescado, la cebolla y el apio. Agregue el agua, el limón, el tomillo, los granos de pimienta, el perejil, la hoja de laurel y el ajo. Ponga a hervir a fuego alto. Baje el fuego a medio-bajo; deje cocer, sin tapar, durante 30 minutos. Quite la espuma de la superficie.

4. Retire el caldo del fuego y deje enfriar un poco. Cuele el caldo con un colador o un escurridor grande cubierto con varias capas de manta de cielo húmeda; retire y deseche todos los huesos, las verduras y los sazonadores.

5. Use el caldo de inmediato o refrigérelo en un recipiente cerrado herméticamente hasta por 2 días. Puede guardar durante varios meses el caldo congelado en recipientes para congelar.   *Rinde unas 10 tazas de caldo*

Paso 5. Revise si ya están cocidas las vieiras.

Caldo de Pescado: Paso 4. Cuele el caldo.

Económico Caldo de Pescado

1 pimiento morrón verde
2 cebollas medianas
1 chile jalapeño*
2 cucharadas de aceite de
    cacahuate (maní) o aceite
    vegetal
1 berenjena chica, cortada en
    cubos de 1.5 cm
2 dientes de ajo picados
1 cucharadita de sal
¼ de cucharadita de pimienta
    blanca molida
¼ de cucharadita de pimienta roja
    molida
2 tazas de consomé de pollo
450 g de camote (batata), pelado y
    cortado en cubos de 2.5 cm
225 g de okra (quimbombó, angú)
    chica, cocida al vapor
    (opcional)
½ taza de mantequilla de cacahuate
    (maní)
1 taza de agua caliente
225 g de filetes de pescado, como
    monje, merluza o bacalao
225 g de filetes de pescado, como pez
    azul o tiburón
    Cacahuates (maníes) picados
    para adornar

*Los chiles pueden irritar la piel; utilice
guantes de hule cuando maneje chiles y no se
talle los ojos. Lávese las manos después de
trabajar con ellos.

1. Enjuague el pimiento morrón debajo del chorro de agua fría. Para quitarle las semillas, póngalo verticalmente sobre una tabla para picar, recorte los costados en 3 o 4 rebanadas a lo largo con un cuchillo de uso práctico. (Corte cerca, pero no a través, del tallo.) Deseche el tallo y las semillas. Saque las semillas restantes. Enjuague el pimiento bajo el chorro de agua fría; después, píquelo.

2. Para picar las cebollas, pélelas. Con un cuchillo de uso práctico, córtelas por la mitad a través de la raíz. Colóquela con el lado cortado hacia abajo sobre una tabla para picar. Corte rebanadas delgadas perpendiculares hasta el extremo de la raíz; sostenga la cebolla con los dedos para conservar su forma; después, gírela y córtela a lo ancho hasta el extremo de la raíz. Repita con las mitades restantes.

3. Corte el chile jalapeño por la mitad a lo largo. Retire las semillas, las venas y el tallo con un cuchillo para pelar; deséchelos. Píquelo finamente.

continúa en la página 76

Paso 1. Recorte los costados del pimiento morrón.

Paso 2. Pique la cebolla.

Paso 3. Retire las semillas y las venas del chile jalapeño.

Económico Caldo de Pescado, continuación

4. En una olla grande, caliente el aceite a fuego medio; agregue el pimiento morrón y fríalo de 3 a 4 minutos o hasta que se intensifique su color y el pimiento se suavice un poco; sáquelo con una espumadera y déjelo a un lado.

5. En la misma olla, ponga la cebolla y el chile jalapeño, y sofríalos de 6 a 8 minutos o hasta que la cebolla esté acitronada.

6. Agregue la berenjena, el ajo, la sal y las pimientas blanca y roja. Cueza de 5 a 6 minutos o hasta que la berenjena se suavice un poco; revuelva de vez en cuando.

7. Incorpore el consomé y el camote. Ponga a hervir; baje el fuego y deje cocer hasta que el camote se sienta suave al picarlo con un tenedor.

8. Lave la okra y córtela en rebanadas de 1.5 cm de grosor. Agregue al guiso.

9. En un recipiente chico, mezcle la mantequilla de cacahuate con el agua. Incorpore al guiso y deje calentar hasta que todo comience a espesarse.

10. Enjuague el pescado y séquelo con toallas de papel. Corte el pescado en cubos de 2.5 cm; incorpore al guiso.

11. Añada el pimiento morrón. Tape y deje cocer por 5 minutos o hasta que el pescado esté opaco y se desmenuce con facilidad cuando lo pique con un tenedor. Adorne si lo desea.   *Rinde 8 porciones*

Paso 8. Corte la okra en rebanadas de 1.5 cm de grosor.

Paso 9. Incorpore la mezcla de mantequilla de cacahuate al guiso.

Paso 10. Corte el pescado en cubos de 2.5 cm.

Clásica Sopa Francesa de Cebolla

3 cebollas amarillas grandes (unos 900 g)
3 cucharadas de aceite de cacahuate (maní)
1 taza de vino blanco seco
1.200 litros de caldo de res o consomé de pollo
½ cucharadita de sal
¼ de cucharadita de pimienta blanca molida
1 ramillete de hierbas*
1 hogaza de pan francés
120 g de queso gruyère rallado**
Tomillo fresco para adornar

*Para preparar el ramillete de hierbas, ate 3 ramas de perejil, 2 ramas de tomillo y ½ hoja de laurel con hilo de algodón, o cúbralas con un cuadro de manta de cielo, asegurado con hilo.

** El queso gruyère es un queso suizo que se deja añejar de 10 a 12 meses. Lo puede sustituir por cualquier queso suizo.

1. Para preparar las cebollas, retire la cáscara. Córtelas por la mitad, a través de la raíz, con un cuchillo de uso práctico. Sobre una tabla para picar, ponga las mitades con el lado cortado hacia abajo. Córtelas verticalmente en rebanadas delgadas.

2. En una olla, caliente el aceite a fuego medio-alto. Agregue la cebolla; fría y revuelva por 15 minutos o hasta que esté un poco dorada. Baje el fuego a medio; cueza, de 30 a 45 minutos hasta que la cebolla esté bien dorada; revuelva de vez en cuando.

3. Vierta el vino; cueza a fuego alto de 3 a 5 minutos o hasta que el líquido se reduzca a la mitad.

4. Incorpore el caldo, la sal, la pimienta y el ramillete de hierbas; deje que hierva. Baje el fuego; deje cocer de 15 a 20 minutos; retire el ramillete de hierbas y deséchelo.

5. Corte el pan en rebanadas de 2.5 cm de grosor; tuéstelo en un asador eléctrico por 3 minutos de cada lado.

6. Sirva la sopa en cuatro platos soperos que pueda meter al asador eléctrico; corone con el pan y el queso.

7. Ase a 10 cm de la fuente de calor, de 2 a 3 minutos, o hasta que el queso burbujee y se dore. Sirva caliente. Adorne si lo desea.

Rinde 4 porciones

Paso 1. Corte la cebolla verticalmente.

Paso 2. Fría la cebolla hasta que esté dorada.

Paso 6. Corone la sopa con pan y queso.

Sopa de Papa con Queso

1 cebolla chica
2 tazas de agua
2 tazas de papa (patata) roja,
    pelada y cortada en cubos
3 cucharadas de mantequilla o
    margarina
3 cucharadas de harina de trigo
   Sazonador criollo al gusto
   Pimienta roja molida al gusto
   Pimienta negra molida al gusto
3 tazas de leche
1 taza (120 g) de queso cheddar
    rallado
1½ tazas de jamón cocido, cortado
    en cubos
   Perejil fresco picado para
    adornar

1. Para picar la cebolla en el procesador de alimentos, pélela y córtela en cuartos; póngala en el recipiente del procesador. Pulse de 4 a 7 veces hasta que la cebolla esté finamente picada. Acomode la cebolla una vez mientras la pica. Escúrrala si es necesario. (Véase la página 68 donde se presenta la técnica para picarla con cuchillo.)

2. En una cacerola grande ponga a hervir el agua a fuego medio-alto. Agregue la papa y déjela cocer hasta que se sienta suave al picarla con un tenedor, de 13 a 15 minutos.

3. Mientras tanto, en una sartén grande, derrita la mantequilla a fuego medio. Añada la cebolla; fría y revuelva de 4 a 5 minutos hasta que la cebolla esté suave, pero no dorada. Incorpore la harina y sazone con el sazonador criollo, la pimienta roja y la pimienta negra; cueza y revuelva de 3 a 4 minutos.

4. Escurra las papas; conserve 1 taza del líquido de cocción. (Agregue agua hasta completar 1 taza, si es necesario.)

5. Agregue gradualmente la mezcla de cebolla, la leche y el agua de cocción de la papa a la cacerola; revuelva bien.

6. Ponga el queso y el jamón. Hierva a fuego medio. Baje el fuego y deje cocer por 30 minutos, revuelva con frecuencia. Adorne si lo desea.

Rinde 12 porciones

Paso 1. Pique la cebolla en el procesador de alimentos.

Paso 2. Revise si ya está cocida la papa.

Paso 4. Escurra las papas; conserve 1 taza del líquido de cocción.

Sopa de Calabaza Almizclera

1 calabaza almizclera (nuez de
  Cuba) mediana (unos 675 g)
1 cucharadita de margarina o
  mantequilla
1 cebolla grande picada
  (página 68)
800 ml de consomé de pollo
½ cucharadita de nuez moscada
  molida o nuez moscada recién
  rallada*
⅛ de cucharadita de pimienta
  blanca molida
  Yogur natural sin grasa y chalote
  para adornar

*Puede rallar la nuez moscada entera con un
rallador o con un molino para nuez moscada.

1. Pele la calabaza con un pelador de verduras. Con
un cuchillo para chef, corte la calabaza por la mitad
a lo largo; deseche las semillas. Corte la fruta en
pedazos de 1.5 cm.

2. En una cacerola grande, derrita la margarina a
fuego medio hasta que burbujee. Agregue la cebolla.
Fría y revuelva durante 3 minutos.

3. Vierta 400 ml de consomé y la calabaza. Ponga a
hervir a fuego alto. Baje el fuego; tape y deje cocer
por 20 minutos hasta que la calabaza esté muy
suave.

4. En el procesador de alimentos, muela la mezcla
de calabaza, en 2 tandas, hasta obtener puré.

5. Regrese la sopa a la cacerola; vierta el consomé
restante, la nuez moscada y la pimienta. Deje cocer,
sin tapar, por 5 minutos; revuelva de vez en cuando.

6. En este momento, puede tapar y refrigerar la sopa
hasta por 2 días antes de servirla. Vuelva a
calentarla en la cacerola a fuego medio; revuelva de
vez en cuando.

7. Sirva la sopa en platos. Ponga el yogur en una
duya con punta decorativa redonda. Vierta en la
sopa haciendo diseños. Adorne con el chalote si lo
desea.   *Rinde 6 porciones*

Crema de Sopa de Calabaza Almizclera: Agregue
½ taza de crema espesa, o leche y crema a partes iguales,
cuando vierta el consomé en el paso 5. Continúe como se
indica.

*Ralle la nuez moscada entera
con un rallador.

Paso 1. Pele la calabaza.

Paso 4. Muela la mezcla de
calabaza hasta obtener puré.

Ensalada de Pera y Queso

⅓ de taza de aceite de oliva extra virgen
1½ cucharadas de vinagre de jerez o vinagre de vino blanco
1 cucharada de mostaza Dijon
4 cucharaditas de miel
¼ de cucharadita de sal
90 g de diferentes hojas verdes, como de hojas de roble, berro, radicchio, arúgula o escarola
35 g de hojas de lechuga Boston o Bibb
2 peras Bosc, Bartlett o Anjou
    Jugo de limón
180 g de queso stilton o gorgonzola
    Pimienta negra recién molida

1. En un recipiente chico, ponga el aceite, el vinagre, la mostaza, la miel y la sal. Revuelva hasta que se incorporen. Tape y refrigere hasta por 2 días.

2. Lave las hojas verdes en varios cambios de agua fría. Escúrralas bien y, si es necesario, séquelas con toallas de papel para retirar el exceso de humedad. O póngalas en una ensaladera para eliminar el exceso de humedad.

3. Deseche las hojas marchitas o quemadas. Corte y deseche los tallos si están dañados.

4. Trocee suficientes hojas en pedazos de un bocado hasta obtener 5 tazas compactas. Trocee suficiente lechuga en pedazos de un bocado hasta obtener 2 tazas compactas.

5. Con un cuchillo de uso práctico, corte las peras en cuartos. Retire los tallos y el corazón. Corte cada cuarto en trozos de 1.5 cm. Para evitar que se oxiden, barnice los trozos de pera con jugo de limón, si lo desea.

6. Desmenuce con los dedos suficiente queso hasta obtener 1½ tazas.

7. En una ensaladera grande, mezcle todas las hojas. Agregue la pera, el queso y el aderezo. Revuelva un poco para bañarla; espolvoréela con pimienta.

Rinde de 6 a 8 porciones

Paso 2. Lave las hojas.

Paso 4. Compacte la lechuga en tazas medidoras.

Paso 6. Desmenuce el queso.

Ensalada de Verduras Marinadas

3½ cucharadas de vinagre de vino blanco
2 cucharadas de albahaca fresca picada o ½ cucharadita de albahaca seca machacada
½ cucharadita de sal
⅛ de cucharadita de pimienta negra molida
Pizca de azúcar
6 cucharadas de aceite de oliva
2 tomates rojos medianos, maduros
⅓ de taza de aceitunas sin hueso
⅓ de taza de aceitunas negras tipo italiano o griego
1 lechuga romana o radicchio
1 escarola rizada chica
2 endibias belgas

1. Para el aderezo, ponga el vinagre, la albahaca, la sal, la pimienta y el azúcar en el procesador de alimentos o en la licuadora. Con el motor encendido, agregue lentamente el aceite en un chorro constante hasta que se incorpore bien.

2. Corte los tomates rojos en rebanadas. En un recipiente mediano, ponga el tomate rojo, las verduras y las aceitunas negras; revuelva. Agregue el aderezo; mezcle ligeramente. Tape y deje reposar a temperatura ambiente por 30 minutos para que se mezclen los sabores; revuelva de vez en cuando.

3. Enjuague las hojas de lechuga y la escarola; escurra bien. Refrigere las hojas hasta que vaya a mezclar la ensalada. Quite el corazón a las endibias belgas y separe las hojas; enjuáguelas y escúrralas bien.

4. Para servir, ponga en platos extendidos una cama de lechuga, escarola y endibias.

5. Con una espumadera, saque el tomate y las aceitunas, y póngalos sobre las hojas. Encima de la ensalada, coloque el resto del aderezo. Sirva de inmediato o tape y refrigere hasta por 30 minutos.

Rinde 6 porciones

Paso 1. Al procesar los ingredientes, agregue el aceite.

Paso 3. Descorazone las endibias.

Paso 4. Acomode las hojas en platos extendidos.

Ensalada Tricolor de Pimiento Asado a la Parrilla

1 pimiento morrón rojo, uno
   amarillo y uno verde, grandes,
   cortados por la mitad o en
   cuartos
⅓ de taza de aceite de oliva extra
   virgen
3 cucharadas de vinagre balsámico
2 dientes de ajo picados
   (página 116)
¼ de cucharadita de sal
¼ de cucharadita de pimienta
   negra molida
   Hojas de albahaca fresca
⅓ de taza de queso de cabra
   desmenuzado (unos 40 g)

1. Prepare el asador para asado directo (técnica en la página 109).

2. Ponga los pimientos morrones, con la piel hacia abajo, sobre la parrilla. Áselos, con el asador tapado, sobre el carbón encendido, de 10 a 12 minutos o hasta que se carbonice la piel.

3. Para cocer al vapor los pimientos asados y desprender la piel, póngalos en una bolsa de papel. Cierre la bolsa; déjelos a un lado para que se enfríen, de 10 a 15 minutos.

4. Para pelar los pimientos, desprenda la piel con un cuchillo para pelar; deséchela.

5. Ponga los pimientos en un refractario. En un recipiente chico, combine el aceite, el vinagre, el ajo, la sal y la pimienta negra; revuelva hasta que se mezclen bien. Vierta sobre los pimientos. Deje reposar durante 30 minutos a temperatura ambiente. (O tape y refrigere hasta por 24 horas. Antes de servir, deje que los pimientos tomen la temperatura ambiente.)

6. Acomode la albahaca poniendo las hojas grandes abajo y luego enróllelas. Corte el rollo de albahaca en rebanadas muy delgadas; separe las tiras. Rebane suficientes hojas hasta obtener ¼ de taza.

7. Poco antes de servir, espolvoree los pimientos con el queso y la albahaca.

Rinde de 4 a 6 porciones

Paso 2. Ase los pimientos hasta que se carbonice la piel.

Paso 4. Pele los pimientos con un cuchillo para pelar.

Paso 6. Rebane los rollos de albahaca en rebanadas muy delgadas.

Ensalada de Tomate, Queso Mozzarella y Albahaca

2 cucharadas de vinagre de vino tinto
1 diente de ajo picado
½ cucharadita de sal
¼ de cucharadita de mostaza en polvo
Pizca generosa de pimienta negra recién molida
⅓ de taza de aceite de oliva o aceite vegetal
4 tomates rojos
180 g de queso mozzarella
8 a 10 hojas de albahaca

1. Para el aderezo, mezcle el vinagre, el ajo, la sal, la mostaza y la pimienta en un recipiente chico. Agregue el aceite en un chorro lento y uniforme; revuelva hasta que se incorpore el aceite.

2. Corte los tomates rojos y el queso en rebanadas de .5 cm de grosor. Corte las rebanadas de queso del mismo tamaño que las rebanadas de tomate.

3. En un recipiente grande poco profundo o en un refractario de cristal, ponga las rebanadas de tomate y de queso. Vierta el aderezo sobre ellas. Marine, tapado, en el refrigerador por lo menos durante 30 minutos o hasta por 3 horas; ocasionalmente, gire las rebanadas.

4. Acomode las hojas de albahaca poniendo las hojas grandes abajo y luego enróllelas. Corte el rollo de albahaca en rebanadas de .5 cm de grosor; separe las tiras.

5. En un platón o en 4 platos extendidos, acomode las rebanadas de tomate y de queso alternadas. Encima distribuya las tiras de albahaca; rocíe el aderezo restante. *Rinde 4 porciones*

Paso 2. Corte las rebanadas de queso iguales que las de tomate.

Paso 3. Vierta el aderezo sobre las rebanadas de queso y de tomate para que se marinen.

Paso 4. Rebane la albahaca en tiras.

Aguacates con Pico de Gallo

1 cucharada de vinagre de sidra
1 cucharada de jugo de naranja
   recién exprimido
1 cucharadita de ralladura de
   cáscara de naranja
¼ de cucharadita de sal
   Pizca de pimienta negra molida
3 cucharadas de aceite de oliva
3 tomates rojos (unos 225 g), sin
   semillas y cortados en cubos
¼ de taza de cilantro picado
2 cucharadas de cebolla morada
   finamente picada
1 chile jalapeño, sin semillas y
   finamente picado (página 75)
2 aguacates maduros grandes,
   firmes
2 tazas de lechuga iceberg picada
   Ramas de cilantro, cáscara de
   naranja y rebanadas de
   tomate rojo para adornar

1. Para el Pico de Gallo, en un recipiente mediano, mezcle el vinagre, el jugo de naranja, la ralladura de naranja, la sal y la pimienta. Agregue gradualmente el aceite, revolviendo sin cesar, hasta que el aderezo esté bien mezclado.

2. Incorpore el tomate rojo, el cilantro picado, la cebolla y el chile al aderezo; revuelva ligeramente para que se combinen. Deje reposar, tapado, a temperatura ambiente hasta por 2 horas para que se mezclen los sabores.

3. Antes de servir, corte los aguacates por la mitad a lo largo; retire y deseche los huesos. Pélelos y córtelos a lo largo en rebanadas de 1.5 cm de grosor.

4. Sobre platos extendidos, acomode una cama de lechuga y encima ponga el aguacate; corone con el Pico de Gallo. Adorne si lo desea.

Rinde 4 porciones

Paso 1. Agregue el aceite al jugo de naranja y revuelva.

Paso 2. Incorpore los ingredientes a la mezcla de aceite.

Paso 3. Rebane el aguacate.

Ensalada de Pollo y Cerezas

2 tazas de cerezas rojas
    Montmorency*
1½ pechugas de pollo enteras, sin
    piel, abiertas, sin hueso
    (páginas 6-8) y cocidas
    (página 96)
3 nectarinas o duraznos
    (melocotones)
2 cucharadas más 1 cucharadita
    de jugo de limón
1½ tazas de apio rebanado
2 cucharadas de cebollín rebanado
1 taza de mayonesa
¼ de taza de crema agria
2 cucharadas de miel
¼ a ½ cucharadita de curry en
    polvo
⅛ de cucharadita de jengibre
    molido
Sal al gusto
½ taza de almendra rallada
Hojas de lechuga Boston o Bibb

*Si no encuentra cereza Montmorency fresca,
sustitúyala por cualquier cereza ácida fresca.
Puede sustituir igual cantidad de cereza sin
hueso congelada si no la encuentra fresca;
descongélela y escúrrala bien y omita el paso 1.

1. Para quitar el hueso a las cerezas, con un cuchillo para pelar haga un corte en "X" en los extremos de las cerezas; con los dedos pulgar e índice, oprima la cereza para sacar el hueso.

2. Sobre una tabla para picar, corte el pollo cocido en cubos.

3. Para preparar la nectarina, inserte la hoja de un cuchillo en el extremo del tallo; rebane por la mitad a lo largo para sacar el hueso; gire la nectarina mientras la rebana. Saque el cuchillo; gire las mitades para separarlas. Saque el hueso de la nectarina y deséchelo. Sobre una tabla para picar, corte las mitades de nectarina en rebanadas de 1.5 cm de grosor; póngalas en un recipiente grande y déjelas a un lado. Corte las nectarinas restantes de la misma manera; barnice las rebanadas con 2 cucharadas de jugo de limón y resérvelas para adornar.

4. En el recipiente que tiene la nectarina, ponga la cereza, el pollo, el apio y el cebollín. En un recipiente chico, mezcle la mayonesa, la crema agria, la miel, 1 cucharadita de jugo de limón, el curry, el jengibre y la sal; revuelva bien. Vierta la mezcla de mayonesa sobre la de pollo; remueva para bañar los ingredientes. Tape y refrigere.

5. Para tostar la almendra, distribúyala sobre una charola. Meta al horno previamente calentado a 180 °C, de 8 a 10 minutos o hasta que esté dorada; revuelva con frecuencia. Retire la almendra de la charola y déjela enfriar.

6. Reserve 1 cucharada de almendra; incorpore el resto a la ensalada. Sobre platos extendidos acomode una cama de lechuga y sirva la ensalada. Acomode alrededor de la ensalada las rebanadas de nectarina que reservó. Espolvoree la ensalada con la cucharada de almendra que reservó.

Rinde 6 porciones

Paso 1. Oprima la cereza para sacarle el hueso.

Paso 3. Quite el hueso a las nectarinas.

Paso 5. Revise las almendras tostadas.

Ensalada de Pollo de Lujo

1¼ tazas de aderezo para ensalada
de suero de leche
½ taza de mayonesa
3 cucharadas de leche y crema a
partes iguales
1¾ cucharaditas de sazonador Beau
Monde*
1 cucharadita de sal
½ cucharadita de pimienta negra
molida
675 g de mitades de pechuga de pollo
deshuesadas y sin piel
1 cebolla chica rebanada
1 tallo de apio picado
1 zanahoria picada
300 g de conchas de pasta medianas
3 tazas de apio cortado en cubos
2½ tazas de uvas verdes sin semilla,
cortadas por la mitad a lo
largo
360 g de almendras rebanadas
(reserve ½ taza para adornar)
2 latas (de 60 g cada una) de
castañas de agua picadas,
escurridas
1 cebolla mediana picada
(página 68)
Hojas de lechuga (opcional)
Perejil y rebanadas de
carambola (estrellita) para
adornar
Rebanadas de melón

*Beau Monde es una mezcla de especias que puede encontrar en la zona de especias de la tienda de abarrotes.

1. En un recipiente chico, mezcle el aderezo para ensalada, la mayonesa, la mezcla de leche y crema, el sazonador, la sal y la pimienta; revuelva hasta que se incorporen. Tape y refrigere por una noche para que se mezclen los sabores.

2. Ponga el pollo, la cebolla rebanada, el apio picado y la zanahoria en una olla. Agregue suficiente agua fría para cubrir los ingredientes. Tape y ponga a hervir a fuego medio. Reduzca el fuego a bajo y deje cocer de 5 a 7 minutos hasta que el pollo pierda su color rosado en el centro.

3. Deseche el líquido y las verduras. Refrigere el pollo hasta que esté lo suficientemente frío para cortarlo. Corte el pollo en trozos de 1.5 cm.

4. Cueza la pasta siguiendo las instrucciones de la envoltura. Escúrrala bien; después, tápela y refrigérela hasta que esté fría.

5. En un recipiente grande, ponga el pollo, la pasta, el apio en cubos, la uva, la almendra, la castaña de agua y la cebolla picada. Vierta el aderezo sobre la ensalada y revuelva con suavidad. Sirva en platos extendidos sobre una cama de lechuga. Adorne si lo desea. Acompañe con rebanadas de melón.

Rinde 20 porciones

Paso 2. Agregue agua a la olla hasta cubrir los ingredientes.

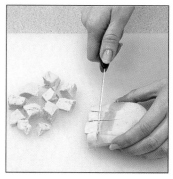
Paso 3. Corte el pollo en trozos de 1.5 cm.

Ensalada Caliente de Salmón

Vinagreta de Chalote
- ⅓ **de taza de aceite vegetal**
- ¼ **de taza de vinagre de vino tinto**
- 2 **cucharadas de chalote fresco finamente picado**
- 2 **cucharadas de perejil fresco finamente picado (página 38)**
- ⅛ **de cucharadita de sal**
- ⅛ **de cucharadita de pimienta blanca molida**

- 2 **tazas de agua**
- ¼ **de taza de cebolla picada (página 68)**
- 2 **cucharadas de vinagre de vino tinto**
- ¼ **de cucharadita de pimienta negra molida**
- 560 **g de papa (patata) roja chica**
- 450 **g de postas de salmón**
- 6 **tazas de hojas verdes (lechuga, espinaca, etc.), lavadas y picadas**
- 2 **tomates rojos medianos, cortados en rebanadas**
- 16 **aceitunas kalamata rebanadas***

*La aceituna kalamata se importa de Grecia; puede encontrarla en tiendas de productos de especialidades gastronómicas.

1. Para preparar la Vinagreta de Chalote, mezcle el aceite, el vinagre, el chalote, el perejil, la sal y la pimienta en un frasco con tapa hermética; agite para mezclar los ingredientes. Refrigere hasta el momento de utilizarla.

2. En una cacerola grande, combine el agua, la cebolla, el vinagre y la pimienta; ponga a hervir a fuego medio-alto.

3. Agregue la papa; tape y deje cocer por 10 minutos o hasta que, al picarla con un tenedor, se sienta suave. Con una espumadera, pase las papas a una tabla para picar; deje enfriar un poco. Conserve el agua de cocción.

Paso 4. Corte las papas en rebanadas gruesas.

4. Con un cuchillo de uso práctico, corte las papas en rebanadas gruesas y póngalas en un recipiente mediano. Mezcle la papa con ⅓ de taza del aderezo.

5. Enjuague el salmón y séquelo con toallas de papel dándole palmaditas. Para escalfar el pescado, póngalo en el agua de cocción de la papa y caliéntelo a fuego medio-alto. (El agua no debe burbujear. No deje que hierva, porque el pescado se desmoronará.) Ajuste el fuego si es necesario. Escalfe el pescado de 4 a 5 minutos o hasta que esté opaco y se desmenuce con facilidad cuando lo pique con un tenedor.

Paso 5. Escalfe el pescado.

6. Con una espátula acanalada, saque con cuidado el pescado de la cacerola y póngalo sobre una tabla para picar. Déjelo reposar por 5 minutos.

7. Quite la piel y los huesos del pescado; corte en cubos de 2.5 cm.

8. En 4 platos extendidos, ponga las hojas verdes; acomode encima el pescado, la papa, el tomate rojo y las aceitunas. Rocíe el resto del aderezo.

Rinde 4 porciones

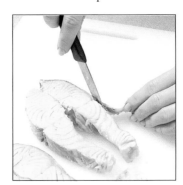

Paso 7. Retire la piel y los huesos del pescado.

Ensalada de Cangrejo y Piña

¼ de taza de nuez picada
2 piñas chicas
360 g de carne de cangrejo
½ taza de garbanzo cocido
½ taza de perejil picado (página 38)
¾ de taza de aceite vegetal
2 cucharadas de vinagre de sidra
¼ de cebolla chica
½ cucharadita de sal
2 cucharaditas de adormidera
  Hojas de lechuga
2 manzanas medianas, sin corazón
  y cortadas en rebanadas de
  .5 cm de grosor, para adornar
1 cebollín picado, para adornar
  Cebolla morada, para adornar

1. Caliente el horno a 150 °C. Para tostar la nuez, distribúyala en una sola capa en una charola. Hornee de 10 a 15 minutos o hasta que esté dorada.

2. Para hacer los botes de piña, corte las piñas por la mitad a lo largo, a través de la corona.

3. Con un cuchillo curvo, separe la pulpa de la cáscara; deje intacta la cáscara.

4. Recorte el corazón de cada mitad de piña y deséchelo. Pique la piña; póngala con su jugo en un recipiente de vidrio. Refrigere las cáscaras de piña.

5. Retire el cartílago y el caparazón de la carne de cangrejo (técnica en la página 38).

6. Ponga la carne de cangrejo en un recipiente mediano; agregue 1 taza de piña picada, el garbanzo, el perejil y la nuez. Revuelva con suavidad. Tape y refrigere hasta que vaya a mezclar la ensalada.

7. Para preparar el aderezo, ponga ⅓ de taza del jugo de piña que conservó, ¼ de taza de piña picada, el aceite, el vinagre, la cebolla y la sal en el procesador de alimentos o en la licuadora; procese hasta que se incorporen. Agregue la adormidera; procese presionando y liberando el botón hasta que la mezcla se revuelva.

8. Para hacer la ensalada, cubra las cáscaras de piña con las hojas de lechuga. Coloque encima la mezcla de cangrejo.

9. Bañe la manzana con 2 cucharadas del jugo de piña que conservó. Adorne los botes de piña con las rebanadas de manzana, el cebollín y la cebolla morada. Sirva la ensalada con el aderezo de piña y adormidera.

Rinde 4 porciones

Paso 2. Corte la piña por la mitad a lo largo.

Paso 3. Separe la pulpa.

Paso 4. Recorte el corazón de la mitad de piña.

Ensalada Mariposa de Camarón y Vermicelli

¼ de cebolla amarilla chica
3 cucharadas de vinagre de estragón o vinagre de vino blanco
2 cucharadas de azúcar
½ cucharadita de sal
½ cucharadita de mostaza en polvo
¼ de taza de aceite de oliva extra virgen
¼ de taza de aceite vegetal
1 cucharadita de semillas de apio
2 naranjas o 1 taza de gajos de mandarina
450 g de camarón mediano, pelado y desvenado (página 30)
225 g de vermicelli (espagueti delgado) sin cocer, partido en tiras de 5 cm de largo
1 taza de apio finamente picado
1 taza de uvas sin semilla, cortadas por la mitad
1 frasco (120 g) de pimiento en rajas escurrido
3 cucharadas de mayonesa
1 lechuga Bibb
5 cebollines rebanados, para adornar

1. Para preparar el aderezo, ponga la cebolla y el vinagre en el procesador de alimentos; presionando y liberando el botón procese hasta que la cebolla esté finamente picada. Agregue el azúcar, la sal y la mostaza; procese hasta que los ingredientes se incorporen.

2. Con el motor encendido, vierta lentamente el aceite de oliva y el aceite vegetal a través del tubo alimentador; procese hasta que se incorporen. Agregue las semillas de apio; procese hasta que se combinen bien.

3. Para partir la naranja en gajos, con un cuchillo de uso práctico corte una rebanada encima y por debajo; asiente la naranja sobre una tabla para picar. Comience en la parte superior y trabaje hacia abajo; rebane la cáscara y la membrana de la naranja en tiras anchas, siguiendo la curvatura de la fruta. Repita el procedimiento hasta que haya eliminado toda la cáscara y la membrana blanca. Haga lo mismo con la otra naranja.

4. Haga cortes en "V" en el centro de la naranja, justo dentro de la membrana, para separar los gajos. Deseche la membrana de la naranja. Haga lo mismo con la otra naranja.

5. Prepare el agua de cocción para la pasta siguiendo las instrucciones de la envoltura. Cuando el agua comience a hervir, añada la mitad del camarón; déjelo cocer por 1 minuto o hasta que el camarón se torne rosa y opaco. Retire el camarón con una espumadera; póngalo en un recipiente grande. Repita la operación con el camarón restante. Reserve 5 camarones para adornar.

6. Ponga la pasta en el agua de cocción. Cueza siguiendo las instrucciones de la envoltura. Enjuague la pasta debajo del chorro de agua fría y escúrrala. Agregue la pasta, el apio, las uvas y el pimiento al camarón. Revuelva con la mayonesa y el aderezo. Incorpore con suavidad los gajos de naranja. Refrigere durante varias horas o por toda una noche. Sirva en platos extendidos cubiertos con una cama de lechuga. Adorne con el camarón que reservó y los cebollines. *Rinde 5 porciones*

Paso 2. Procese hasta incorporar.

Paso 3. Rebane a través de la cáscara y la membrana.

Paso 4. Haga cortes en forma de "V".

Ensalada de Vieiras y Arroz Amarillo

2 chiles jalapeños o serranos, sin
    semillas*
1 diente de ajo pelado
⅓ de taza más 2 cucharadas de
    aceite vegetal
½ taza de cebolla picada
    (página 68)
2 tazas de agua
½ cucharadita de cúrcuma molida
½ cucharadita de comino molido
½ cucharadita de sal
1 taza de arroz blanco de grano
    largo, sin cocer
450 g de vieiras de bahía o vieiras de
    mar, cortadas en cuartos
1 lata (420 g) de frijol negro,
    enjuagado y escurrido
1 taza de tomate rojo picado
¼ de taza de cilantro o perejil
    fresco picado
3 cucharadas de jugo de lima
    Rebanadas y cáscara de lima
    para adornar

*Los chiles pueden irritar la piel; utilice
guantes de hule cuando maneje chiles y no se
toque los ojos. Lávese las manos después de
trabajar con ellos.

1. En el procesador de alimentos o en la licuadora, ponga los chiles y el ajo; procese hasta que estén finamente picados.

2. En una cacerola grande caliente 2 cucharadas de aceite a fuego medio. Agregue la cebolla y la mezcla de jalapeño. Fría y revuelva de 3 a 4 minutos o hasta que la cebolla esté suave. Añada el agua, la cúrcuma, el comino y la sal. Ponga la mezcla a hervir a fuego alto; agregue el arroz. Tape; reduzca el fuego a bajo y deje cocer de 15 a 20 minutos o hasta que se haya consumido gran parte del líquido.

3. Incorpore las vieiras; tape y deje cocer de 2 a 3 minutos o hasta que se tornen opacas y estén bien cocidas.

4. Pase la mezcla de arroz a un recipiente grande; ponga el recipiente sobre agua con hielo para enfriar el arroz y evitar que las vieiras se sigan cociendo.

5. Revuelva la mezcla con frecuencia. Cuando la mezcla esté tibia, incorpore el frijol, el tomate y el cilantro.

6. Combine el aceite restante con el jugo de lima en una taza medidora. Vierta sobre la ensalada y revuelva. Sirva de inmediato, o refrigere y sirva frío. Aderece justo antes de servir.

Rinde 5 porciones

Paso 1. Procese hasta que estén finamente picados.

Paso 3. Cueza hasta que opaque.

Paso 4. Ponga el recipiente sobre agua con hielo.

Carnes

Carne de Res a la Naranja

1 filete de espaldilla chico o punta
    de filete de res (unos 450 g)
1 clara de huevo
2 cucharadas de salsa de soya
3 cucharaditas de fécula de maíz
1½ cucharaditas de aceite de
    ajonjolí
4 zanahorias medianas peladas
4 cebollines enteros
1 naranja sin semilla grande
2 a 3 chiles rojos o verdes
    jalapeños*
1 cucharada de azúcar
1 cucharada de jerez seco
1 cucharada de vinagre blanco
    destilado
2 tazas de aceite vegetal
2 dientes de ajo picados
    (página 116)
3 a 4 tazas de lechuga picada
    (opcional)
    Rosa de Cáscara de Naranja
    para adornar (página 108)

*El chile puede dar comezón o irritar la piel;
cuando maneje chiles, utilice guantes de hule,
y no se toque los ojos. Lávese las manos
después de trabajar con ellos.

1. Retire la grasa de la carne y deséchela. Con un
cuchillo de chef, corte la carne a lo largo en 2 tiras;
luego corte a través de la fibra en rebanadas de
.5 cm de grosor; sostenga el cuchillo diagonalmente
para cortar tiras de 5 cm de largo (técnica en la
página 112).

2. Para preparar la marinada, ponga en un recipiente
mediano la clara de huevo con 1 cucharada de salsa
de soya, 1 cucharadita de fécula de maíz y el aceite
de ajonjolí; bata los ingredientes. Agregue la carne
y bañe las tiras. Deje marinar la carne; mientras
tanto, prepare las verduras.**

3. Corte la zanahoria en tiras julianas (técnica en la
página 41).

4. Con un cuchillo para pelar, corte las raíces del
cebollín y deséchelas. Corte el cebollín en trozos de
7.5 cm y después a lo largo en tiras delgadas.

5. Con un pelador de verduras, corte tiras de
.5×1.5 cm de cáscara de naranja. (Sólo corte la
porción color naranja de la cáscara; la membrana
blanca tiene un sabor amargo.) Con un cuchillo para
pelar, corte la cáscara de naranja a lo largo en tiras
de .3 cm de ancho.

6. Enjuague los chiles; séquelos con toallas de
papel. Con un cuchillo de uso práctico, corte los
chiles por la mitad a lo largo. Desprenda y deseche
el tallo, las semillas y las venas. Rebane
diagonalmente las mitades de chile.

**Para que tenga mejor sabor, tape y marine por toda una
noche en el refrigerador.

continúa en la página 108

Paso 4. Corte los pedazos de
cebollín en tiras delgadas.

Paso 5. Corte la cáscara de naranja
en tiras de .3 cm de ancho.

Paso 6. Quite las semillas de los
chiles.

Carne de Res a la Naranja, *continuación*

7. En un recipiente chico, mezcle el azúcar con el jerez, el vinagre, la cucharada de salsa de soya y las 2 cucharaditas de fécula de maíz restantes; revuelva bien.

8. En un wok, caliente el aceite vegetal a fuego medio-alto hasta que el aceite registre 190 °C en un termómetro para freír. Agregue la zanahoria y fría durante unos 3 minutos o hasta que esté suave. Retire la zanahoria con una espumadera y póngala en un colador grande colocado sobre un recipiente mediano. Vuelva a calentar el aceite y fría la cáscara de naranja por unos 15 segundos o hasta que suelte su olor. Saque y ponga sobre toallas de papel; escurra.

9. Fría la carne dos veces;*** agregue la carne al wok y fríala por 1 minuto o sólo hasta que se torne de un color más claro. Pásela a un colador o escurridor sobre un recipiente grande. Vuelva a calentar el aceite a 190 °C. Vuelva a freír ⅓ de la carne escurrida, por 3 minutos o hasta que se dore. Pase la carne al colador con la zanahoria. Repita el procedimiento con el resto de la carne en dos tandas; vuelva a calentar el aceite para mantener la temperatura.

10. Deseche todo el aceite del wok. Vuelva a calentar el wok a fuego medio-alto; agregue el cebollín, el ajo y el chile; áselos durante unos 30 segundos o hasta que suelten su olor. Revuelva la mezcla de fécula de maíz y agréguela al wok; déjela cocer revolviendo hasta que hierva y se espese. Añada la carne, la zanahoria y la cáscara de naranja; déjelos hasta que estén bien calientes. En platos extendidos, ponga una cama de lechuga y sirva encima. Adorne si lo desea.

Rinde 4 porciones como plato principal o 6 porciones en una comida con varios platillos

***Esta técnica ayuda a que la carne conserve su humedad por dentro y se dore por fuera. La primera vez que se fríe se "sella" el jugo de la carne, mientras que en la segunda vez se cuece la carne hasta que se dora.

Rosa de Cáscara de Naranja

1 naranja
2 o 3 hojas de menta fresca

1. Pele la naranja; comience por la parte superior. Con un pelador de verduras, corte una tira estrecha continua de cáscara en espiral alrededor de toda la naranja; presione con firmeza con el pelador.

2. Enrolle la tira para formar un rizo. Continúe enrollando la cáscara apretadamente; ahúse la parte inferior tanto como sea posible.

3. En la base, inserte horizontalmente uno o dos palillos para afianzar la rosa. Pliegue las hojas de menta y póngalas debajo de la base de la rosa.

Rosa de Cáscara de Naranja: Paso 1. Corte una tira de cáscara.

Rosa de Cáscara de Naranja: Paso 2. Enróllela y forme un rizo.

Rosa de Cáscara de Naranja: Paso 3. Inserte un palillo en la base.

Fajitas de Res con Salsa de Aguacate

**1 o 2 chiles jalapeños frescos o de
lata escurridos***
**1 filete de espaldilla de res (560 a
675 g)**
**¼ de taza de tequila o de cerveza
sin alcohol**
**3 cucharadas de jugo de lima
(página 370)**
**2 dientes de ajo grandes picados
(página 116)**
1 pimiento morrón rojo grande
**1 pimiento morrón verde grande
Salsa de Aguacate (página 110)**
**8 tortillas de harina (de 15 a
17.5 cm de diámetro)**
**4 rebanadas de cebolla morada, de
.5 cm de grosor (página 143)**

*Los chiles jalapeños pueden dar comezón e
irritar la piel; utilice guantes de hule cuando
maneje chiles, y no se toque los ojos. Lávese
las manos después de trabajar con ellos.

1. Con un cuchillo o unas tijeras, corte los chiles a
lo largo. Bajo el chorro de agua fría, con cuidado,
desprenda y deseche las semillas y las venas.
Enjuague muy bien los jalapeños y escúrralos;
séquelos con toallas de papel. Pique suficiente chile
hasta obtener 1 cucharada.

2. Ponga la carne en una bolsa de plástico con cierre
hermético. En un recipiente chico, mezcle el tequila
con el jugo de lima, el jalapeño y el ajo; vierta sobre
la carne. Cierre perfectamente la bolsa; agítela para
bañar la carne. Marine en el refrigerador de 1 a
4 horas; voltee una vez.

3. Enjuague los pimientos bajo el chorro de agua
fría. Para quitar las semillas, asiente verticalmente
el pimiento sobre una tabla para picar. Con un
cuchillo de uso práctico, recorte los costados en
4 rebanadas a lo largo. (Corte cerca, pero no a
través, del tallo.) Deseche el tallo y las semillas.
Raspe para quitar las semillas restantes. Enjuague el
interior de los pimientos debajo del chorro de agua
fría.

4. Prepare el asador para asar a fuego directo.

5. Mientras tanto, prepare la Salsa de Aguacate.

6. Envuelva las tortillas en papel de aluminio
grueso; utilice la técnica de envoltura de farmacia
(técnica en la página 260).

continúa en la página 110

Paso 1. Retire las semillas y las
venas del chile jalapeño.

Paso 3. Corte los costados del
pimiento morrón.

Paso 4. Acomode el carbón
comprimido en el asador para
asar a fuego directo.

Fajitas de Res con Salsa de Aguacate,
continuación

7. Escurra la carne; deseche la marinada.
Sobre la rejilla del asador, ponga la carne, el
pimiento morrón y las rebanadas de cebolla.
Con el asador tapado, ase sobre el carbón, de
14 a 18 minutos para término medio, o hasta
que tenga el término que desee. A la mitad del
tiempo de cocción, gire la carne, los
pimientos y las rebanadas de cebolla. Durante
los últimos 5 a 7 minutos de asado, ponga el
paquete de tortilla sobre el asador; voltee a la
mitad del tiempo para que se calienten bien.

8. Pase la carne a una tabla para trinchar.
Corte la carne a través de la fibra en
rebanadas delgadas. Rebane los pimientos en
tiras delgadas; separe los anillos de las
rebanadas de cebolla y divídalos entre las
tortillas; enrolle y corone con la Salsa de
Aguacate.   *Rinde 4 porciones*

Salsa de Aguacate

1 aguacate maduro grande
1 tomate rojo grande, sin semillas y
cortado en cubos (página 52)
3 cucharadas de cilantro picado
1 cucharada de aceite vegetal
1 cucharada de jugo de lima recién
exprimido (página 370)
2 cucharaditas de chile jalapeño
picado, fresco o de lata, escurrido
(página 136)
1 diente de ajo picado (página 116)
½ cucharadita de sal

1. Para preparar el aguacate, póngalo sobre
una tabla para picar. Inserte el cuchillo de uso
práctico en el extremo del tallo; rebane por la
mitad a lo largo hasta el hueso; gire el
aguacate cuando lo rebane. Saque el cuchillo;
gire ambas mitades para separarlas. Inserte la
hoja del cuchillo sobre el hueso; gire el
cuchillo para sacar el hueso del aguacate.

2. Con una cuchara, retire la pulpa de la
cáscara; póngala sobre una tabla para picar.
Pique el aguacate en cubos de 1.5 cm y
póngalo en un recipiente mediano.

3. Incorpore el tomate rojo, el cilantro, el
aceite, el jugo de lima, el jalapeño, el ajo y la
sal; revuelva con suavidad hasta que se
mezclen. Deje reposar a temperatura ambiente
mientras asa la carne. Si lo prepara con
anticipación, tápelo y refrigérelo. Deje que
tome la temperatura ambiente antes de servir.

Rinde aproximadamente 1½ tazas

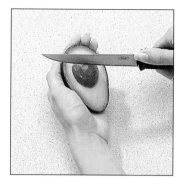

Salsa de Aguacate: Paso 1. Inserte
el cuchillo en el hueso del aguacate.

Salsa de Aguacate: Paso 2. Con
una cuchara, retire la pulpa de la
cáscara.

Carne de Res con Tomate Estilo Cantonés

1 filete de espaldilla chico o punta de filete de res (unos 450 g)

2 cucharadas de salsa de soya

2 cucharadas de aceite de ajonjolí

1 cucharada más 1 cucharadita de fécula de maíz

450 g de tallarín de trigo delgado estilo chino fresco o 360 g de espagueti seco

3 cebollas chicas (unos 210 g) peladas

5 tomates rojos maduros grandes (unos 900 g), sin corazón

1 taza de caldo de res

2 cucharadas de azúcar morena

1 cucharada de vinagre de sidra

2 cucharadas de aceite vegetal

1 cucharada de jengibre fresco picado (página 130)

1 cebollín entero, cortado diagonalmente en rebanadas delgadas (página 116)

Flores comestibles, como mastuerzo, para adornar

1. Quite la grasa de la carne y deséchela. Con un cuchillo de chef, corte la carne a lo largo en 2 tiras; luego corte a través de la fibra en rebanadas de .5 cm de grosor; sostenga el cuchillo diagonalmente para cortar tiras de 5 cm de largo.

2. En un recipiente grande, ponga la salsa de soya, 1 cucharada de aceite de ajonjolí y 1 cucharadita de fécula de maíz; revuelva los ingredientes. Agregue las tiras de carne; báñelas y deje que se marinen.

3. Cueza el tallarín siguiendo las instrucciones de la envoltura sólo hasta que esté suave. Corte las cebollas y los tomates en 8 rebanadas. En un recipiente chico, mezcle el caldo de res con el azúcar, la cucharada de fécula de maíz restante y el vinagre; revuelva bien.

4. Escurra el tallarín cocido en un escurridor; luego, regréselo a la olla. Vierta la cucharada de aceite de ajonjolí restante y revuelva; consérvelo caliente.

5. Ponga a calentar el wok a fuego alto durante 1 minuto. Rocíe una cucharada de aceite vegetal en el wok y caliéntelo por 30 segundos. Añada el jengibre y sofríalo por unos 30 segundos o hasta que suelte su olor. Coloque la mezcla de carne y sofríala durante 5 minutos o hasta que esté ligeramente dorada. Pase la carne y el jengibre a un recipiente y déjelos a un lado. Baje el fuego a medio.

6. Ponga en el wok la cucharada de aceite vegetal restante. Agregue las rebanadas de cebolla; cuézalas y revuelva por 2 minutos o hasta que se doren. Incorpore la mitad de las rebanadas de tomate. Vacíe la mezcla de caldo y agregue al wok. Cueza y revuelva hasta que hierva y se espese.

7. Regrese la carne y su jugo al wok. Incorpore las rebanadas de tomate restantes; cuézalas y revuelva hasta que estén bien calientes. Ponga el tallarín cocido en un platón poco profundo; encima acomode el guiso y espolvoree el cebollín. Adorne si lo desea. Sirva de inmediato.

Rinde 4 porciones

Paso 1. Corte la carne en rebanadas de .5 cm de grosor.

Paso 6. Incorpore la mezcla de caldo de res a las cebollas y los tomates sofritos.

Brochetas de Res Asadas

2 elotes frescos,* pelados y limpios
(página 256)
450 g de solomillo o filete de lomo de
res, sin hueso, cortado en
trozos de 3 cm
1 pimiento morrón verde o rojo,
cortado en trozos de 2.5 cm
1 cebolla morada chica, cortada en
rebanadas de 1.5 cm de grosor
½ taza de cerveza o cerveza sin
alcohol
½ taza de salsa picante
1 cucharadita de mostaza en polvo
2 dientes de ajo picados
(página 116)
1½ tazas de pedazos chicos de nogal
americano
4 agujas de metal para brochetas
(de 30 cm de largo)
3 tazas de arroz blanco cocido
caliente
¼ de taza de perejil fresco picado
Ramas de perejil y tomates rojos
cherry para adornar

*Puede sustituir los elotes enteros por cuatro
pedazos de elotes descongelados.

1. Ponga el elote sobre una tabla para picar. Con un cuchillo para chef, córtelo a lo ancho en trozos de 2.5 cm.

2. Meta la carne de res, el pimiento morrón, la cebolla y el elote en una bolsa de plástico con cierre hermético. En un recipiente chico, mezcle la cerveza, con la salsa picante, la mostaza y el ajo; vierta sobre la carne y las verduras. Cierre la bolsa y agite para bañar los ingredientes. Deje marinar en el refrigerador de 1 a 8 horas; gire de vez en cuando.

3. Prepare el asador para asar a fuego directo.

4. Mientras tanto, cubra el nogal con agua fría; déjelo remojar durante 20 minutos.

5. Escurra la carne y las verduras; conserve la marinada. Ensarte alternadamente la carne y las verduras en las agujas. Barnice con la marinada.

6. Escurra el nogal; distribúyalo sobre el carbón. Ponga las brochetas sobre la rejilla del asador y áselas, con el asador tapado y con el carbón encendido medio caliente por 5 minutos. Barnice con la marinada que conservó; gírelas y vuelva a barnizarlas. Deseche la marinada sobrante. Continúe asando, tapado, de 5 a 7 minutos para término medio, o deje asar hasta que tenga el término que desee.

7. Revuelva el arroz con el perejil picado; sirva las brochetas sobre el arroz. Adorne si lo desea.

Rinde 4 porciones

Paso 1. Corte el elote a lo ancho en trozos de 2.5 cm.

Paso 3. Acomode el carbón comprimido en el asador.

Paso 5. Ensarte alternadamente la carne y las verduras en las agujas.

Carne de Res Estilo Coreano (Bulgogi)

Sal de Ajonjolí
 ½ **taza de semillas de ajonjolí**
 ¼ **de cucharadita de sal**

 675 g **de bistec de sirloin (solomillo)**
 3 **cebollines**
 2 **dientes de ajo**
 ¼ **de taza de salsa de soya**
 2 **cucharadas de vino de arroz, de caldo de res o de agua**
 1 **cucharada de aceite de ajonjolí**
 1 **cucharada de azúcar**
 ¼ **de cucharadita de pimienta negra molida**
 Hojas de lechuga
 Arroz cocido, ajo asado, kimchi o pasta picante de frijol coreana (opcional)
 Moño de zanahoria y las tradicionales rebanadas de cebollín para adornar, adicionales

1. Para preparar la Sal de Ajonjolí, ase las semillas de ajonjolí (técnica en la página 120); deje enfriar. En un mortero, machaque las semillas de ajonjolí tostadas con la sal o procese en un molino limpio para café o para especias. Refrigere la sal en un frasco tapado hasta que vaya a utilizarla. Puede conservar la sal que no utilice para preparar otros platillos coreanos.

2. Quite la grasa de la carne y deséchela. Corte la carne diagonalmente a través de la fibra, en rebanadas de .5 mm de grosor, y luego en tiras de 7.5 cm de largo.

3. Recorte las raíces de los cebollines y luego córtelos diagonalmente en rebanadas delgadas.

4. Corte los extremos de los dientes de ajo. Macháquelos ligeramente con el lado plano de la hoja de un cuchillo y pélelos. Píquelos finamente con un cuchillo de chef hasta obtener pedazos uniformes.

5. Para preparar la marinada, mezcle la salsa de soya, el vino de arroz, 2 cucharadas de la sal de ajonjolí, el aceite de ajonjolí, el azúcar y la pimienta en un recipiente grande. Agregue el cebollín, el ajo y la carne; revuelva para bañarla. Tape y refrigere por lo menos durante 30 minutos.

6. Caliente previamente un asador eléctrico; rocíe la rejilla del asador con antiadherente en aerosol. Ponga las tiras de carne sobre la rejilla colocada a unos 10 cm de la fuente de calor por 2 minutos; voltee la carne y ásela durante 1 minuto para término medio o hasta que tenga el término que prefiera.

7. Cubra platos extendidos con una hoja de lechuga; acomode encima la carne. Sirva así o utilice las hojas de lechuga para envolver la carne con la guarnición que haya seleccionado, a modo de taco. Adorne si lo desea. *Rinde 4 porciones*

Paso 2. Rebane la carne a través de la fibra.

Paso 3. Corte el cebollín en rebanadas delgadas.

Paso 6. Ase la carne hasta que tenga el término deseado.

Asado a la Pimienta

4½ cucharaditas de granos de
    pimienta negra
2 dientes de ajo
1 costilla de res deshuesada
    (1.125 a 1.350 kg), bien
    recortada
¼ de taza de mostaza Dijon
¾ de taza de crema agria
2 cucharadas de rábano rusticano
    preparado
1 cucharada de vinagre balsámico
½ cucharadita de azúcar

1. Ponga un colector de grasa rectangular de metal o de aluminio en el asador. Para cocer a fuego indirecto, apile el carbón comprimido a los lados del colector.

2. Mientras tanto, machaque los granos de pimienta. Para ello, ponga los granos en una bolsa pequeña de plástico grueso que se pueda cerrar; saque el exceso de aire y cierre la bolsa herméticamente. Golpee los granos con el lado plano de un mazo metálico o con un rodillo hasta que se pulvericen.

3. Para picar finamente el ajo, recorte los extremos de cada diente. Macháquelo un poco con el lado plano de la hoja de un cuchillo para chef; desprenda la cáscara. Pique con el cuchillo hasta obtener trozos uniformes.

4. Seque la carne con toallas de papel. En un recipiente chico, mezcle la mostaza con el ajo; con una espátula, unte la mezcla en la parte superior y los costados de la carne. Espolvoree la pimienta sobre la mostaza.

5. En el centro de la parte más gruesa de la carne, inserte un termómetro para carne. Ponga la carne sobre la rejilla, con la pimienta hacia arriba, directamente sobre el colector. Ase, con el asador tapado, de 1 hora a 1 hora 10 minutos, o hasta que el termómetro registre 65 °C para término medio, o hasta que tenga el término que prefiera. Para mantener el fuego después de los primeros 45 minutos de cocción, agregue de 4 a 9 piezas de carbón a ambos lados del colector.

6. Mientras tanto, en un recipiente chico, mezcle la crema agria, el rábano rusticano, el vinagre y el azúcar; revuelva bien. Tape y refrigere hasta el momento de servir.

7. Pase la carne a una tabla para trinchar; cúbrala con papel de aluminio. Déjela reposar de 5 a 10 minutos antes de trincharla. Acompáñela con la salsa de rábano. *Rinde de 6 a 8 porciones*

Paso 2. Golpee los granos de pimienta con un mazo de metal.

Paso 3. Machaque el diente de ajo para quitar la cáscara.

Paso 4. Unte la mezcla de mostaza sobre la parte superior y los costados de la carne.

Costillas de Res Estilo Coreano

1 cucharada de semillas de ajonjolí
6 a 8 cebollines
1.125 kg de costillas de res cortadas a lo ancho, de 1 a 1.5 cm de grosor*
¼ de taza de salsa de soya
¼ de taza de agua
1 cucharada de azúcar
2 cucharaditas de aceite de ajonjolí
2 cucharaditas de jengibre fresco picado (página 130)
2 dientes de ajo picados (página 116)
½ cucharadita de pimienta negra molida

*Pida a su carnicero que corte las costillas a lo ancho, a través de los huesos, de 9 a 12 mm de grosor.

1. Para tostar las semillas de ajonjolí, distribúyalas en una sartén grande seca. Póngalas a fuego medio-bajo y mueva la sartén hasta que comiencen a brincar y a dorarse, durante unos 3 minutos.

2. Enjuague los cebollines debajo del chorro de agua fría; séquelos con toallas de papel. Recorte los extremos de la raíz y deséchelos. Pique finamente suficiente cebollín hasta obtener ¼ de taza.

3. Ponga las costillas en una bolsa de plástico con cierre hermético. En un recipiente chico, mezcle la salsa de soya, el agua, el cebollín, el azúcar, el aceite, el jengibre, el ajo y la pimienta; vierta sobre las costillas. Cierre la bolsa; agítela para bañar la carne. Marine en el refrigerador de 4 a 24 horas; voltee la bolsa de vez en cuando.

4. Prepare el asador para asado directo (técnica en la página 109).

5. Escurra las costillas; conserve la marinada. Ponga las costillas sobre la parrilla y áselas con el asador tapado durante 5 minutos. Barnice la parte superior con un poco de la marinada; voltee y vuelva a barnizar. Deseche la marinada sobrante. Continúe asando, tapado, de 5 a 6 minutos para término medio, o hasta que tengan el término que prefiera. Espolvoree la carne con las semillas de ajonjolí.

Rinde de 4 a 6 porciones

Paso 1. Mueva la sartén hasta que las semillas de ajonjolí comiencen a brincar y a dorarse.

Paso 2. Pique finamente el cebollín.

Paso 3. Vierta la marinada sobre las costillas.

Hamburguesas Mexicanas

Guacamole
- **1 aguacate maduro, sin hueso (página 110)**
- **1 cucharada de salsa picante**
- **1 cucharadita de jugo fresco de lima o limón (página 370)**
- **¼ de cucharadita de sal de ajo**

Hamburguesas
- **⅓ de taza de totopos machacados**
- **450 g de pierna molida de res**
- **⅓ de taza de salsa picante**
- **3 cucharadas de cilantro finamente picado**
- **2 cucharadas de cebolla finamente picada**
- **1 cucharadita de comino molido**
- **4 rebanadas de queso manchego o cheddar**
- **4 bollos kaiser (tipo alemán) o para hamburguesa, abiertos**
- **Hojas de lechuga (opcional)**
- **Rebanadas de tomate rojo (opcional)**

1. Ponga un colector de grasa rectangular de metal o de aluminio en el asador. Para cocer a fuego indirecto, apile el carbón comprimido a los lados del colector.

2. Mientras tanto, prepare el guacamole. Con una cuchara, saque la pulpa de aguacate de la cáscara; póngala en un recipiente mediano. Macháquela con un tenedor o con un cucharón de madera; deje trozos chicos de aguacate.

3. Incorpore la salsa, el jugo de lima y la sal de ajo. Tape; deje reposar a temperatura ambiente mientras asa las hamburguesas. Si lo prepara con anticipación, refrigérelo. Antes de servirlo, deje que tome la temperatura ambiente.

4. Ponga los totopos en una bolsa de plástico que se pueda cerrar herméticamente. Con un rodillo o con un mazo, machaque finamente los totopos, hasta obtener ⅓ de taza.

5. En un recipiente mediano, mezcle la carne molida con la salsa, los totopos machacados, el cilantro, la cebolla y el comino. Revuelva poco, pero bien. Forme cuatro hamburguesas de 1.5 cm de grosor y 10 cm de diámetro.

6. Ponga las hamburguesas sobre la rejilla encima del colector de grasa y áselas, con el asador tapado, a fuego medio, de 8 a 10 minutos para término medio, o hasta que tengan el término que prefiera; voltéelas a la mitad del tiempo de cocción.

7. En los últimos 1 o 2 minutos de asado, coloque 1 rebanada de queso sobre cada hamburguesa para que se funda. Si lo desea, ponga el pan, con el lado cortado hacia abajo, sobre la rejilla para asarlo también durante los últimos minutos de asado. Para servir, acomode las hamburguesas entre los panes; corone las hamburguesas con el guacamole. Acompañe con lechuga y tomate rojo.

Rinde 4 porciones

Paso 2. Machaque el aguacate; deje trozos chicos.

Paso 4. Machaque los totopos.

Paso 5. Forme las hamburguesas con la carne molida.

Pay de Carne Molida

225 g de espagueti
1 cebolla mediana
450 g de carne molida de res
¼ de taza de pimiento morrón verde picado
1 frasco (unos 420 g) de salsa para espagueti
⅓ de taza de queso parmesano rallado
2 huevos batidos
2 cucharaditas de mantequilla derretida
1 taza de queso cottage
½ taza (60 g) de queso mozzarella rallado

1. Cueza la pasta siguiendo las instrucciones de la envoltura. Escúrrala.

2. Para picar la cebolla, quítele la cáscara. Con un cuchillo de uso práctico, corte la cebolla por la mitad a través de la raíz. Ponga el lado cortado hacia abajo sobre una tabla para picar. Sostenga el cuchillo horizontalmente; haga cortes paralelos a la tabla, casi hasta el extremo de la raíz de la cebolla. A continuación, corte verticalmente en rebanadas delgadas; sostenga la cebolla con los dedos para que conserve su forma; después, gírela y corte a lo ancho hasta el extremo de la raíz. (Cuanto más cerca haga los cortes, tanto más finamente quedará picada la cebolla.) Repita el procedimiento con la otra mitad de cebolla.

3. Caliente el horno a 180 °C.

4. En una sartén grande, ase la carne, la cebolla y el pimiento morrón, a fuego medio-alto, hasta que se dore la carne; revuelva para separar la carne; deseche la grasa. Incorpore la salsa para espagueti; revuelva bien.

5. En un recipiente grande, mezcle el espagueti, el queso parmesano, los huevos y la mantequilla; revuelva bien y pase a un refractario de 33×23 cm. Distribuya encima el queso cottage y, por último, coloque la carne. Encima espolvoree el queso mozzarella.

6. Hornee durante 20 minutos o hasta que esté caliente y se haya fundido el queso.

Rinde de 6 a 8 porciones

Paso 2. Pique la cebolla.

Paso 4. Revuelva la carne molida para separarla.

Paso 5. Distribuya el queso cottage sobre el espagueti.

Lasaña Suprema

225 g de tiras de lasaña
225 g de carne molida de res
225 g de salchicha italiana suave, sin
    cubierta
1 cebolla mediana picada
    (página 68)
2 dientes de ajo picados
400 g de tomate rojo pelado y picado
1 lata (180 g) de puré de tomate
2 cucharaditas de albahaca seca
    machacada
1 cucharadita de mejorana seca
    machacada
1 lata (120 g) de champiñones
    picados y escurridos
2 huevos
450 g de queso cottage cremoso
¾ de taza de queso parmesano
2 cucharadas de hojuelas de
    perejil
½ cucharadita de sal
½ cucharadita de pimienta negra
    molida
2 tazas (225 g) de queso cheddar
    rallado
3 tazas (360 g) de queso mozzarella
    rallado
    Ensalada mixta (opcional)

1. Cueza la lasaña siguiendo las instrucciones de la envoltura. Escurra las tiras en un colador.

2. En una sartén grande, cueza la carne, la salchicha, la cebolla y el ajo, a fuego medio-alto, hasta que la carne esté dorada; revuelva para separar la carne. Deseche la grasa.

3. Agregue el tomate rojo con su jugo, el puré de tomate, la albahaca y la mejorana. Reduzca el fuego a bajo; tape y deje cocer por 15 minutos; revuelva con frecuencia. Incorpore el champiñón.

4, Caliente el horno a 190 °C.

5. En un recipiente grande, bata los huevos; agregue el queso cottage, ½ taza de queso parmesano, el perejil, la sal y la pimienta. Mezcle bien.

6. En un refractario de 33×23 cm, acomode la mitad de las tiras de lasaña; distribuya encima la mitad de la mezcla de queso cottage, después la mitad de la mezcla de carne y la mitad de los quesos cheddar y mozzarella.

7. Repita las capas. Encima espolvoree el queso parmesano restante.

8. Hornee la lasaña de 40 a 45 minutos o hasta que burbujee. Antes de cortarla, déjela reposar por 10 minutos. Acompáñela con ensalada mixta.

Rinde de 8 a 10 porciones

Nota: Puede preparar, cubrir y refrigerar la lasaña hasta con 2 días de anticipación. Hornee, sin cubrir, en el horno previamente calentado a 190 °C, por 60 minutos o hasta que burbujee.

Paso 3. Incorpore el champiñón a la sartén.

Paso 6. Haga las capas de la lasaña.

Albóndigas Suecas

3 rebanadas de pan fresco
1 taza de crema espesa
   Ramas de perejil fresco
2 cucharadas de mantequilla o
   margarina
1 cebolla chica picada
450 g de carne molida de res
225 g de carne molida de cerdo
1½ cucharaditas de sal
  ¼ de cucharadita de pimienta
    negra molida
  ¼ de cucharadita de pimienta
    inglesa molida
1 taza de caldo de res
1 taza de crema agria
1 cucharada de harina de trigo
   Rizos de pimiento rojo para
    adornar

1. Corte las rebanadas de pan en cuartos. Procese el pan en el procesador de alimentos o en una licuadora hasta que obtenga pan molido fino. Mida 1½ tazas de pan molido. En un recipiente chico, mezcle el pan con la crema; revuelva bien. Deje reposar por 10 minutos.

2. Para picar el perejil, póngalo en una taza medidora. Con unas tijeras de cocina, corte suficientes hojas de perejil hasta obtener 3 cucharadas.

3. En una sartén grande, derrita 1 cucharada de mantequilla a fuego medio. Agregue la cebolla; fría y revuelva durante 5 minutos o hasta que esté suave.

4. En un recipiente grande, mezcle la carne de res, la de cerdo, la mezcla de pan molido, la cebolla, 2 cucharadas de perejil, la sal, la pimienta y la pimienta inglesa; revuelva bien. Tape; refrigere por 1 hora.

5. Ponga la mezcla de carne en una tabla para picar; forme un cuadrado grande de 2.5 cm de grosor. Corte 36 cubos y con cada uno forme una albóndiga.

6. En la misma sartén, derrita a fuego medio la cucharada de mantequilla restante. Agregue las albóndigas y cuézalas durante 10 minutos o hasta que estén doradas por todos lados y pierdan su color rosado en el centro. Sáquelas de la sartén y escúrralas sobre toallas de papel.

7. Deseche la grasa. Para preparar la salsa, agregue el caldo a la sartén; caliente a fuego medio-alto; revuelva y desprenda los pedazos dorados. Reduzca el fuego a bajo.

8. Mezcle la crema agria y la harina; revuelva bien. Incorpore la mezcla a la sartén y cueza por 5 minutos; revuelva de vez en cuando. No deje hervir. Agregue las albóndigas y cueza durante 5 minutos más. Espolvoree el perejil restante. Adorne si lo desea. *Rinde de 5 a 6 porciones*

Paso 1. Vierta la crema sobre el pan molido.

Paso 2. Corte el perejil con tijeras de cocina.

Paso 5. Forme las albóndigas.

Carne de Res al Curry Estilo Malasia

1 trozo de jengibre fresco (un cuadrado de unos 2.5 cm)
2 papas grandes (450 g)
2 cucharadas de aceite vegetal
2 cebollas amarillas grandes picadas (página 68)
2 dientes de ajo picados (página 116)
2 cucharadas de curry en polvo
1 cucharadita de sal
1 taza de caldo de res
2 tomates rojos maduros (360 g)
450 g de pierna molida de res
Arroz cocido caliente
Hojas de col morada y ramas de berro para adornar

1. Para picar el jengibre, pélelo con un pelador de verduras y luego píquelo finamente con un cuchillo para pelar hasta obtener trozos uniformes.

2. Pele la papa y, con un cuchillo de uso práctico, córtela en trozos de 2.5 cm.

3. Ponga a calentar el wok a fuego medio-alto durante 1 minuto. Rocíe el aceite en el wok y déjelo calentar por 30 segundos. Agregue la cebolla y sofríala por 2 minutos. Añada el jengibre, el ajo, el curry y la sal; cueza y revuelva durante 1 minuto o hasta que suelte su olor. Incorpore la papa; cueza y revuelva de 2 a 3 minutos.

4. Vierta el caldo a la papa; tape y deje que hierva; reduzca el fuego a bajo; deje cocer por unos 20 minutos o hasta que la papa se sienta suave cuando la pique con un tenedor.

5. Mientras tanto, para aflojar la cáscara de los tomates rojos, métalos en una cacerola grande con agua hirviente y déjelos ahí por 30 segundos. Póngalos en un escurridor y enjuáguelos de inmediato con agua fría. Con suavidad, retire la cáscara.

6. Corte los tomates por la mitad a lo largo. Quite los tallos y las semillas, y deséchelos. Corte los tomates en trozos de 2.5 cm.

7. Agregue la carne molida a la mezcla de papa; cueza y revuelva por unos 5 minutos o hasta que la carne se dore y pierda su color rosado; deseche la grasa si es necesario.

8. Coloque los pedazos de tomate y revuelva con suavidad hasta que estén bien calientes. Pase la carne a un platón y, en el centro, ponga el arroz. Adorne si lo desea. *Rinde 4 porciones*

Paso 1. Pique el jengibre.

Paso 5. Pele el tomate rojo.

Paso 6. Saque las semillas del tomate.

Ternera Florentina Clásica

180 g de espinaca fresca
  6 cucharadas de mantequilla o margarina
  2 dientes de ajo picados
420 g de tomate rojo entero, pelado
  ¼ de taza de vino blanco seco
  ¼ de taza de agua
  1 cucharada de puré de tomate
  ½ cucharadita de azúcar
  ¾ de cucharadita de sal
  ¼ de cucharadita de pimienta negra molida
  ¼ de taza de harina de trigo
  4 costillas de ternera, de 1 cm de grosor (de unos 120 g cada una)
  1 cucharada de aceite de oliva
120 g de queso mozzarella rallado
  Pasta pelo de ángel cocida y caliente (opcional)
  Perejil de hoja plana para adornar

1. Para cocer al vapor la espinaca, enjuáguela muy bien en un recipiente grande con agua; escúrrala, pero no la exprima. Recorte y deseche los tallos. Apile las hojas; córtelas a lo ancho en pedazos gruesos. Ponga la espinaca en una cacerola grande a fuego medio. Tape y cueza al vapor durante 4 minutos o hasta que esté suave; revuelva de vez en cuando. Agregue 2 cucharadas de mantequilla; cueza y revuelva hasta que se absorba la mantequilla. Retire de la cacerola.

2. En una cacerola mediana, caliente 2 cucharadas de mantequilla a fuego medio hasta que se derrita y burbujee. Añada el ajo; cueza y revuelva por 30 segundos. Pase el tomate y su jugo a través de un colador; déjelos caer sobre la mezcla de ajo; deseche las semillas. Luego agregue el vino, el agua, el puré de tomate, el azúcar, ½ cucharadita de sal y ⅛ de cucharadita de pimienta. Deje que hierva; reduzca el fuego a bajo. Deje cocer, sin tapar, por 10 minutos; revuelva de vez en cuando. Retire del fuego.

3. En una bolsa de plástico chica, mezcle la harina y la sal y la pimienta restantes. Aplane la ternera con un mazo para carne hasta que mida .5 cm de grosor (técnica en la página 134). Séquela con toallas de papel. Enharine la ternera, 1 chuleta a la vez; cúbrala bien.

4. En una sartén grande, caliente el aceite y las 2 cucharadas de mantequilla restantes a fuego medio hasta que burbujee. Ponga la carne en la sartén; cuézala de 2 a 3 minutos por lado hasta que esté un poco dorada. Retire del fuego y deseche el exceso de grasa. Corone la ternera con la espinaca y después con el queso. Vierta la mezcla de tomate en la sartén; levante las orillas de la ternera para permitir que la salsa penetre por debajo. Cueza a fuego bajo hasta que burbujee; tape y deje cocer por 8 minutos o hasta que esté bien caliente. Acompañe con la pasta. Adorne si lo desea.

Rinde 4 porciones

Paso 4. Corone la ternera con la espinaca y el queso.

Paso 4. Vierta la salsa en la sartén.

Escalopa de Ternera

4 costillas de ternera, de 1 cm de grosor (de unos 120 g cada una)

¼ de taza de mantequilla o margarina

225 g de champiñones en rebanadas delgadas

2 cucharadas de aceite de oliva

1 cebolla chica finamente picada

¼ de taza de jerez seco

2 cucharaditas de harina de trigo

½ taza de caldo de res

¼ de cucharadita de sal

⅛ de cucharadita de pimienta negra molida

2 cucharadas de crema espesa o batida

Pasta cocida caliente (opcional)

Hoja de laurel fresca y ramas de mejorana para adornar

1. Ponga cada chuleta entre hojas de papel encerado sobre una tabla para picar. Aplane la carne con un mazo, hasta que mida .5 cm de grosor. Séquela con toallas de papel.

Paso 1. Aplane la ternera.

2. En una sartén grande, caliente la mantequilla a fuego medio hasta que se derrita y burbujee. Fría los champiñones de 3 a 4 minutos hasta que se doren un poco. Con una espumadera, retírelos y póngalos en un recipiente chico.

3. Agregue el aceite a la sartén; caliente a fuego medio e incorpore las costillas; sofríalas de 2 a 3 minutos por lado hasta que estén doradas. Coloque la carne en platos extendidos.

4. En la misma sartén, ponga la cebolla; fríala de 2 a 3 minutos hasta que esté suave. Incorpore el jerez y deje que hierva a fuego medio-alto por 15 segundos. Añada la harina; cueza y revuelva por 30 segundos. Retire del fuego. Vierta el caldo; deje hervir a fuego medio; revuelva sin cesar. Ponga el champiñón, la sal y la pimienta. Agregue la ternera a la salsa; reduzca el fuego a bajo. Tape y deje cocer por 8 minutos o hasta que la carne esté suave. Retire del fuego.

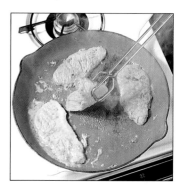

Paso 3. Cueza la ternera.

5. Coloque la carne en un lado de la sartén y añada la crema; revuelva bien. Regrese al fuego bajo hasta que esté bien caliente. Sirva de inmediato con la pasta. Adorne si lo desea.   *Rinde 4 porciones*

Paso 5. Vierta la crema en la sartén.

Cecina de Cerdo

2 chiles jalapeños*
4 cebollines picados
2 cucharadas de azúcar morena
1 cucharada de tomillo seco machacado
½ cucharadita de canela molida
½ cucharadita de nuez moscada molida
½ cucharadita de pimienta inglesa molida
½ cucharadita de clavo molido
½ cucharadita de pimienta negra molida
6 chuletas de cerdo (de 150 a 180 g cada una)
Ramas de tomillo para adornar

*El chile puede dar comezón e irritar la piel; use guantes de hule cuando maneje chiles y no se toque los ojos. Lávese las manos después de trabajar con ellos.

1. Enjuague los chiles; séquelos con toallas de papel. Con un cuchillo de uso práctico, corte los chiles por la mitad a lo largo. Desprenda y deseche los tallos, las semillas y las venas. Corte las mitades a lo ancho en tercios.

2. En un procesador de alimentos, ponga el cebollín, el chile, el azúcar, el tomillo, la canela, la nuez moscada, la pimienta inglesa, el clavo y la pimienta; procese hasta que el cebollín y el chile estén finamente picados.

3. Quite la grasa del cerdo y deséchela. Frote ambos lados de la carne con la mezcla de especias.

4. Caliente un asador. Meta la carne y ásela de 5 a 7.5 cm de la fuente de calor, durante 5 a 6 minutos por lado, o hasta que aún esté un poco rosada en el centro. Adorne si lo desea.   *Rinde 6 porciones*

Paso 1. Quite el tallo, las semillas y las venas del chile.

Paso 2. Procese la mezcla de especias hasta que la cebolla y el chile estén finamente picados.

Paso 3. Frote ambos lados de las chuletas con la mezcla de especias.

Lomo de Cerdo Asado en Wok

900 g de lomo de cerdo sin hueso
2 cucharadas de aceite vegetal
675 g de papa roja chica, sin pelar, bien lavada
½ taza de salsa catsup
2 cucharadas de salsa hoisin
1 cucharada de salsa de soya
1 cucharadita de azúcar
1 diente de ajo picado (página 116)
1 cebolla mediana, pelada y rebanada
3 calabacitas grandes (675 g), lavadas y cortadas diagonalmente en rebanadas de .5 cm de grosor
¼ de cucharadita de sal
¼ de cucharadita de pimienta negra molida

1. Con un cuchillo grande de chef, quite el exceso de grasa de la carne y deséchela. Para abrir el lomo estilo mariposa o para abrirlo por la mitad, haga un corte horizontal en el extremo largo, a través del centro de la carne, hasta unos 2.5 cm del lado largo opuesto. (Tenga cuidado de no cortar de lado a lado la carne.)

2. Abra la carne y presione sobre el lado sin cortar para aplanarlo lo más posible.

3. Caliente un wok a fuego medio-alto durante 1 minuto. Agregue 1 cucharada de aceite y caliéntelo por 30 segundos; añada la carne, con el lado cortado hacia abajo, y cuézala por unos 5 minutos o hasta que se dore. Voltee la carne y cuézala durante otros 5 minutos o hasta que se dore el otro lado. Pase la carne a un platón.

4. Corte las papas por la mitad. Colóquelas en el wok; ponga encima la carne, con el lado cortado hacia abajo. Tape, baje el fuego y deje cocer por 20 minutos; si es necesario, mueva para que no se peguen las papas.

5. Para preparar el glasé, mezcle la salsa catsup con la salsa hoisin, la salsa de soya, el azúcar y el ajo en una cacerola chica. Caliente a fuego bajo; conserve caliente.

6. Vierta la mitad del glasé sobre el cerdo. Tape y deje cocer durante unos 15 minutos más o hasta que el cerdo y las papas se sientan suaves cuando los pique con un tenedor. Retire el cerdo y las papas; cúbralos y consérvelos calientes.

7. Enjuague el wok y póngalo a fuego medio-alto hasta que se seque. Vierta el aceite restante y caliéntelo por 30 segundos. Ponga la cebolla; fríala revolviendo durante 1 minuto o hasta que esté suave. Agregue la calabacita y sofríala hasta que esté suave. Espolvoree con sal y pimienta negra. Pase la calabacita, la cebolla y la papa a platos extendidos. Corte la carne a lo ancho en rebanadas delgadas; acomódela en los platos. Bañe con el glasé restante. Sirva de inmediato.

Rinde 8 porciones

Paso 1. Corte el lomo por la mitad para abrirlo estilo mariposa.

Paso 2. Abra el lomo y presiónelo para aplanarlo.

Cerdo Mu Shu

4 cucharaditas de fécula de maíz
8 cucharaditas de salsa de soya
5 cucharaditas de jerez seco
225 g de carne de cerdo magra sin hueso, cortada en tiras delgadas
3 champiñones secos
2 hongos oído de nube (hongo negro, hongo de la madera) secos
Agua
½ cucharadita de azúcar
1 cucharadita de aceite de ajonjolí
2 cucharadas más 1 cucharadita de aceite vegetal
2 huevos ligeramente batidos
1 cucharadita de jengibre fresco picado (página 116)
½ taza de tiras de bambú (½ lata de 225 g), cortadas en trozos cortos
1 zanahoria chica rallada
½ taza de consomé de pollo
2 tazas de germinado de soya (unos 120 g)
2 cebollines enteros cortados en tiras de 3.5 cm de largo (página 106)
¾ de taza de salsa hoisin
16 Tortillas Mandarín (la receta aparece en la página 142)

1. Para la marinada, mezcle 1 cucharadita de fécula de maíz, 2 cucharaditas de salsa de soya y 2 cucharaditas de jerez en un recipiente grande. Agregue la carne; revuelva para bañarla. Déjela reposar por 30 minutos.

2. Mientras tanto, ponga los champiñones y los hongos secos en un recipiente chico; agregue suficiente agua para que los cubra. Deje reposar por 30 minutos; escurra. Sacúdalos para quitarles el exceso de agua. Corte y deseche los tallos de los champiñones; corte los sombreretes en rebanadas delgadas.

3. Desprenda los nudos duros del centro de los hongos; deséchelos.

4. Corte los hongos en tiras delgadas.

5. En un recipiente chico, mezcle las 3 cucharaditas de fécula de maíz, las 6 cucharaditas de salsa de soya y las 3 cucharaditas de jerez restantes. Agregue 1 cucharada de agua, el azúcar y el aceite de ajonjolí; revuelva bien.

6. En una sartén chica con recubrimiento antiadherente, caliente ½ cucharadita de aceite vegetal a fuego medio-alto. Agregue la mitad de los huevos; ladee la sartén para cubrir el fondo.

7. Cueza el huevo sólo hasta que cuaje. Desprenda las orillas y voltee la tortilla de huevo; déjela cocer por 5 segundos.

8. Saque la tortilla de la sartén; déjela a un lado para que se enfríe. Repita el procedimiento con otra ½ cucharada de aceite vegetal y el huevo restante.

9. Corte las tortillas de huevo por la mitad. Apile las mitades y córtelas a lo ancho en tiras delgadas.

10. En un wok o en una sartén grande, caliente las 2 cucharadas de aceite vegetal restantes a fuego alto. Incorpore el jengibre y la carne; sofría hasta que la carne pierda su color rosado en el centro, durante unos 2 minutos. Ponga los champiñones, los hongos, el bambú, la zanahoria y el consomé de pollo; sofría por 2 minutos.

Paso 3. Desprenda los nudos de los hongos oído de nube.

Paso 6. Incline la sartén para cubrir el fondo con el huevo.

Paso 7. Desprenda la tortilla de huevo de la sartén.

continúa en la página 142

Cerdo Mu Shu, continuación

11. Añada el germinado de soya y el cebollín; sofríalos por 1 minuto.

12. Revuelva la mezcla de fécula de maíz e incorpórela al wok. Cueza, revolviendo sin cesar, hasta que la salsa burbujee y se espese. Incorpore las tiras de tortilla de huevo.

13. Para servir, ponga unas 2 cucharaditas de salsa hoisin en cada tortilla y unas 3 cucharadas del guiso en el centro; enrolle en forma de taco.   *Rinde 8 porciones*

Tortillas Mandarín

2 tazas de harina de trigo
¾ de taza de agua hirviente
2 cucharadas de aceite de ajonjolí

1. En un recipiente, ponga la harina; haga un hueco en el centro y vierta el agua hirviente.

2. Revuelva con una cuchara de madera hasta que la masa se vea grumosa.

3. Haga una bola con la masa. Sobre una superficie ligeramente enharinada, amásela hasta que se incorpore y esté satinada, durante 5 minutos (técnica en la página 190). Cubra con una toalla limpia y déjela reposar por 30 minutos.

4. Con la masa, forme un tronco de 25 cm de largo. Corte en trozos de 2.5 cm; cúbralos con plástico.

5. Corte a la mitad cada trozo de masa; conserve el resto cubierto con el plástico. Forme una bola con cada mitad; póngalas en una superficie ligeramente enharinada y aplánelas un poco. Con un rodillo ligeramente enharinado, extienda las bolas de masa hasta formar círculos de 7.5 cm; barnícelos con una pequeña cantidad de aceite de ajonjolí. Apile dos círculos de masa; engrase la parte interior.

6. Aplane y extienda cada par de círculos hasta formar otro mayor, de 15 a 17.5 cm de diámetro; cubra y deje a un lado. Repita el procedimiento con las bolas de masa restantes.

7. Caliente una sartén con recubrimiento antiadherente a fuego medio-bajo. Cueza las tortillas, un par a la vez; voltéelas cada 30 segundos, hasta que tengan manchas marrones y se sientan secas, de 2 a 3 minutos. (Tenga cuidado de no cocerlas de más o quedarán quebradizas.)

8. Saque las tortillas de la sartén y sepárelas cuando estén calientes. Apile las tortillas en un platón; manténgalas cubiertas mientras cuece el resto de las tortillas. Dóblelas en cuatro y acomódelas en el tortillero. Sirva de inmediato.   *Rinde unas 20 tortillas*

Nota: Puede preparar las tortillas con anticipación y refrigerarlas o congelarlas en bolsas de plástico herméticas. Para recalentarlas, envuélvalas en un lienzo limpio (si las congeló, descongélelas por completo). Caliéntelas al vapor sobre agua caliente durante 5 minutos.

Tortillas Mandarín: Paso 2. Revuelva la harina hasta que se incorpore la masa.

Tortillas Mandarín: Paso 6. Extienda las bolas de masa.

Tortillas Mandarín: Paso 7. Cueza las tortillas.

Emparedados de Filete de Lomo de Cerdo

1 diente de ajo
1 cebolla morada grande
½ taza de salsa catsup
⅓ de taza compacta de azúcar morena
2 cucharadas de bourbon o whiskey (opcional)
1 cucharada de salsa inglesa
½ cucharadita de mostaza en polvo
¼ de cucharadita de pimienta roja molida
2 filetes de lomo de cerdo (de unos 340 g cada uno), bien limpios
6 bagettes o bollos kaiser (tipo alemán), abiertos

1. Prepare el asador para asado directo (técnica en la página 109).

2. Para picar finamente el ajo, recorte los extremos del diente. Macháquelo un poco con el lado plano de la hoja de un cuchillo para chef; desprenda la cáscara. Pique finamente el ajo hasta obtener trozos uniformes.

3. Mientras tanto, para rebanar la cebolla, recorte los extremos del tallo y de la raíz; deséchelos. Pele la cebolla y córtela a lo ancho en seis rebanadas de .5 cm de grosor.

4. Mezcle la salsa catsup, el azúcar, el bourbon, la salsa inglesa, la mostaza, la pimienta roja molida y el ajo en una cacerola chica con mango resistente al calor; revuelva bien. (Si no resiste el calor, envuelva el mango con papel de aluminio grueso.)

continúa en la página 144

Paso 1. Acomode el carbón comprimido en el asador.

Paso 2. Machaque el diente de ajo para quitar la cáscara.

Paso 3. Corte la cebolla a lo ancho en rebanadas de .5 cm de grosor.

***Emparedados de Filete de Lomo de Cerdo,
continuación***

5. Ponga la cacerola en un lado de la parrilla.*
Coloque el lomo en el centro de la parrilla.
Ase la carne, sin tapar el asador, durante
8 minutos. Deje cocer la salsa por 5 minutos o
hasta que se espese; revuelva de vez en
cuando.

6. Con unas pinzas, voltee la carne; continúe
asando, sin tapar, por otros 5 minutos. Ponga
las rebanadas de cebolla en el asador. Divida
la salsa a la mitad; con una de esas porciones,
barnice la carne y las cebollas.

7. Continúe asando, sin tapar, de 7 a 10 minutos
o hasta que la carne esté jugosa y casi haya
perdido su color rosado en el centro; barnice
con la salsa restante. Voltee la cebolla y la
carne a la mitad del tiempo de asado. (Si lo
desea, inserte un termómetro para carne de
lectura instantánea** en el centro de la parte
más gruesa de la carne. El termómetro debe
registrar 70 °C.)

8. Corte la carne a lo ancho en rebanadas
delgadas; separe los anillos de cebolla. Divida
la carne y los anillos de cebolla entre los
panes; bañe con la otra mitad de salsa.

Rinde 6 porciones

*Si lo desea, puede preparar la salsa en la estufa.
En una cacerola chica, mezcle la salsa catsup, el
azúcar, el bourbon, la salsa inglesa, la mostaza, la
pimienta roja molida y el ajo. Ponga a hervir a
fuego medio-alto. Reduzca el fuego a bajo y deje
cocer, sin tapar, por 5 minutos o hasta que se
espese; revuelva de vez en cuando.

**Mientras asa la carne, no deje el termómetro de
lectura instantánea insertado en la carne; el
termómetro no es a prueba de calor.

Paso 6. Barnice la carne y la
cebolla con la salsa.

Paso 7. Inserte un termómetro de
lectura instantánea en la parte más
gruesa de la carne.

Paso 8. Corte la carne a lo ancho
en rebanadas delgadas.

Add even more great recipes to your collection!

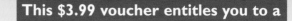

FREE MAGAZINE

as our way of saying

thank you

for your purchase!

Just send in this card to register and we'll send you the next issue of EASY HOME COOKING Magazine FREE!

- More than 50 mouthwatering recipes featuring your favorite brand name foods.
- Beautiful color photos of finished recipes, plus helpful Cook's Notes and easy-to-follow cooking instructions.

Name

Address

City/State/ZIP

Canadian residents, please enclose $1.50 (U.S. funds) for postage. This offer is not available outside North America. Please allow 4-6 weeks for delivery of first issue.

SDOAC3

BUSINESS REPLY MAIL

FIRST-CLASS MAIL PERMIT NO. 24 MT. MORRIS, IL

POSTAGE WILL BE PAID BY ADDRESSEE

EASY HOME COOKING
PO BOX 520
MT MORRIS IL 61054-7451

Cerdo y Papa a la Parrilla Vesubio

1 lomo de cerdo, sin hueso (675 g), bien limpio
½ taza de vino blanco seco
2 cucharadas de aceite de oliva
4 dientes de ajo picados (página 116)
675 a 900 g de papas rojas chicas (de unos 3.5 cm de diámetro), lavadas
6 agujas de metal para brocheta (de 30 cm de largo)
6 rebanadas de limón
Sal (opcional)
Pimienta negra molida (opcional)
¼ de taza de perejil italiano o de hoja ondulada, picado
1 cucharadita de ralladura fina de cáscara de limón

1. Corte la carne en cubos de 2.5 cm. Ponga el cerdo en una bolsa de plástico hermética. En un recipiente chico, mezcle el vino, el aceite y 3 dientes de ajo picados; vierta sobre el cerdo.

2. En un refractario para horno de microondas, ponga las papas en una sola capa. Con la punta de un cuchillo afilado, pique las papas. Cuézalas en el horno de microondas a temperatura ALTA (100 %) de 6 a 7 minutos, o hasta que se sientan casi suaves cuando las pique con un tenedor. (O póngalas en una cacerola grande, cúbralas con agua fría y póngalas a cocer a fuego alto. Déjelas cocer por unos 12 minutos o hasta que se sientan casi suaves cuando las pique con un tenedor.) De inmediato, enjuáguelas con agua fría, escúrralas y métalas a la bolsa con la carne. Cierre la bolsa y gírela para que se bañen los ingredientes. Marine en el refrigerador de 2 a 8 horas; voltee la bolsa de vez en cuando.

3. Prepare el asador para cocer a fuego directo (técnica en la página 109).

4. Mientras tanto, escurra la carne y deseche la marinada. En cada aguja para brocheta, ensarte unos 3 cubos de cerdo y 2 papas alternadamente. Ponga 1 rebanada de limón en cada extremo de las agujas. Sazone las brochetas con sal y pimienta.

5. Ponga las brochetas sobre la rejilla y áselas, con el asador tapado, de 14 a 16 minutos, o hasta que la carne esté jugosa y casi haya perdido su color rosado en el centro y las papas estén suaves; voltee las brochetas a la mitad del tiempo de asado.

6. Retire las brochetas del asador. En un recipiente chico, mezcle el perejil, la ralladura de limón y el resto de ajo picado, y espolvoree las brochetas; exprima el limón sobre la carne y las papas.

Rinde 6 porciones

Paso 4. Ensarte alternadamente la carne y las papas en las agujas.

Paso 6. Espolvoree la mezcla de perejil sobre las brochetas.

Costillas Glaseadas con Miel

1 costillar de cerdo (unos 900 g)
¼ de taza más 1 cucharada de salsa
    de soya
3 cucharadas de salsa hoisin
3 cucharadas de jerez seco
1 cucharada de azúcar
1 cucharadita de jengibre fresco
    picado
2 dientes de ajo picados
    (página 116)
¼ de cucharadita de cinco especias
    chinas en polvo
2 cucharadas de miel
1 cucharada de vinagre de sidra
  Brochitas de cebollín
    (página 12), cebollín cortado
    en tiras y flores comestibles
    para adornar

1. Pida a su carnicero que corte el costillar por la mitad; cada mitad debe medir de 5 a 7.5 cm de ancho. Corte entre los huesos para obtener trozos de 15 cm.

2. Quite el exceso de grasa de las costillas. Póngalas en una bolsa de plástico hermética.

3. Para la marinada, mezcle ¼ de taza de salsa de soya, la salsa hoisin, 2 cucharadas de jerez, el azúcar, el jengibre, el ajo y las cinco especias chinas en una taza o en un recipiente chico; revuelva bien. Vierta sobre las costillas.

4. Cierre la bolsa herméticamente y póngala en un recipiente grande. Refrigere por lo menos durante 8 horas o por toda una noche; gire la bolsa de vez en cuando.

5. Caliente el horno a 180 °C. Forre una charola grande con papel de aluminio. Coloque las costillas en una rejilla sobre la charola; conserve la marinada. Hornee por 30 minutos; voltee las costillas y barnícelas con la marinada; continúe horneando durante 40 minutos o hasta que las costillas se sientan suaves cuando las pique con un tenedor.

6. Para el glasé, mezcle la miel, el vinagre, la cucharada de salsa de soya y la cucharada de jerez restantes en un recipiente chico; revuelva bien. Barnice las costillas con la mitad del glasé. Meta a un asador eléctrico, previamente calentado, de 10 a 15 cm debajo de la fuente de calor; ase hasta que el glasé esté caliente y burbujee, de 2 a 3 minutos. Voltee las costillas y barnícelas con el glasé restante.

7. Ase hasta que el glasé esté caliente y burbujee. Corte en trozos de una porción. Adorne si lo desea.

Rinde unas 4 porciones

Paso 1. Corte las costillas en trozos de 15 cm.

Paso 3. Vierta la marinada sobre las costillas.

Paso 6. Barnice las costillas con el glasé.

Pierna de Cordero con Romero

2 dientes de ajo grandes
¼ de taza de mostaza Dijon
1 pierna de cordero abierta, sin hueso (medio sirloin, 1.125 kg, aproximadamente), bien limpia
3 cucharadas de romero picado o 1 cucharada de romero seco machacado
   Ramas de romero fresco
   Jalea de menta (opcional)

1. Prepare el asador para asado directo (técnica en la página 109).

2. Mientras tanto, para picar finamente el ajo, recorte los extremos del diente. Macháquelo un poco con el lado plano de la hoja de un cuchillo para chef; desprenda la cáscara. Pique el ajo con el cuchillo hasta obtener trozos uniformes.

3. En un recipiente chico, mezcle la mostaza y el ajo; con los dedos o con una espátula, unte la mitad de la mezcla en un lado del cordero. Espolvoree la mitad del romero picado y adhiéralo a la carne en la mezcla de mostaza. Voltee la carne y repita el procedimiento.

4. En el centro de la parte más gruesa, inserte un termómetro para carne.

5. Ponga la carne sobre el asador y, con el asador tapado, ásela de 39 a 42 minutos o hasta que el termómetro registre 54 °C para término casi crudo. Para término medio, ase la carne de 43 a 46 minutos o hasta que el termómetro registre 62 °C. Voltee la carne cada 10 minutos.

6. Mientras tanto, remoje las ramas de romero en agua. Ponga el romero directamente sobre el carbón durante los últimos 10 minutos de asado.

7. Pase el cordero a una tabla para trinchar; cúbralo con papel de aluminio. Déjelo reposar por unos 15 minutos* antes de trincharlo en rebanadas delgadas. Acompañe con la jalea de menta.

Rinde 8 porciones

*El tiempo de reposo permite que el cordero alcance la temperatura final deseada. La temperatura interna subirá 8 grados en unos 15 minutos después de retirar la carne del asador.

Paso 2. Machaque el diente de ajo para quitar la cáscara.

Paso 3. Adhiera el romero en la mezcla de mostaza.

Paso 7. Corte el cordero en rebanadas delgadas.

Cordero Mongol

Salsa de Ajonjolí
　1 cucharada de semillas de ajonjolí
　¼ de taza de salsa de soya
　1 cucharada de jerez seco
　1 cucharada de vinagre de vino
　　tinto
　1½ cucharaditas de azúcar
　1 diente de ajo picado
　1 cebollín entero finamente picado
　½ cucharadita de aceite de ajonjolí

Cordero
　450 g de cordero magro, sin hueso*
　　(pierna o lomo)
　2 poros (puerros) chicos
　4 cebollines enteros cortados en
　　tiras
　2 zanahorias medianas ralladas
　1 calabacita mediana rallada
　1 pimiento morrón verde y 1 rojo,
　　cortados en tiras
　½ col napa chica, en rebanadas
　　delgadas
　1 taza de germinado de soya
　4 cucharadas de aceite vegetal
　4 rebanadas de jengibre fresco
　　pelado
　Aceite con chile (opcional)

*Puede sustituir el cordero por filete de
espaldilla de res o cerdo magro sin hueso.

1. Para preparar la Salsa de Ajonjolí, ponga las semillas de ajonjolí en una sartén chica. Con cuidado, sacuda o revuelva las semillas a fuego medio hasta que comiencen a brincar y se doren, de 2 a 3 minutos; deje enfriar.

2. Machaque las semillas en un mortero (o póngalas entre toallas de papel y macháquelas con un rodillo); con un cuchillo, junte la pasta de ajonjolí y transfiérala a un recipiente chico. Agregue el resto de los ingredientes de la salsa; revuelva bien.

3. Rebane la carne a través de la fibra en tiras de 5 cm×.5 cm.

4. Corte el poro en tiras de 5 cm de largo. Enjuáguelas bien debajo del chorro de agua fría para eliminar la tierra. Séquelas con toallas de papel.

5. En un platón, acomode la carne y las verduras. Ponga la salsa de ajonjolí, el aceite vegetal, el jengibre y el aceite con chile cerca del área de cocción.

6. Caliente un wok o una sartén eléctrica a 180 °C. Cueza una porción a la vez. Para cada porción, caliente 1 cucharada de aceite vegetal. Agregue una rebanada de jengibre; fríala por 30 segundos. Deseche el jengibre, agregue ½ taza de tiras de carne; sofríalas hasta que se doren un poco, más o menos 1 minuto. Ponga 2 tazas de diferentes verduras y sofríalas por 1 minuto. Rocíe con 2 cucharadas de salsa de ajonjolí; sofría durante 30 segundos. Sazone con unas cuantas gotas de aceite con chile. Repita el procedimiento con el resto de los ingredientes. *Rinde 4 porciones*

Paso 4. Corte el poro en tiras.

Paso 5. En un platón, acomode los ingredientes cortados.

Aves

Pollo Asado al Pesto

2 cucharadas de piñones o nueces
Albahaca fresca
2 dientes de ajo pelados
¼ de cucharadita de pimienta
negra molida
5 cucharadas de aceite de oliva
extra virgen
¼ de taza de queso parmesano
rallado
1 pollo o capón fresco (2.700 a
3.150 kg)
2 cucharadas de jugo de limón
fresco
Albahaca fresca adicional y
grosella roja para adornar

1. Caliente el horno a 180 °C. Para asar los piñones, distribúyalos en una charola en una sola capa, hornéelos de 8 a 10 minutos o hasta que estén dorados, revuelva con frecuencia. Retire los piñones de la charola; déjelos enfriar por completo.

2. Enjuague las hojas de albahaca debajo del chorro de agua fría. Desprenda los tallos y deséchelos. Seque las hojas con toallas de papel. Prepare suficientes hojas de albahaca hasta obtener ½ taza compacta.

3. Mientras tanto, en el asador, acomode un recolector de grasa rectangular metálico o de aluminio. Para cocer a fuego indirecto, apile el carbón en ambos lados del recolector.

4. Para preparar el pesto, en un procesador de alimentos con el motor encendido, introduzca los dientes de ajo a través del tubo de alimentación; luego agregue la albahaca, el piñón y la pimienta; procese hasta que la albahaca esté bien picada. Con el motor encendido, agregue 3 cucharadas de aceite en un chorro uniforme y delgado hasta que se forme la pasta; limpie una sola vez los costados del recipiente. Incorpore el queso; procese hasta que esté bien molido.

continúa en la página 156

Paso 1. Tueste los piñones hasta que se doren.

Paso 2. Desprenda los tallos de las hojas de albahaca.

Paso 4. Prepare el pesto hasta que esté bien molido.

Pollo Asado al Pesto, continuación

5. Saque la menudencia de la cavidad del pollo; consérvela para otro platillo. Enjuague el pollo con agua fría; séquelo con toallas de papel. Desprenda la piel de la pechuga metiendo los dedos entre la piel y la carne; tenga cuidado de no romper la piel. No la desprenda de las alas ni de los muslos.

6. Con una espátula de hule o con una cuchara chica, distribuya el pesto debajo de la piel de la pechuga; frote la piel para distribuir uniformemente el pesto.

7. En un recipiente chico mezcle las 2 cucharadas de aceite restantes con el jugo de limón; barnice la piel.

8. Inserte un termómetro para carne en el centro de la parte más gruesa del muslo, sin tocar el hueso.

9. Acomode las alas hacia abajo; amarre las piernas con un cordón de cocina húmedo. Ponga el pollo, con la pechuga hacia arriba, en la parrilla, directamente sobre el recolector de grasa. Ase el pollo, con el asador tapado, de 1 hora 10 minutos a 1 hora 30 minutos o hasta que el termómetro registre 85 °C. Para conservar el carbón encendido medio-bajo después de 45 minutos de cocción, agregue de 4 a 9 pedazos de carbón comprimido a ambos lados del fuego.

10. Pase el pollo a una tabla para trinchar y cúbralo con papel de aluminio. Déjelo reposar por 15 minutos antes de trincharlo. Adorne si lo desea. *Rinde 6 porciones*

Paso 5. Desprenda la piel de la pechuga del pollo metiendo los dedos entre la piel y la carne.

Paso 6. Distribuya el pesto debajo de la piel de la pechuga.

Paso 8. Inserte un termómetro para carne en la parte más gruesa del muslo, sin tocar el hueso.

Pollo Agridulce

1 pollo entero* (más o menos de
   1.575 kg)
⅓ de taza más 4 cucharaditas de
   fécula de maíz
⅓ de taza de harina de trigo
1 cucharadita de azúcar
½ cucharadita de sal
¼ de cucharadita de polvo para
   hornear
⅓ de taza de agua
1 lata (560 g) de piña en almíbar
   en trozos
⅓ de taza de vinagre blanco
   destilado
3 cucharadas de azúcar morena
3 cucharadas de salsa catsup
3 a 4 tazas de aceite vegetal
1 cebolla amarilla mediana, pelada
   y rebanada
1 pimiento morrón rojo chico,
   cocido al vapor, sin semillas
   (página 270) y cortado en
   12 trozos
1 pimiento morrón verde chico,
   cocido al vapor, sin semillas y
   cortado en tiras de 1.5 cm de
   ancho
Arroz cocido caliente (opcional)

*Para ahorrar tiempo, en lugar del pollo
entero utilice 450 g de mitades de pechuga de
pollo sin hueso ni piel cortadas en pedazos de
2.5 cm. (Omita los pasos 1 a 5.)

1. Quite el pescuezo y la menudencia del pollo, corte las alas; envuélvalos y congélelos para utilizarlos en otro platillo, como sopa o caldo. Enjuague el pollo y la cavidad debajo del chorro de agua fría; seque con toallas de papel. Ponga el pollo sobre una tabla para picar, con la pechuga hacia abajo y con el extremo del pescuezo alejado de usted; trabaje desde allí hacia abajo. Con un cuchillo de uso práctico afilado, corte a lo largo de un lado del espinazo, tan cerca del hueso como le sea posible; luego corte del otro lado del espinazo y retire la columna vertebral.

2. Abra el pollo tanto como pueda. Haga un corte chico a través de la membrana y el cartílago en la "V" del extremo del pescuezo. Sostenga la pechuga con ambas manos y, con suavidad, doble ambos lados hacia atrás para romper el hueso de la pechuga. Con los dedos, trabaje a lo largo de ambos lados del hueso de la pechuga para aflojar el hueso triangular de la quilla. Saque el hueso; utilice un cuchillo para aflojarlo, si es necesario.

3. Ponga la pechuga hacia arriba. Corte a lo largo, hacia el centro del pollo, para cortarlo por la mitad.

continúa en la página 158

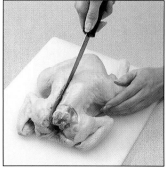

Paso 1. Corte a lo largo del espinazo para quitar el hueso.

Paso 2. Saque el hueso de la quilla; ayúdese con un cuchillo.

Paso 3. Corte el pollo por la mitad.

Pollo Agridulce, continuación

4. Para cortar en cuartos, corte a través de la piel y separe los muslos de la pechuga.

5. Para quitar la piel del pollo, sosténgalo con una toalla de papel y despréndalo de la carne; deseche la piel. Con la punta de un cuchillo afilado, corte y desprenda la carne de los huesos de la pechuga, los muslos y las piernas; separe los huesos de la carne. Envuelva y congele los huesos para utilizarlos en otro platillo, como sopa o caldo. Corte la carne en trozos de 2.5 cm.

6. En un recipiente mediano, mezcle ⅓ de taza de fécula de maíz, la harina, el azúcar, ¼ de cucharadita de sal y el polvo para hornear. Incorpore el agua y revuelva; la pasta quedará muy suave. Sumerja allí el pollo.

7. Escurra la piña; conserve ½ taza de jugo. En un recipiente chico, mezcle el jugo, las 4 cucharaditas restantes de fécula de maíz, el ¼ de cucharadita de sal, el vinagre, el azúcar morena y la salsa catsup.

8. En un wok, caliente el aceite a fuego medio-alto hasta que el aceite registre 190 °C en un termómetro para freír. Agregue ⅓ del pollo; sacuda el exceso de pasta. Fría durante unos 4 minutos o hasta que se dore y el pollo pierda su color rosa en el centro; con una cuchara, revuelva para separar los trozos de pollo. Retire el pollo con una espumadera y póngalo en una charola o en un platón cubierto con toallas de papel para que escurra el exceso de aceite. Repita el procedimiento con el pollo restante; vuelva a calentar el aceite entre tandas.

9. Retire el aceite del wok y agregue 1 cucharada de aceite; caliéntelo a fuego medio por 30 segundos. Añada la cebolla y sofríala durante unos 2 minutos o hasta que esté suave. Ponga los pimientos y sofríalos por 1 minuto. Revuelva la mezcla de fécula de maíz y vacíela en el wok. Vierta la piña; cueza y revuelva hasta que la salsa se espese y hierva. Regrese el pollo al wok; revuelva bien. Pase a un platón o ponga el wok en la mesa sobre un pedestal o un tripié para wok. Acompañe con arroz.   *Rinde 4 porciones*

Paso 4. Con un cuchillo, corte el pollo en cuartos.

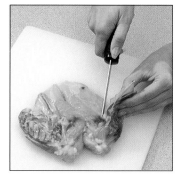

Paso 5. Desprenda la carne del hueso de la pechuga.

Paso 8. Fría las piezas de pollo bañadas en la pasta.

Pollo a la Cerveza

5 zanahorias
2 chirivías
2 dientes de ajo grandes
2 cucharadas de aceite vegetal
1 cebolla mediana picada
  (página 68)
1 pollo entero (de 1.350 a 1.800 kg)
  cortado en piezas
1 cucharadita de tomillo seco
  machacado
¾ de cucharadita de sal
½ cucharadita de pimienta negra
  molida
¾ de taza de cerveza de malta
225 g de champiñones botón fresco
¾ de taza de chícharos congelados
  Perejil para adornar

1. Pele la zanahoria y la chirivía con un pelador de verduras. Recorte los extremos y córtelos en trozos de 2.5 cm.

2. Para picar el ajo, recorte los extremos del diente. Con el lado plano de la hoja de un cuchillo para chef, machaque el diente ligeramente; desprenda la cáscara. Con el cuchillo, pique finamente el ajo.

3. En una sartén grande, caliente el aceite a fuego medio; agregue el ajo y la cebolla; fríalos por 3 minutos o hasta que estén suaves. Con una espumadera, retírelos de la sartén y póngalos en un recipiente chico.

4. Acomode el pollo en la sartén en una capa. Cuézalo a fuego medio-alto durante 5 minutos por lado o hasta que esté ligeramente dorado.

5. Incorpore a la sartén la cebolla, el ajo, la zanahoria, la chirivía, el tomillo, la sal y la pimienta. Vierta la cerveza sobre el pollo y las verduras. Deje que hierva a fuego alto. Baje el fuego; tape y deje cocer por 35 minutos.

6. Limpie los champiñones con toallas de papel húmedas. Corte un pedazo delgado del tallo; deséchelo. Incorpore a la sartén los champiñones y los chícharos; tape y deje cocer por 10 minutos.

7. Destape la sartén; incremente el fuego a medio. Cueza durante 10 minutos o hasta que la salsa se consuma un poco y el pollo pierda su color rosa en el centro. Adorne si lo desea.

Rinde 4 porciones

Paso 1. Corte la chirivía en trozos de 2.5 cm.

Paso 2. Machaque el diente de ajo con el lado plano de la hoja de un cuchillo para chef.

Paso 6. Limpie los champiñones con una toalla de papel húmeda.

Pollo Asado a la Naranja Picante

1 o 2 chiles de árbol secos*
½ taza de jugo de naranja
2 cucharadas de tequila
2 dientes de ajo picados
1½ cucharaditas de ralladura de
    cáscara de naranja
¼ de cucharadita de sal
¼ de taza de aceite vegetal
1 pollo (más o menos de 1.350 kg),
    cortado en cuartos
    Rebanadas de naranja y ramas
    de cilantro para adornar

*Para que el platillo no quede muy picante, elimine algunas o todas las semillas de los chiles.

1. En un mortero, machaque los chiles hasta que queden hojuelas grandes.

2. En un recipiente chico, mezcle el chile con el jugo de naranja, el tequila, el ajo, la ralladura de naranja y la sal. Agregue gradualmente el aceite, batiendo sin cesar, hasta que todo quede bien incorporado.

3. En un refractario de vidrio, acomode el pollo en una sola capa. Vierta la marinada sobre el pollo; voltee las piezas para bañarlas. Tape y marine en el refrigerador de 2 a 3 horas; gire el pollo y báñelo con la marinada varias veces.

4. Prepare el carbón para asar directo o caliente previamente un asador eléctrico. Escurra el pollo; conserve la marinada. En una olla chica, ponga a hervir la marinada a fuego alto.

5. Ase el pollo, de 15 a 20 cm del fuego, por 15 minutos; barnice con frecuencia con la marinada. Voltee el pollo y ase durante 15 minutos más o hasta que el pollo esté suave y el jugo salga claro; barnícelo con frecuencia. Adorne si lo desea.

Rinde 4 porciones

Paso 2. Vierta el aceite en la mezcla de jugo de naranja y bata.

Paso 3. Bañe el pollo con la marinada.

Paso 5. Barnice el pollo con la marinada mientras lo asa.

Pollo Asado y Kiwi con Glasé de Frambuesa

**2 pollos (de 1.575 a 1.800 kg),
cortados por la mitad
(página 157)**
1 cucharadita de sal
**¼ de cucharadita de pimienta
negra molida**
**½ taza de mantequilla derretida
Glasé de Frambuesa (receta más
adelante)**
2 kiwis

1. Caliente el horno a 200 °C. Sazone las mitades de pollo con sal y pimienta.

2. En un refractario grande, ponga las mitades de pollo, con la piel hacia arriba, en una sola capa. Barnice el pollo con la mantequilla.

3. Ase el pollo durante 45 minutos o hasta que esté suave; báñelo con frecuencia con la mantequilla.

4. Mientras tanto, prepare el Glasé de Frambuesa.

5. Pele el kiwi con un pelador de verduras o con un cuchillo para pelar.

6. Corte el kiwi en rebanadas delgadas.

7. Cuando el pollo esté cocido, saque la grasa del refractario con una cuchara.

8. Vierta el Glasé de Frambuesa sobre el pollo; corone con las rebanadas de kiwi.

9. Hornee el pollo por 3 minutos o hasta que el kiwi y el pollo estén bien glaseados; bañe con frecuencia el pollo y el kiwi con el glasé que escurra.

Rinde 4 porciones

Paso 5. Pele el kiwi.

Paso 6. Rebane el kiwi pelado.

Glasé de Frambuesa

1 taza de conserva de frambuesa sin semillas
½ taza de vino oporto blanco
**Ralladura de la cáscara de 1 limón
(página 332)**

En una olla chica, mezcle la conserva, el vino y la ralladura de limón; cueza a fuego bajo durante 5 minutos o hasta que espese un poco.

Rinde más o menos 1 taza

Paso 7. Con una cuchara, retire la grasa del refractario.

Pollo Cacciatore

1 pollo (de 1.350 a 1.575 kg),
   cortado en 8 piezas
1 cucharada de aceite de oliva
120 g de champiñones frescos
   finamente picados
1 cebolla mediana picada
1 diente de ajo picado
½ taza de vino blanco seco
4½ cucharaditas de vinagre de vino
   blanco
½ taza de consomé de pollo
1 cucharadita de albahaca seca
   machacada
½ cucharadita de mejorana seca
   machacada
½ cucharadita de sal
⅛ de cucharadita de pimienta
   negra molida
400 g de tomate rojo pelado
8 aceitunas negras italianas o
   griegas
1 cucharada de perejil fresco
   picado
Pasta cocida y caliente
Mejorana para adornar

1. Enjuague el pollo; escúrralo y séquelo con toallas de papel. En una sartén grande, caliente el aceite a fuego medio; una vez caliente, agregue las piezas de pollo en una sola capa; sólo las que quepan. Cueza el pollo durante 8 minutos por lado o hasta que esté dorado; con una espátula ranurada, pase el pollo a una olla. Repita el procedimiento con las piezas de pollo restantes.

2. Ponga los champiñones y la cebolla en la sartén; fríalos con la grasa del pollo a fuego medio por 5 minutos o hasta que la cebolla esté suave. Añada el ajo; fríalo por 30 segundos. Vierta el vino y el vinagre; cueza a fuego medio-alto por 5 minutos o hasta que el líquido se haya consumido casi por completo. Incorpore el consomé, la albahaca, la mejorana, la sal y la pimienta. Retire del fuego.

3. Pase el tomate rojo a través de un colador y deje caer sobre la mezcla de cebolla; deseche las semillas. Ponga a hervir a fuego medio-alto; hierva, sin tapar, durante 2 minutos.

4. Vierta la mezcla en la sartén, sobre el pollo. Ponga a hervir; baje el fuego, tape y deje cocer a fuego bajo durante 25 minutos o hasta que el pollo esté suave y su jugo salga claro cuando lo pique con un tenedor. Con una espátula ranurada, pase el pollo a un platón tibio; consérvelo caliente.

5. Deje que la salsa hierva a fuego medio-alto, sin tapar, por 5 minutos. Corte las aceitunas por la mitad; quite y deseche los huesos.

6. Agregue a la salsa las aceitunas y el perejil; cueza durante 1 minuto más. Vierta la salsa sobre el pollo y la pasta. Adorne si lo desea.

Rinde de 4 a 6 porciones

Paso 1. Cueza el pollo.

Paso 4. Pique el pollo con un tenedor para ver si está cocido.

Paso 5. Quite el hueso de las aceitunas.

Pollo al Ron

½ **taza de ron oscuro**
2 **cucharadas de jugo de lima o de limón**
2 **cucharadas de salsa de soya**
2 **cucharadas de azúcar morena**
4 **dientes de ajo grandes picados (página 116)**
1 a 2 **chiles jalapeños, sin semillas y picados (página 75)**
1 **cucharada de jengibre fresco picado (página 130)**
1 **cucharadita de tomillo seco machacado**
½ **cucharadita de pimienta negra molida**
6 **mitades de pechuga de pollo sin hueso ni piel**

1. Para preparar la marinada, mezcle el ron con el jugo de lima, la salsa de soya, el azúcar, el ajo, el chile, el jengibre, el tomillo y la pimienta negra en una taza medidora de vidrio de 2 litros.

2. Enjuague el pollo y séquelo con toallas de papel. Ponga el pollo en una bolsa de plástico. Vierta la marinada sobre el pollo. Saque el aire de la bolsa y ciérrela herméticamente. Agite la bolsa para bañar bien el pollo. Refrigere por 4 horas o durante toda la noche; gire la bolsa una o dos veces.

3. Prepare el asador para asar a fuego directo; distribuya el carbón encendido en una sola capa que se extienda de 2.5 a 5 cm más allá del área de la comida.

4. Escurra el pollo; conserve la marinada. Ponga el pollo sobre la parrilla. Sin tapar el asador, ase el pollo durante 6 minutos por lado o hasta que pierda su color rosado en el centro.

5. Mientras tanto, ponga a hervir la marinada en una olla chica a fuego medio-alto. Hierva por 5 minutos o hasta que la marinada se consuma más o menos a la mitad.

6. Para servir, rocíe la marinada sobre el pollo. Adorne si lo desea. *Rinde 6 porciones*

Paso 2. Vierta la marinada sobre el pollo.

Paso 4. Áselo hasta que pierda su color rosado en el centro.

Paso 5. Ponga a hervir la marinada restante hasta que se consuma a la mitad.

Pollo Gratinado con Aguacate

2 cucharadas de fécula de maíz
1 cucharadita de comino molido
1 cucharadita de sal de ajo
1 huevo
1 cucharada de agua
⅓ de taza de harina de maíz
2 pechugas de pollo enteras, sin piel, deshuesadas y abiertas (páginas 6-8)
3 cucharadas de aceite vegetal
1 aguacate maduro firme
1½ tazas (180 g) de queso manchego rallado
½ taza de crema agria
¼ de taza de cebollín rebanado
¼ de taza de pimiento morrón rojo picado
Zanahoria en rebanadas onduladas, cocida al vapor
4 brochitas de cebollín para adornar (página 12)

1. Caliente el horno a 160 °C. En un recipiente poco profundo, mezcle la fécula de maíz, el comino y la sal de ajo. En otro recipiente poco profundo, bata el huevo con el agua. En un tercer recipiente poco profundo, ponga la harina de maíz.

2. Aplane las pechugas de pollo hasta que midan .5 cm de grosor (técnica en la página 6).

3. Cubra el pollo con la mezcla de fécula de maíz; sacuda el exceso. Sumerja el pollo en el huevo; después, cúbralo con la harina y sacuda el exceso.

4. En una sartén grande, caliente el aceite a fuego medio-alto. Ponga el pollo en una sola capa; cueza por 4 minutos; voltéelo una vez.

5. Retire el pollo y colóquelo en un refractario.

6. Quite el hueso del aguacate (técnica en la página 110); sobre una tabla para picar, corte las mitades de aguacate por la mitad a lo largo. Con cuidado, pele los cuartos de aguacate; desprenda la cáscara del extremo del tallo.

7. Corte los cuartos de aguacate a lo largo en rebanadas.

8. Acomode las rebanadas de aguacate sobre el pollo en el refractario; encima espolvoree el queso.

9. Hornee el pollo durante 15 minutos o hasta que esté suave y se haya fundido el queso. Pase el pollo a platos extendidos. Corone cada porción con una cucharada de crema agria; espolvoree con el cebollín rebanado y el pimiento rojo; acompañe con la zanahoria. Adorne si lo desea.

Rinde 4 porciones

Paso 3. Cubra el pollo con la mezcla de fécula de maíz.

Paso 6. Quite la cáscara de los cuartos de aguacate.

Paso 7. Corte el aguacate en rebanadas.

Pollo con Espinaca

1 chile rojo fresco* o ¼ de taza de
    pimiento morrón rojo cortado
    en cubos
800 a 900 g de espinaca fresca o
    2 bolsas (de 300 g cada una) de
    espinaca lavada y sin tallos
3 mitades de pechuga de pollo sin
    pellejo ni hueso (unos 560 g)
    Salsa de Cacahuate (maní)
    (página 174)
    Pétalos de caléndula para
    adornar

*El chile puede dar comezón e irritar la piel;
cuando maneje chiles, use guantes de hule y
no se toque los ojos. Lávese las manos
después de trabajar con ellos.

1. Enjuague el chile; séquelo con una toalla de
papel. Con un cuchillo de uso práctico, corte el
chile por la mitad a lo largo. Desprenda y deseche el
tallo, las semillas y las venas. Píquelo finamente.

2. Separe las hojas de espinaca. Lávelas con agua
fría; repita varias veces con agua limpia para
eliminar la tierra. Séquelas con toallas de papel.

3. Para desprender los tallos de las hojas de
espinaca, doble cada una de las hojas por la mitad;
después, jale el tallo hacia la parte superior de la
hoja. Deseche los tallos.

4. En una olla o sartén grande, ponga una canasta
para cocer al vapor; agregue agua hasta .5 cm
debajo del fondo de la canasta.

5. Ponga a hervir el agua a fuego alto. En la canasta
acomode en una capa ¼ de las hojas de espinaca;
tape y cueza al vapor por 15 segundos. Con rapidez,
voltee las hojas con unas pinzas. Tape y cueza
durante 15 segundos o hasta que las hojas adquieran
un color verde brillante y que se vean algo
marchitas. (Algunas hojas se marchitarán, pero la
mayoría debe tornarse sólo verde brillante.)

6. Con unas pinzas, pase la espinaca a un escurridor.
Repita el procedimiento con el resto de la espinaca.
Acomode la espinaca en un platón o en platos
extendidos.

continúa en la página 174

Paso 3. Desprenda los tallos de
las hojas de espinaca.

Paso 4. Agregue agua hasta
.5 cm debajo de la canasta.

Paso 5. Tape y cueza al vapor la
espinaca hasta que se torne verde
brillante.

Pollo con Espinaca, continuación

7. En una cacerola grande, ponga a hervir 6 tazas de agua a fuego alto. Mientras tanto, corte la grasa de las pechugas de pollo y deséchela. Con un cuchillo de uso práctico, corte las pechugas a lo ancho en tiras de 1.5 cm de ancho.

8. Agregue el pollo al agua hirviente; retire la cacerola del fuego. Tape y deje reposar por 5 minutos o hasta que el pollo pierda su color rosado en el centro.

9. Prepare la Salsa de Cacahuate.

10. Escurra el pollo; incorpórelo a la Salsa de Cacahuate caliente y sirva sobre la espinaca. Espolvoree el chile. Adorne si lo desea.

Rinde 4 porciones

Salsa de Cacahuate

1 a 2 limas
2 cucharaditas de aceite vegetal
½ taza de cebolla finamente picada
3 dientes de ajo picados (página 116)
½ taza de mantequilla de cacahuate (maní) en crema o con trozos
3 cucharadas compactas de azúcar morena
2 cucharadas de salsa de pescado
1 cucharadita de pimentón
¼ de cucharadita de pimienta roja molida
1 taza de leche de coco sin endulzar o 1 taza de leche más 1 cucharadita de extracto de coco
1 cucharada de agua
1 cucharada de fécula de maíz

1. Para extraer el jugo de las limas, córtelas a la mitad sobre una tabla para picar. Con la punta del cuchillo, saque las semillas visibles. Con un exprimidor de cítricos o con la mano, exprima y vierta el jugo en un recipiente. Retire las semillas y mida 2 cucharadas.

2. En una cacerola mediana caliente el aceite a fuego medio-alto, una vez caliente agregue la cebolla y el ajo; fríalos de 2 a 3 minutos o hasta que estén suaves.

3. Baje el fuego a medio. Añada la mantequilla de cacahuate, el azúcar morena, la salsa de pescado, el pimentón y la pimienta roja molida; revuelva hasta que se mezclen. Lentamente incorpore la leche de coco y revuelva bien. (En este momento, puede dejar enfriar la salsa, taparla y refrigerarla hasta 2 días.)

4. Revuelva la salsa sin cesar a fuego medio hasta que burbujee suavemente. Baje el fuego a medio-bajo. En una taza chica mezcle el agua y la fécula de maíz; vierta en la salsa. Cueza y revuelva de 1 a 2 minutos o hasta que se espese. Añada las 2 cucharadas de jugo de lima.

Rinde unas 2 tazas

Paso 7. Corte el pollo a lo ancho en tiras de 1.5 cm de ancho.

Salsa de Cacahuate: Paso 1. Exprima el jugo de lima con un exprimidor.

Pollo Ahogado con Arándano

3 dientes de ajo
½ taza de harina de trigo
　Sal y pimienta blanca molida al
　　gusto
3 pechugas de pollo enteras, sin
　piel y abiertas (páginas 6-8)
¼ de taza de aceite vegetal
½ taza de consomé de pollo
2 pimientos morrones verdes
　medianos
3 cebollas medianas
2 cucharadas de mantequilla o
　margarina
10 champiñones grandes rebanados
½ taza de vinagre de frambuesa o
　balsámico
1 lata (450 g) de salsa de
　arándanos enteros
1 taza de jugo de naranja
1 cucharada de fécula de maíz
1 cucharada de salsa inglesa
　Agua
　Arroz cocido caliente y
　　espárragos cocidos al vapor
　Rebanadas de naranja y ramas
　　de perejil para adornar

1. Para picar el ajo, recorte los extremos del diente. Con el lado plano de la hoja de un cuchillo para chef, machaque el diente ligeramente; desprenda la cáscara. Pique finamente el ajo.

2. En una bolsa de plástico grande, mezcle la harina, la sal y la pimienta blanca.

3. Meta el pollo a la bolsa; sacuda para cubrirlo completamente con la mezcla de harina.

4. En una cacerola grande, caliente el aceite a fuego medio-alto. Agregue el ajo; cueza hasta que esté suave. Agregue el pollo y fríalo hasta que esté dorado por ambos lados. Deseche la grasa de la cacerola y vierta el consomé; ponga a hervir a fuego alto. Reduzca el fuego a bajo, tape y deje cocer por 30 minutos.

5. Para preparar el pimiento morrón, con un cuchillo de uso práctico, haga cortes circulares alrededor de la parte superior del pimiento. Desprenda el tallo, las semillas y las venas del pimiento. Enjuague los pimientos debajo del chorro de agua para eliminar las semillas; escurra bien. Sobre una tabla para picar, rebane los pimientos por la mitad a lo largo; desprenda cualquier membrana restante. Rebane cada mitad a lo largo en tiras delgadas.

continúa en la página 176

Paso 1. Machaque el ajo.

Paso 3. Cubra el pollo con la mezcla de harina.

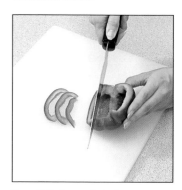

Paso 5. Rebane el pimiento en rebanadas delgadas.

Pollo Ahogado con Arándano, *continuación*

6. Para preparar las cebollas, desprenda la cáscara de las cebollas y córtelas por la mitad a través de la base. Ponga el lado cortado hacia abajo sobre la tabla para picar. Para picado grueso, sostenga el cuchillo horizontalmente; haga cortes paralelos a la tabla, casi hasta el extremo de la raíz de la cebolla. Después, haga cortes verticales, a lo largo; después, haga cortes a lo ancho hasta el extremo de la base. (Cuanto más cercanos haga los cortes, tanto más finamente quedará picada la cebolla.)

7. En una sartén grande, derrita la mantequilla a fuego medio-alto. Fría el pimiento morrón, la cebolla y los champiñones en la mantequilla caliente hasta que estén suaves. Incorpore el vinagre, la salsa de arándano y el jugo de naranja. Baje el fuego a medio; fría por 5 minutos hasta que la salsa de arándano se derrita y la mezcla esté bien caliente.

8. Mezcle la fécula de maíz y la salsa inglesa con suficiente agua para que quede una pasta aguada; agregue a la sartén. Revuelva con suavidad a fuego bajo hasta que se espese. Sazone con sal y pimienta blanca.

9. En platos extendidos, acomode el pollo, el arroz y los espárragos; vierta la salsa sobre el pollo. Adorne si lo desea.

Rinde 6 porciones

Paso 6. Pique la cebolla.

Paso 8. Agregue la mezcla de fécula de maíz a la salsa y las verduras.

Aros de Pasta Rellenos de Pollo y Queso

1 caja (225 g) de queso crema
3 cucharadas de almendra picada
6 tiras de lasaña
¼ de taza de mantequilla
1 cebolla mediana picada
   (página 68)
120 g de champiñones limpios
   (página 44) y rebanados
3 mitades de pechuga de pollo sin
   hueso ni piel, cortadas en
   trozos de un bocado
¾ de taza de vino blanco seco
½ cucharadita de estragón seco
   machacado
½ cucharadita de sal
½ cucharadita de pimienta negra
   molida
½ taza de crema espesa
½ taza de crema agria
1½ tazas (180 g) de queso suizo
   rallado
1 taza (120 g) de queso Muenster
   rallado
   Perejil picado (opcional)
   (página 38)

1. Abra la envoltura del queso crema y póngalo sobre una tabla para picar. Con un cuchillo de uso práctico, corte el queso crema a lo largo en rebanadas de 1.5 cm de ancho. Después, córtelo a lo ancho en trozos de 1.5 cm de ancho. Deje reposar a temperatura ambiente hasta que se suavice.

2. Caliente el horno a 180 °C. Para tostar la almendra, extiéndala en una charola para horno. Hornee de 8 a 10 minutos o hasta que se dore; revuelva con frecuencia. Retire la almendra de la charola y déjela enfriar. Baje la temperatura del horno a 160 °C. Engrase un refractario de 33×23 cm.

3. Cueza las tiras de lasaña siguiendo las instrucciones de la envoltura. Escúrralas en un colador. Enjuáguelas debajo del chorro de agua tibia; escúrralas bien. Cuando estén lo suficientemente frías para manejarlas, corte las hojas por la mitad a lo largo.

4. En una sartén grande, derrita la mantequilla a fuego medio-alto. Incorpore la cebolla y los champiñones; fríalos hasta que estén suaves. Añada el pollo, el vino, el estragón, la sal y la pimienta; ponga a hervir a fuego alto. Baje el fuego y deje cocer por 10 minutos.

5. Doble cada mitad de lasaña en forma de círculo; acomódelas en el refractario. Con una espumadera, rellene el centro de los aros con la mezcla de pollo.

6. Al líquido que quede en la sartén, póngale el queso crema, la crema espesa, la crema agria, ¾ de taza del queso suizo y ½ taza del queso Muenster. Cueza y revuelva a fuego medio-alto hasta que se fundan los quesos. No debe hervir. Vierta sobre los aros de lasaña. Encima espolvoree el resto de los quesos y la almendra.

7. Hornee por 35 minutos o hasta que burbujee. Espolvoree con perejil. Adorne a su gusto.

Rinde 6 porciones

Paso 1. Corte el queso crema en trozos de .5 cm de grosor.

Paso 2. Tueste la almendra.

Paso 5. Rellene los aros de lasaña con la mezcla de pollo.

Pollo Caramelizado con Tallos de Limón

675 g de muslos de pollo sin piel (de 4 a 6 muslos)
2 tallos de limón
2 dientes de ajo
3 cucharadas de salsa de pescado
¼ de taza de azúcar
¼ de cucharadita de pimienta negra molida
1 cucharada de aceite vegetal
1 cucharada de jugo de limón

1. Enjuague el pollo y séquelo con toallas de papel.

2. Desprenda las hojas del tallo de limón y deséchelas. Recorte y deseche la parte superior de los tallos. Aplane los tallos con un mazo para carne o con el costado de un cuchillo de carnicero.

3. Con un cuchillo de uso práctico, corte los tallos de limón aplanado en trozos de 2.5 cm.

4. Con un cuchillo para pelar, corte el ajo a lo largo en rebanadas delgadas. Apile varias rebanadas y córtelas en tiras.

5. Meta el pollo en una bolsa de plástico; agregue la salsa de pescado, el azúcar, el ajo, la pimienta y los tallos de limón. Cierre la bolsa herméticamente; agite para bañar el pollo. Marine en el refrigerador de 1 a 4 horas, gire la bolsa de vez en cuando.

6. En una sartén grande, caliente el aceite a fuego medio. Saque el pollo de la bolsa; conserve la marinada. Cueza el pollo durante 10 minutos o hasta que esté dorado; voltéelo una vez.

7. Incorpore la marinada a la sartén; deje hervir de 1 a 2 minutos. Baje el fuego; tape y deje cocer por 30 minutos o hasta que el pollo esté suave y pierda su color rosado en el centro; voltee el pollo de vez en cuando.

8. Incorpore el jugo de limón a la sartén. Voltee las piezas de pollo para que se bañen. Adorne si lo desea.

Rinde 4 porciones

Paso 2. Aplane el tallo de limón con un mazo para carne.

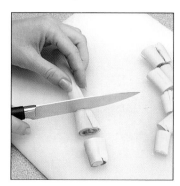

Paso 3. Corte el tallo de limón en trozos de 2.5 cm.

Paso 4. Corte el ajo en tiras.

Pollo Kung Pao

3½ cucharaditas de fécula de maíz
 5 cucharaditas de salsa de soya
 5 cucharaditas de jerez seco
 ¼ de cucharadita de sal
 3 mitades de pechuga de pollo sin hueso ni piel, cortadas en trozos de un bocado
 1 cucharada de vinagre de vino tinto
 2 cucharadas de consomé de pollo, o de agua
1½ cucharaditas de azúcar
 3 cucharadas de aceite vegetal
 ⅓ de taza de cacahuates (maníes) salados
 6 a 8 chiles secos chicos
1½ cucharaditas de jengibre picado (página 130)
 2 cebollines enteros, cortados en pedazos de 3.5 cm de largo
 Cebollín y chiles secos adicionales para adornar

1. Para la marinada, mezcle 2 cucharaditas de fécula de maíz, 2 cucharaditas de salsa de soya, 2 cucharaditas de jerez y la sal en un recipiente grande; revuelva bien. Incorpore el pollo; revuelva bien para bañarlo y déjelo reposar por 30 minutos.

2. En un recipiente chico, mezcle la fécula de maíz, la salsa de soya y el jerez restantes, con el vinagre, el consomé de pollo y el azúcar; revuelva bien.

3. En un wok o en una sartén grande, caliente 1 cucharada de aceite a fuego medio. Agregue los cacahuates; fría hasta que estén tostados. Retire los cacahuates del wok.

4. En el wok, a fuego medio, caliente las 2 cucharadas restantes de aceite. Añada los chiles; sofría hasta que los chiles comiencen a carbonizarse, más o menos por 1 minuto.

5. Aumente el fuego a alto. Incorpore la mezcla de pollo; sofríala durante 2 minutos. Ponga el jengibre; sofríalo hasta que el pollo pierda su color rosado en el centro, más o menos por 1 minuto.

6. Coloque el cacahuate y la cebolla; sofríalos durante 1 minuto.

7. Revuelva la mezcla de fécula de maíz y viértala en el wok. Cueza y revuelva hasta que la salsa hierva y se espese. Adorne si lo desea.

Rinde 3 porciones

Paso 3. Tueste los cacahuates.

Paso 4. Sofría los chiles.

Paso 6. Sofría el cacahuate y la cebolla con el pollo.

Pollo con Nuez

1 cucharada de fécula de maíz
3 cucharadas de salsa de soya
1 cucharada de vino de arroz o
    jerez seco
2 cucharadas de jengibre fresco
    picado (página 130)
2 dientes de ajo picados
    (página 116)
½ cucharadita de hojuelas de chile
    rojo machacadas
450 g de muslos de pollo deshuesados
    y sin piel, cortados en trozos
    de 2.5 cm
340 g de ejotes (judías verdes) frescos
3 cucharadas de aceite vegetal
½ taza de mitades o trozos de nuez
½ taza de castañas de agua picadas
2 cebollines enteros, cortados en
    trozos de 2.5 cm de largo
¼ de taza de agua
    Arroz cocido caliente (opcional)

1. Para preparar la marinada, mezcle la fécula de maíz, la salsa de soya, el vino de arroz, el jengibre, el ajo y el chile en un recipiente grande; revuelva bien. Incorpore el pollo; báñelo y déjelo reposar por 30 minutos para que se marine.

2. Mientras tanto, recorte ambos extremos de los ejotes; quite las hebras si las hay (técnica en la página 244). Corte los ejotes diagonalmente en trozos de 5 cm de largo. En un wok, vierta 4 tazas de agua; hierva a fuego alto. Agregue los ejotes y déjelos cocer de 3 a 5 minutos hasta que estén suaves; revuelva de vez en cuando. Páselos a un escurridor y enjuáguelos con agua fría.

3. Para tostar la nuez, ponga el wok a fuego alto por 1 minuto o hasta que esté seco y caliente. Rocíe el aceite en el wok y caliéntelo durante 30 segundos. Ponga las nueces; sofría y revuelva con una espumadera, más o menos por 1 minuto o hasta que estén apenas doradas. Pase las nueces a un recipiente chico.

4. Coloque el pollo y la marinada en el wok; cueza y revuelva de 5 a 7 minutos hasta que el pollo esté suave y pierda su color rosado en el centro. Agregue las castañas, los ejotes, el cebollín y el agua; revuelva para desprender los trozos dorados del fondo. Encima espolvoree las nueces. Acompañe con el arroz. Adorne a su gusto.

Rinde 4 porciones

Paso 1. Ponga el pollo en la marinada.

Paso 2. Cueza los ejotes en el wok.

Paso 3. Tueste las nueces.

Piernas de Pollo Búfalo

1 diente de ajo
8 piernas de pollo grandes (unos 900 g)
3 cucharadas de salsa picante
1 cucharada de aceite vegetal
¼ de taza de mayonesa
3 cucharadas de crema agria
1½ cucharadas de vinagre de vino blanco
¼ de cucharadita de azúcar
⅓ de taza (40 g) de queso Roquefort o blue cheese desmenuzado
2 tazas de pedazos de nogal americano
Tallos de apio

1. Para picar el ajo, recorte los extremos del diente. Con el lado plano de la hoja de un cuchillo para chef, machaque un poco el diente; desprenda la cáscara. Pique finamente el ajo con el cuchillo.

2. Ponga el pollo en una bolsa de plástico. En un recipiente chico, mezcle la salsa picante, el aceite y el ajo; vierta sobre el pollo. Cierre la bolsa herméticamente; agite para bañar el pollo. Marine en el refrigerador por lo menos durante1 hora o, para lograr un sabor más picante, hasta por 24 horas; voltee la bolsa de vez en cuando.

3. Para preparar el aderezo blue cheese, mezcle la mayonesa con la crema agria, el vinagre y el azúcar en otro recipiente chico. Incorpore el queso; tape y refrigere hasta el momento de servir.

4. Prepare el asador para cocer a fuego directo.

5. Mientras tanto, cubra los pedazos de nogal con agua fría; remoje por 20 minutos.

6. Escurra el pollo; deseche la marinada. Escurra el nogal y distribúyalo sobre el carbón.

7. Ponga el pollo sobre la parrilla del asador. Ase el pollo, con el asador tapado, de 25 a 30 minutos o hasta que el pollo pierda su color rosado en el centro y el jugo salga claro; voltéelo 3 o 4 veces. Sirva con el aderezo blue cheese y los tallos de apio.

Rinde 4 porciones

Paso 2. Vierta la marinada sobre el pollo.

Paso 5. Cubra el nogal con agua fría y deje remojar.

Paso 6. Distribuya los pedazos de nogal sobre el carbón.

Enchiladas de Pollo

1 pollo (más o menos 1.350 kg), cortado en 8 piezas
3 chiles poblanos, asados, pelados, sin semillas, desvenados y cortados en cubos (página 10)
1 tomate rojo grande, pelado, sin semillas y picado (página 52)
½ taza de cebolla blanca finamente picada
1 diente de ajo picado
½ cucharadita de comino molido
¼ de cucharadita de sal
½ taza de consomé de pollo
1½ tazas de crema espesa
12 tortillas de maíz (de 15 cm de diámetro)
2 tazas (225 g) de queso manchego rallado
Cebollín y pimiento morrón cortados en tiras para adornar
Arroz Rojo (página 276) (opcional)

1. En una cacerola de 30 cm de diámetro, ponga el pollo en una sola capa. Encima distribuya el chile, el tomate rojo, la cebolla, el ajo, el comino y la sal; agregue el consomé. Ponga a hervir a fuego medio-alto. Baje el fuego, tape y deje cocer por 1 hora o hasta que el pollo esté suave.

2. Con unas pinzas, saque el pollo de la cacerola; retire los trozos de verdura. Deje reposar hasta que esté lo suficientemente frío para manejarlo.

3. Saque y deseche la grasa de la cacerola. Ponga a hervir el consomé restante a fuego medio-alto, de 4 a 8 minutos, hasta que la mezcla se reduzca a 2 tazas. Vierta la salsa en un refractario de 33×23 cm.

4. Deshebre con los dedos el pollo, y deseche la piel y los huesos.

5. Caliente el horno a 190 °C. En una sartén mediana, caliente la crema a fuego medio, sin dejar que hierva; retire del fuego.

6. Con unas pinzas sostenga 1 tortilla y remójela en la crema por unos segundos o hasta que se suavice. Sáquela y escurra el exceso de crema. Ponga unas 3 cucharadas de pollo en el centro de la tortilla.

7. Enrolle la tortilla y póngala sobre la salsa en el refractario. Repita con las tortillas restantes, la crema y el pollo. Vierta el resto de la crema sobre las enchiladas.

8. Espolvoree el queso sobre las enchiladas. Hornee de 25 a 30 minutos, hasta que la salsa burbujee y el queso se funda. Adorne si lo desea. Acompañe con Arroz Rojo.   *Rinde de 4 a 6 porciones*

Paso 1. Coloque el consomé.

Paso 6. Remoje ia tortilla en la crema.

Paso 7. Enrolle la tortilla.

Tortellini de Pollo con Crema de Champiñones

2 tazas más 1 cucharada de harina de trigo
½ cucharadita de sal
4 huevos
1 cucharada de leche
1 cucharadita de aceite de oliva
2 mitades de pechuga de pollo chicas deshuesadas y sin piel (de unos 120 g cada una), cocidas y deshebradas
60 g de espinaca fresca, lavada, cocida (página 132), exprimida y picada
60 g de prosciutto picado o jamón cocido picado
⅓ de taza más 2 cucharadas de queso parmesano rallado
2 tazas de crema espesa o batida (470 ml)
Pizca de pimienta negra molida
3 cucharadas de mantequilla o margarina
225 g de champiñones, en rebanadas delgadas
3 cucharadas de perejil fresco picado

1. Sobre una tabla para repostería, una tabla para picar o una superficie plana, mezcle la harina con ¼ de cucharadita de sal; haga un hueco en el centro. En un recipiente chico, bata 3 huevos con la leche y el aceite hasta que estén bien mezclados; vierta gradualmente en el hueco de la harina mientras revuelve con los dedos o con un tenedor, para formar una bola de masa.

2. Ponga la masa en una superficie ligeramente enharinada; aplánela un poco. Para amasar, doble la masa por la mitad hacia usted y presiónela con las palmas de las manos, alejándola de usted. Gire la masa un cuarto de vuelta y continúe doblando, empujando y girando. Amase por 5 minutos o hasta que esté suave y elástica; si es necesario, añada más harina para evitar que se pegue. Envuelva la masa en plástico. Deje reposar la masa durante 15 minutos por lo menos.

3. En un recipiente mediano, mezcle el pollo, la espinaca, el prosciutto y el huevo restante; revuelva bien. Luego incorpore 2 cucharadas de queso, 1 cucharada de crema, el ¼ de cucharadita de sal restante y la pimienta; revuelva bien.

4. Desenvuelva la masa y ámasela un poco (como se indica en el paso 2) sobre una superficie enharinada; divídala en 3 partes. Sobre una superficie ligeramente enharinada y con un rodillo un poco enharinado, extienda 1 parte de la masa hasta que mida 1.5 mm de grosor. (Conserve el resto de la masa envuelta en el plástico para evitar que se seque.)

continúa en la página 192

Paso 1. Incorpore la mezcla de huevo a la harina; mezcle con los dedos para formar la masa.

Paso 2. Amase.

Tortellini de Pollo con Crema de Champiñones, continuación

5. Con un cortador redondo de 5 cm de diámetro, corte círculos de masa. Mientras trabaja, cubra la masa extendida con un trapo de cocina limpio para evitar que se seque.

6. En el centro de 1 círculo de masa, ponga ½ cucharadita del relleno de pollo; con la punta del dedo índice, barnice con un poco de agua la orilla del círculo.

7. Doble el círculo por la mitad para encerrar el relleno; asegúrese de sacar todo el aire. Presione con firmeza los bordes exteriores para sellarlos.

8. Barnice con agua la orilla del medio círculo; enróllelo alrededor de un dedo, traslape los extremos y presiónelos para sellar. Ponga el tortellini sobre un trapo de cocina limpio. Repita el procedimiento con los demás círculos de masa; vuelva a amasar los recortes según sea necesario. Repita con las 2 partes de masa restantes y con el relleno de pollo.

9. Deje secar los tortellini sobre el trapo durante 30 minutos antes de cocerlos.

10. En una olla de 3 litros, caliente la mantequilla a fuego medio hasta que se derrita y burbujee; fría los champiñones por 3 minutos. Incorpore el resto de la crema. Ponga a hervir a fuego medio; de inmediato, reduzca el fuego a bajo. Deje cocer, sin tapar, durante 3 minutos. Incorpore el ⅓ de taza de queso restante; cueza y revuelva por 1 minuto. Retire del fuego.

11. En una olla grande con agua y sal cueza los tortellini, ⅓ a la vez; deje hervir de 2 a 3 minutos, justo hasta que estén al dente.

12. Escúrralos bien y agréguelos a la crema de champiñones. Caliente a fuego medio la crema de champiñones con los tortellini justo hasta que empiece a hervir; reduzca el fuego a bajo. Deje cocer por 2 minutos. Encima espolvoree el perejil. Sirva de inmediato.

Rinde de 6 a 8 porciones

Paso 6. Con un poco de agua, barnice la orilla de los círculos.

Paso 7. Presione con firmeza las orillas de masa para sellarlas.

Paso 8. Presione los extremos del tortellini para sellar.

Pavo Asado con Mezquite

2 tazas de trozos de mezquite
1 pavo fresco descongelado (de 4.500 a 5.400 kg)
1 cebolla dulce o española chica, pelada y cortada en cuartos
1 limón cortado en cuartos
3 ramas de estragón fresco
1 aguja metálica para brocheta (de 15 cm de largo)
2 cucharadas de mantequilla o margarina suavizada
Sal y pimienta negra molida (opcional)
Ramas de estragón adicionales
¼ de taza de mantequilla o margarina derretida
2 cucharadas de jugo de limón fresco
2 cucharadas de estragón picado o 2 cucharaditas de estragón seco machacado
2 dientes de ajo picados (página 116)

1. Ponga en el asador un recolector de grasa rectangular de metal o de aluminio. Para cocer a fuego indirecto apile el carbón comprimido en ambos lados del recolector de grasa.

2. Mientras tanto, cubra los trozos de mezquite con agua fría; remoje por 20 minutos.

3. Saque la menudencia de la cavidad del pavo; consérvela para utilizarla en otra receta. Enjuague el pavo debajo del chorro de agua fría; seque con toallas de papel. Ponga la cebolla, el limón y las 3 ramas de estragón en la cavidad. Jale la piel para cerrar la cavidad del pescuezo; afiance con la aguja para brocheta. Doble las alas hacia abajo y amarre las piernas con un cordón de cocina húmedo.

4. Con los dedos o con una toalla de papel, unte la mantequilla suavizada sobre la piel del pavo; sazone con sal y pimienta al gusto.

continúa en la página 194

Paso 2. Cubra el mezquite con agua fría y deje remojar.

Paso 3. Jale la piel para cerrar la cavidad y afiance con la aguja.

Paso 4. Unte la piel del pavo con la mantequilla suavizada.

Pavo Asado con Mezquite, continuación

5. Inserte un termómetro para carne en el centro de la parte más gruesa del muslo, sin tocar el hueso.

6. Escurra los trozos de mezquite; distribuya 1 taza de ellos sobre el carbón. Ponga el pavo, con la pechuga hacia arriba, sobre la parrilla directamente sobre el recolector de grasa. Ase el pavo, con el asador tapado, sobre el carbón de 11 a 14 minutos por cada 450 g de carne; agregue de 4 a 9 piezas de carbón comprimido a ambos lados del fuego cada hora para conservarlo encendido y coloque la taza de mezquite restante después de 1 hora de asar.

7. Mientras tanto, remoje en agua las ramas de estragón adicionales.

8. En un recipiente chico, mezcle la mantequilla derretida, el jugo de limón, el estragón picado y el ajo. Barnice el pavo con la mitad de la mezcla durante los últimos 30 minutos de asado. Ponga las ramas de estragón remojadas directamente sobre el carbón para darle un sabor más ahumado. Ase, tapado, por 20 minutos. Barnice el pavo con la mezcla restante. Continúe asando, tapado, por unos 10 minutos o hasta que el termómetro registre 82 °C.

9. Pase el pavo a una tabla para trinchar; cúbralo con papel de aluminio. Déjelo reposar por 15 minutos antes de trincharlo. Deseche la cebolla, el limón y las ramas de estragón de la cavidad. Adórnelo a su gusto.

Rinde de 8 a 10 porciones

Paso 5. Inserte un termómetro para carne en la parte más gruesa del muslo, sin tocar el hueso.

Paso 6. Agregue carbón comprimido adicional al fuego para conservarlo encendido.

Pavo Sofrito con Brócoli

1 limón
1 cucharadita de tomillo seco
½ cucharadita de sal
¼ de cucharadita de pimienta
   blanca molida
450 g de pechuga de pavo rebanada
450 g de brócoli fresco
1 taza de consomé de pollo
1 cucharada de fécula de maíz
3 cucharadas de aceite vegetal
1 cucharada de mantequilla
110 g de champiñones de botón
   limpios (página 44) y
   rebanados
1 cebolla morada mediana, pelada,
   rebanada y con los anillos
   separados
1 lata (400 g) de elotes miniatura
   cortados, escurridos y
   enjuagados*
Arroz cocido
Rebanadas de limón para
   adornar

*Puede sustituir el elote cortado por una lata
de 420 g de elotes miniatura enteros, y
cortados en trozos de 2.5 cm de largo.

1. Ralle finamente la cáscara del limón y póngala en un recipiente grande. Corte el limón por la mitad a lo ancho; exprímalo con un exprimidor de cítricos. Mida 2 cucharadas de jugo de limón. Agregue el jugo, el tomillo, la sal y la pimienta a la cáscara de limón; revuelva.

2. Con un cuchillo de uso práctico, corte las rebanadas de pavo en tiras de 6.5×2.5 cm. Añada el pavo a la mezcla de limón; báñelo bien. Marínelo por 30 minutos.

3. Para preparar el brócoli, recorte las hojas de los tallos. Con un cuchillo de uso práctico, recorte los extremos dañados. Corte el brócoli en floretes de 5 cm de largo, incluida una parte del tallo. Pele los tallos con un pelador de verduras; después, recorte diagonalmente los tallos.

4. En un wok a fuego medio-alto, ponga 4 tazas de agua hasta que hierva. Coloque los floretes; cueza por 2 minutos o hasta que estén cocidos. Escúrralos en un colador; enjuague con agua fría. En una taza, ponga la fécula de maíz y el consomé; revuelva hasta disolver la fécula.

5. Ponga el wok a fuego medio-alto hasta que se seque y esté caliente. Agregue 1 cucharada de aceite y la mantequilla; caliente hasta que se derrita la mantequilla. Agregue los champiñones; sofríalos por 2 minutos. Ponga la cebolla y sofríala durante 2 minutos. Pase todo a un recipiente grande.

6. Caliente 1 cucharada de aceite en el wok. Sofría la mitad de las tiras de pavo en una sola capa, durante 1½ minutos o hasta que estén bien doradas. Pásela al recipiente de los champiñones. Repita el procedimiento con la cucharada de aceite y el pavo restantes.

7. Agregue al wok el elote miniatura y caliéntelo por 1 minuto. Revuelva la mezcla de fécula de maíz, viértala en el wok y cueza hasta que burbujee. Añada el pavo, el brócoli, los champiñones y la cebolla; cueza y revuelva hasta que esté bien caliente. Sirva sobre el arroz. Adorne si lo desea.

Rinde de 4 a 6 porciones

Paso 2. Corte las rebanadas de pavo en tiras de 6.5×2.5 cm.

Paso 3. Corte los floretes de brócoli.

Pato Dorado

1 pato entero (de unos 2.250 kg)
1 cucharada de salvia seca
1 cucharadita de sal
¼ de cucharadita de pimienta
    negra molida
3 tazas de aceite vegetal
1 cucharada de mantequilla o
    margarina
2 manzanas Granny Smith o Rome
    Beauty grandes, sin corazón y
    cortadas en rebanadas
    delgadas
½ taza de miel de trébol
    Ramas de salvia y manzanas
    silvestres para adornar

1. Quite el pescuezo y la menudencia del pato. Corte las puntas y la segunda sección de las alas del pato; envuélvalas y congélelas para utilizarlas en otra receta. Recorte el exceso de grasa y de piel del pato; deséchelos. Enjuague el pato y la cavidad debajo del chorro de agua fría; séquelo con toallas de papel.

2. Corte el pato en cuartos; quite el espinazo y el hueso de la pechuga. (Consulte las técnicas que se dan para pollo en las páginas 157 y 158.) Ponga el pato en un refractario de 33×23 cm. En una taza, mezcle la salvia, la sal y la pimienta; con la mezcla frote el pato; tápelo y refrigérelo por 1 hora.

3. Para cocer el pato al vapor, ponga una rejilla de alambre en un wok. Agregue agua hasta 2.5 cm debajo de la rejilla. (El agua no debe tocar la rejilla.) Tape el wok; ponga a hervir el agua a fuego medio-alto. Sobre la rejilla de alambre, acomode los cuartos de pato, con la piel hacia arriba. Tape y cueza al vapor por 40 minutos o hasta que, al picarlo con un tenedor, se sienta suave. (Agregue agua hirviente al wok para conservar el mismo nivel de agua.)

4. Pase el pato cocido a un platón. Con cuidado, saque la rejilla del wok; deseche el agua, enjuague el wok y séquelo. Ponga a calentar el aceite en el wok a fuego medio-alto hasta que registre 190 °C en un termómetro para freír. Ponga la mitad del pato, con la piel hacia abajo; utilice unas pinzas de mango largo. Fríalo de 5 a 10 minutos hasta que esté crujiente y dorado; voltéelo una vez. Escurra el pato sobre toallas de papel. Vuelva a calentar el aceite y repita el procedimiento con la otra mitad del pato.

5. Deseche el aceite. Derrita la mantequilla en el wok a fuego medio. Ponga a freír la manzana, moviendo con una espumadera, durante 5 minutos o hasta que se seque. Incorpore la miel y deje hervir. Con la espumadera, pase la manzana a un platón caliente. Acomode el pato sobre la manzana y rocíelo con la salsa de miel. Adorne si lo desea.

Rinde 4 porciones

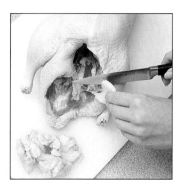
Paso 1. Recorte el exceso de piel del pato.

Paso 2. Frote el pato con la mezcla de salvia.

Paso 3. Acomode el pato sobre la rejilla del wok.

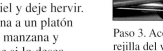

Gallina Estofada

2 gallinas Cornish descongeladas
(de 675 a 785 g cada una)
¼ de taza de salsa de soya
2 cucharadas de jerez seco
1 cucharadita de azúcar
⅔ de taza más 1 cucharada de
fécula de maíz
¼ de taza de aceite vegetal
1 pedazo de jengibre fresco (más o
menos un cuadro de 2.5 cm),
pelado y cortado en
4 rebanadas
2 dientes de ajo picados
(página 116)
1 taza de consomé de pollo
1 cebolla amarilla grande, picada
(página 68)
360 g de tirabeques (vainas) sin tallo
(página 270)
Calabaza amarilla, calabacita,
zanahoria y pimiento morrón
rojo, cortados en forma de
luna para adornar

1. Quite el pescuezo y la menudencia de las cavidades de ambas gallinas; envuélvalos y congélelos para utilizarlos en otro platillo, como sopa o caldo. Enjuague las gallinas y las cavidades debajo del chorro de agua fría; séquelas con toallas de papel. Corte las gallinas en cuartos; quíteles el espinazo y el hueso de la pechuga. (Consulte las técnicas que se dan para pollo en las páginas 157 y 158.)

2. Para preparar la marinada, mezcle la salsa de soya, el jerez y el azúcar en un recipiente grande; revuelva bien. Incorpore los cuartos de gallina; revuelva para bañarlos. Tape y refrigere por 1 hora para que se marinen; revuelva de vez en cuando.

3. Escurra las gallinas; conserve la marinada. En un recipiente poco profundo o en un molde para pay, ponga ⅔ de taza de fécula de maíz. Cubra la gallina con la fécula de maíz. Agregue la cucharada de fécula de maíz restante a la marinada; revuelva bien.

4. Ponga el wok a fuego medio-alto por 1 minuto o hasta que esté caliente. Rocíe el aceite en el wok y caliéntelo durante 30 segundos. Añada el jengibre y el ajo; fríalos por 1 minuto o hasta que el aceite se aromatice. Con una espumadera, retire y deseche el ajo y el jengibre. Coloque la gallina y fríala de 10 a 15 minutos hasta que esté bien dorada por todos lados; gire de vez en cuando.

5. Vierta el consomé y la cebolla en el wok; ponga a hervir. Tape y baje el fuego a bajo; deje cocer durante unos 20 minutos o hasta que, al picar la gallina con un tenedor, se sienta suave; gire de vez en cuando. Ponga los tirabeques en el fondo del wok y coloque la gallina encima. Tape y cueza de 3 a 5 minutos hasta que los tirabeques estén cocidos. Revuelva la mezcla de fécula de maíz y viértala en el wok. Cueza y revuelva hasta que la salsa se espese y hierva. Pase a un platón. Adorne si lo desea. Sirva de inmediato.

Rinde de 2 a 4 porciones

Paso 3. Cubra la gallina con la fécula de maíz.

Paso 4. Dore la gallina por todos lados.

Pescados y Mariscos

Atún con Pimienta sobre una Cama de Verduras

4 filetes de atún (unos 675 g)
  Sal
2 cucharaditas de granos de
  pimienta negra molida grueso
1 cucharada de mantequilla o
  margarina
1 cebolla grande, en rebanadas
  delgadas
¼ de taza de vino blanco seco
225 g de col o espinaca fresca
1 cucharada de aceite de oliva
½ cucharadita de azúcar
¼ de cucharadita de pimienta
  negra molida
12 tiras delgadas de zanahoria
  (página 41)
  Rebanadas de limón y col
  morada para adornar

1. Caliente el horno a 160 °C.

2. Enjuague el atún y séquelo con toallas de papel. Sazone el pescado con un poco de sal; después, presione la pimienta molida en ambos lados de los filetes.

3. En una sartén grande, derrita la mantequilla a fuego medio. Agregue la cebolla; fríala por 5 minutos o hasta que esté suave. Vierta el vino y retire del fuego. Distribuya la mezcla de cebolla en un refractario de vidrio de 33×23 cm. Acomode el pescado encima de la mezcla de cebolla.

4. Hornee durante 15 minutos. Vierta el líquido sobre el pescado y hornee por 15 minutos más o hasta que el pescado se desmenuce con facilidad cuando lo pique con un tenedor.

5. Mientras tanto, enjuague bien la col en un recipiente grande con agua fría. Póngala en un colador y escúrrala.

6. Deseche las hojas manchadas de la col. Para cortar los tallos dañados, haga un corte en forma de "V" en el extremo del tallo; deseche los tallos malos. Apile las hojas y córtelas en tiras de 2.5 cm.

7. En una sartén mediana, caliente el aceite a fuego medio-alto. Agregue la col, el azúcar y la pimienta negra; sofría de 2 a 3 minutos o hasta que esté suave.

8. Acomode la col en platos extendidos, corone con el pescado y la mezcla de cebolla; acomode encima las tiras de zanahoria. Adorne si lo desea.

Rinde 4 porciones

Paso 2. Presione la pimienta molida en el filete.

Paso 3. Acomode los filetes sobre la mezcla de cebolla.

Paso 6. Haga un corte en forma de "V" en el extremo del tallo.

Huachinango con Salsa de Cebolla Morada

Sazonador Cajún

    2 cucharadas de sal

    1 cucharada de pimentón

    1½ cucharaditas de ajo en polvo

    1 cucharadita de cebolla en polvo

    1 cucharadita de pimienta roja molida

    ½ cucharadita de pimienta blanca molida

    ½ cucharadita de tomillo seco machacado

    ½ cucharadita de orégano seco machacado

Salsa de Cebolla Morada

    1 cucharada de aceite vegetal

    1 cebolla morada grande picada

    1 diente de ajo picado (página 116)

    ½ taza de caldo de pescado (página 74) o consomé de pollo

    ¼ de taza de vino tinto seco o vinagre de vino tinto

    ¼ de cucharadita de tomillo seco, machacado

    Sal y pimienta negra molida al gusto

    4 filetes de huachinango (de unos 180 g cada uno)

    2 cucharadas de mantequilla

1. Para preparar el Sazonador Cajún, mezcle en un recipiente chico la sal con el pimentón, el ajo en polvo, la cebolla en polvo, la pimienta roja, la pimienta blanca, ½ cucharadita de pimienta negra, ½ cucharadita de tomillo y el orégano.

2. Para preparar la Salsa de Cebolla Morada, en una olla chica ponga a calentar el aceite a fuego medio-alto. Agregue la cebolla; tape y deje cocer por 5 minutos. Añada el ajo; cueza durante 1 minuto. Vierta el caldo de pescado, el vino, ¼ de cucharadita de tomillo, la sal y la pimienta negra. Tape y cueza durante unos 10 minutos. Destape y cueza hasta que el líquido se consuma y quede ¼ de taza.

3. Enjuague el huachinango y séquelo con toallas de papel. Espolvoree con el Sazonador Cajún.

4. Caliente bien una sartén grande a fuego alto; agregue la mantequilla y mueva la sartén para cubrir el fondo. Cuando la mantequilla deje de burbujear, coloque el pescado.

5. Fría el pescado de 6 a 8 minutos o hasta que la superficie esté dorada y el pescado se desmenuce con facilidad cuando lo pique con un tenedor; voltéelo a la mitad del tiempo de cocción. Acompañe con la Salsa de Cebolla Morada.

Rinde 4 porciones

Paso 3. Espolvoree el pescado con el Sazonador Cajún.

Paso 4. Mueva la sartén para cubrir el fondo.

Paso 5. Compruebe con un tenedor si ya está cocido el pescado.

Filetes con Salsa Verde

¼ de taza de aceite vegetal
¼ de taza de cebolla picada
1 o 2 chiles jalapeños, sin semillas y finamente picados*
1 taza de tomate verde, pelado y picado o 1 lata (225 g) de tomate verde escurrido y picado
2 dientes de ajo picados
¼ de cucharadita de comino molido
⅓ de taza más 1 cucharada de agua
⅓ de taza de cilantro picado grueso
½ cucharadita de sal
⅓ de taza de harina de trigo
⅛ de cucharadita de pimienta negra molida
1 huevo
2 cucharadas de mantequilla o margarina
675 a 900 g de filetes chicos de huachinango o filetes de lenguado sin piel
Ramas de cilantro y tomates verdes para adornar
Tiras de zanahoria (opcional)

*Los chiles pueden dar comezón o irritar la piel; cuando maneje chiles, use guantes de hule y no se toque los ojos. Lávese las manos después de trabajar con ellos.

1. En una sartén chica, caliente 2 cucharadas de aceite a fuego medio; agregue la cebolla y el chile. Fría por 4 minutos o hasta que se suavicen. Añada el tomate verde, el ajo y el comino. Cueza y revuelva por 1 minuto.

2. Incorpore ⅓ de taza de agua, el cilantro picado y ¼ de cucharadita de sal; ponga a hervir a fuego alto. Baje el fuego, tape y deje cocer por 20 minutos. Vierta en la licuadora; licue hasta que se muela. Regrese la salsa a la sartén; retire del fuego.

3. En un plato, mezcle la harina con el ¼ de cucharadita de sal restante y la pimienta. En un recipiente poco profundo, bata el huevo con la cucharada de agua restante.

4. En una sartén grande, caliente la mantequilla y las 2 cucharadas de aceite restantes a fuego medio-alto hasta que burbujee. Cubra ligeramente cada filete, por ambos lados, con la mezcla de harina; sacuda el exceso. Sumerja en la mezcla de huevo; deje escurrir el exceso. Ponga tantos filetes como quepan en la sartén en una sola capa. Cueza de 4 a 8 minutos o hasta que esté apenas dorado en el exterior y opaco en el centro; voltee una vez. Pase a un platón; consérvelo caliente. Repita el procedimiento con los filetes restantes.

5. Caliente rápidamente la salsa a fuego medio; revuelva con frecuencia. Vierta la salsa sobre y alrededor del pescado. Adorne si lo desea. Acompañe con tiras de zanahoria.

Rinde de 4 a 6 porciones

Paso 1. Cueza el tomate verde.

Paso 2. Regrese a la sartén la salsa licuada.

Paso 4. Sumerja los filetes en la mezcla de huevo.

Rollos de Lenguado

1 bolsa (190 g) de mezcla de arroz de grano largo y arroz salvaje
90 g de queso crema suavizado
2 cucharadas de leche
32 hojas medianas de espinaca fresca
4 filetes de lenguado (unos 450 g)
Sal y pimienta negra molida
½ taza de agua
¼ de taza de vino blanco seco

1. Cueza la mezcla de arroz siguiendo las instrucciones del empaque. En un recipiente ponga 2 tazas de arroz cocido. Tape y refrigere el arroz restante; utilícelo en otro platillo. En un recipiente mediano, mezcle el queso crema con la leche. Incorpore al arroz.

2. Enjuague las hojas de espinaca en agua fría. Repita varias veces con agua limpia para eliminar la tierra.

3. Ponga la espinaca en un recipiente a prueba de calor; vierta encima agua muy caliente (no hirviente); deje reposar hasta que las hojas se marchiten un poco.

4. Enjuague el lenguado y séquelo con toallas de papel. Ponga el pescado sobre una superficie de trabajo y sazone ambos lados de los filetes con sal y pimienta; después, cúbralos con las hojas de espinaca.

5. Divida el arroz en cuatro porciones y extiéndalo sobre los filetes cubiertos con espinaca.

6. Enrolle los filetes comenzando por el extremo delgado; afiáncelos con palillos de madera.

7. En una cacerola grande, mezcle el agua con el vino.

8. Ponga verticalmente los rollos en la cacerola y tape.

9. Deje cocer a fuego bajo. *(No debe hervir, porque se pueden abrir los filetes de pescado.)* Deje cocer por 10 minutos o hasta que el pescado se desmenuce con facilidad cuando lo pique con un tenedor. *Rinde 4 porciones*

Paso 5. Extienda la mezcla de arroz sobre la espinaca.

Paso 6. Enrolle los filetes.

Paso 8. Ponga los rollos verticalmente.

Salmón Escalfado con Salsa de Estragón

2 a 3 chalotes
2 cucharadas de mantequilla o
   margarina
1 diente de ajo picado
1 taza de vino blanco seco
½ taza de jugo de almeja
½ taza de crema espesa
½ cucharadita de estragón seco
   machacado
1 cucharada de perejil fresco
   picado (página 38)
2 postas de salmón de 2.5 cm de
   grosor (de unos 225 g cada
   una)
  Caldo de pescado (página 74),
   jugo de almeja o agua
  Estragón fresco para adornar

1. Desprenda la cáscara exterior de los chalotes. Con un cuchillo para chef, corte el extremo de la raíz y pique finamente suficiente chalote para obtener 3 cucharadas.

2. Para preparar la Crema de Estragón, derrita la mantequilla a fuego medio en una cacerola mediana. Agregue el chalote y el ajo; baje el fuego y deje cocer por 5 minutos o hasta que el chalote esté suave.

3. Agregue ½ taza de vino y el jugo de almeja a la cacerola. Deje cocer durante 10 minutos o hasta que la salsa se reduzca a ½ taza. Incorpore la crema espesa y deje cocer 5 minutos o hasta que la salsa se reduzca a la mitad. La salsa debe cubrir el dorso de una cuchara de metal. Coloque ½ cucharadita de estragón y el perejil; conserve caliente a fuego muy bajo.

4. Enjuague el salmón y séquelo con toallas de papel. Para escalfar el pescado, póngalo en una cacerola lo suficientemente grande para que quepan las postas. Vierta la ½ taza de vino restante y el caldo de pescado necesario para apenas cubrirlo. Ponga a cocer a fuego medio. (*No debe hervir, porque las postas podrían abrirse.*) Si es necesario, ajuste el fuego para conservar el líquido sin hervir; cueza por 10 minutos o hasta que el pescado pierda su color rosa en el centro y se desmenuce con facilidad cuando lo pique con un tenedor.

5. Con una espumadera, saque el pescado y póngalo en platos extendidos.

6. Corone el pescado con la Crema de Estragón. Adorne si lo desea.   *Rinde 2 porciones*

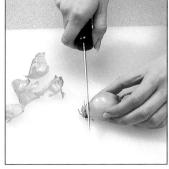

Paso 1. Desprenda la cáscara exterior de los chalotes.

Paso 3. Debe cubrir el dorso.

Paso 4. Escalfe el pescado.

Teriyaki de Salmón

2 calabacitas medianas (360 g)
2 calabazas amarillas medianas
    (360 g)
¼ de taza de salsa de soya
¼ de taza de sake
2 cucharadas de azúcar
675 g de filete de salmón con piel
    (de 3 cm de grosor)
2 cucharadas de aceite vegetal
1 cucharada de mantequilla
¼ de cucharadita de sal y de
    pimienta negra molida
1 cucharada de ajonjolí tostado
    (página 120)
    Rebanadas de limón (opcional)

1. Con un cuchillo para pelar, corte ambos extremos de las calabacitas y de las calabazas amarillas; deséchelos. Corte las verduras por la mitad a lo ancho; después, corte cada mitad a lo largo en rebanadas de 3 a 6 mm de ancho. Apile unas cuantas rebanadas y córtelas a lo largo en tiras de 3 a 6 mm de grosor. Repita esto con el resto de las rebanadas.

2. En una taza mezcle la salsa de soya, el sake y el azúcar; revuelva hasta que se disuelva el azúcar.

3. Enjuague y seque el salmón. Pase los dedos sobre la superficie del salmón cortado; retire las espinas que encuentre. Córtelo a lo ancho en 4 trozos.

4. Caliente un wok a fuego alto; ponga 1 cucharada de aceite y caliéntelo por 30 segundos. Agregue la calabacita, la calabaza amarilla y la mantequilla; sofríalas de 4 a 5 minutos hasta que estén ligeramente doradas y suaves. Sazone con sal y pimienta, y luego páselas a un platón. Espolvoree con el ajonjolí; tape y conserve caliente.

5. Vierta en el wok la cucharada de aceite restante y caliéntelo hasta que crepite. Con cuidado, ponga el pescado en el wok, con el lado de la piel hacia arriba; cuézalo por unos 4 minutos o hasta que se dore. Baje el fuego a medio-alto; voltee el pescado con 2 volteadores de hot cakes o con 2 espátulas planas. Cueza, con la piel hacia abajo, de 8 a 10 minutos o hasta que el pescado se desmenuce con facilidad cuando lo pique con un tenedor; de vez en cuando, meta un volteador debajo del pescado para evitar que se pegue en el fondo. Ponga el pescado en el platón sobre las verduras. Tape y conserve caliente.

6. Deseche la grasa del wok. Revuelva la mezcla de soya y viértala en el wok; deje hervir hasta que se reduzca a la mitad y se espese un poco. Sirva la salsa sobre el pescado y acompañe con rebanadas de limón, si lo desea.   *Rinde 4 porciones*

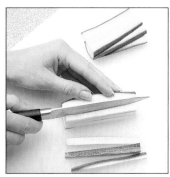
Paso 1. Corte la calabacita en tiras de 6 mm de grosor.

Paso 3. Corte el salmón en 4 trozos.

Paso 5. Voltee el pescado para que se cueza por ambos lados.

Trucha con Manzana y Avellanas Tostadas

⅓ de taza de avellanas o nueces
    enteras
5 cucharadas de mantequilla o
    margarina
1 manzana Red Delicious grande,
    sin corazón y cortada en
    16 rebanadas
2 truchas arco iris (de unos 225 g
    cada una) abiertas como
    mariposa*
    Sal y pimienta negra molida
3 cucharadas de harina de trigo
1 cucharada de jugo de limón
1 cucharada de cebollín cortado
    con tijera
    Rebanadas de limón y cebollín
    fresco para adornar

*A una trucha abierta como mariposa se le quitan la cabeza, las branquias y las vísceras; se abre horizontalmente de manera que ambos lados del pescado estén unidos por una tira de carne sin cortar sobre el vientre. Pida que le abran las truchas en el departamento de pescados y mariscos del supermercado o en la pescadería.

1. Caliente el horno a 180 °C. Para tostar la avellana, extiéndala en una sola capa sobre una charola para horno. Hornee de 8 a 10 minutos o hasta que se abra la cáscara.

2. Envuelva las avellanas en un trapo de cocina; déjelas reposar por 5 minutos para que se enfríen un poco. Con el trapo, frote las avellanas para eliminar tanta cáscara como sea posible.

3. Ponga la avellana en el procesador de alimentos; procese pulsando el botón de encendido/apagado hasta que la avellana esté picada grueso.

4. En una sartén mediana, derrita 3 cucharadas de mantequilla a fuego medio-alto. Agregue la manzana; sofríala de 4 a 5 minutos o hasta que esté suave. Con una espumadera, retire la manzana de la sartén.

5. Enjuague la trucha y séquela con toallas de papel. Abra la trucha y presiónela para que parezca una mariposa. Sazone el pescado con sal y pimienta; después, cubra con harina.

6. Ponga el pescado en la sartén; cuézalo por 4 minutos o hasta que esté dorado y se desmenuce con facilidad cuando lo pique con un tenedor; voltéelo a la mitad del tiempo de cocción. Regrese la manzana a la sartén; baje el fuego y mantenga caliente.

7. En una olla chica, derrita a fuego bajo las 2 cucharadas de mantequilla restantes. Incorpore el jugo de limón, 1 cucharada de cebollín y la avellana.

8. Rocíe el pescado y la manzana con la mezcla de avellana. Adorne si lo desea.

Rinde 2 porciones

Paso 1. Tueste las avellanas hasta que se abran las cáscaras.

Paso 2. Frote las avellanas para desprender la cáscara delgada.

Paso 3. Procese la avellana hasta que esté picada grueso.

Roughy Anaranjado Empapelado

225 g de espárragos frescos
    Papel pergamino o de aluminio
4 filetes de roughy anaranjado
    (reloj anaranjado) (unos
    675 g)
    Mantequilla
1 pimiento morrón amarillo
    cortado en 16 tiras delgadas
1 pimiento morrón rojo cortado en
    16 tiras delgadas
1 zanahoria mediana cortada en
    tiras delgadas (página 41)
¼ de taza de vino blanco seco
3 cucharadas de mostaza Dijon
2 cucharadas de jugo de limón
1 cucharadita de mejorana seca
    machacada
¼ de cucharadita de pimienta
    negra molida

1. Con un pelador de verduras, pele los extremos dañados de los espárragos. Para cocer al vapor los espárragos, ponga a hervir 5 cm de agua en una olla grande a fuego alto. Meta los espárragos en una canasta de metal para cocer al vapor y colóquela en la olla. (El agua no debe tocar el fondo de la canasta.) Tape la olla; cueza al vapor de 2 a 3 minutos o hasta que los espárragos tomen un color verde brillante. Retire la canasta de la olla y enjuague los espárragos con agua fría hasta que estén fríos. Corte los espárragos diagonalmente en trozos de 5 cm de largo.

2. Caliente el horno a 190 °C. Corte el papel pergamino en 4 cuadros de 30 cm. Doble cada cuadro diagonalmente por la mitad y corte en forma de medio corazón.

3. Enjuague el pescado y séquelo con toallas de papel.

4. Unte un lado del papel con un poco de mantequilla. Ponga 1 filete en un lado de cada corazón.

5. Divida los espárragos sobre el pescado. Ponga encima 4 tiras de pimiento morrón amarillo y 4 de morrón rojo; después distribuya las tiras de zanahoria.

6. En un recipiente chico, mezcle el vino, la mostaza, el jugo de limón, la mejorana y la pimienta negra. Divida la mezcla de vino entre los filetes.

7. Doble los corazones por la mitad. Comenzando por la parte superior del corazón, doble las orillas, 5 cm a la vez, enrollándolas. Doble hacia arriba la punta del corazón.

8. Ponga los envoltorios sobre una charola grande para hornear. Hornee de 20 a 25 minutos o hasta que el pescado se desmenuce con facilidad cuando lo pique con un tenedor. Para servir, ponga los envoltorios sobre platos extendidos y corte una "X" en la parte superior, doble las puntas hacia atrás para mostrar el contenido. *Rinde 4 porciones*

Paso 1. Cueza los espárragos.

Paso 4. Ponga el pescado en un lado del corazón de pergamino.

Paso 7. Doble las orillas del corazón, enrollándolas.

Bagre Enharinado con Bolitas de Pasta

Masa para Bolitas de Pasta (receta más adelante)
4 filetes de bagre (más o menos 675 g)
½ taza de harina de maíz
3 cucharadas de harina de trigo
1½ cucharaditas de sal
¼ de cucharadita de pimienta roja molida
Aceite vegetal para freír
Ramas de perejil fresco para adornar

1. Prepare la Masa para las Bolitas de Pasta.

2. Enjuague el bagre y séquelo con toallas de papel.

3. En un recipiente poco profundo, revuelva la harina de maíz, la harina de trigo, la sal y la pimienta roja. Enharine el pescado con esta mezcla.

4. En una sartén grande, vierta 2.5 cm de aceite; caliéntelo a fuego medio hasta que, al sumergir un cubo de pan fresco, se dore en 45 segundos (unos 185 °C). Deseche el cubo de pan.

5. Fría el pescado, unos cuantos filetes a la vez, de 4 a 5 minutos o hasta que se doren y se desmenucen con facilidad con un tenedor. Ajuste el fuego para conservar la temperatura. (Entre cada tanda, deje que la temperatura del aceite regrese a 180 °C.) Escurra el pescado sobre toallas de papel.

6. Vierta cucharadas de la masa en el aceite caliente. Fría unas cuantas bolitas a la vez por 2 minutos o hasta que se doren. Acompañe el bagre con las bolitas. Adorne si lo desea. *Rinde 4 porciones*

Bolitas de Pasta

1½ tazas de harina de maíz
½ taza de harina de trigo
2 cucharaditas de polvo para hornear
½ cucharadita de sal
1 huevo
1 taza de leche
1 cebolla chica picada

1. En un recipiente mediano, revuelva la harina de maíz, la harina de trigo, el polvo para hornear y la sal. Agregue el huevo, la leche y la cebolla; mezcle hasta que se incorporen. Deje reposar la masa de 5 a 10 minutos antes de freír las bolitas.
Rinde unas 24 Bolitas de Pasta

Paso 3. Enharine el pescado.

Paso 4. Dore un cubo de pan.

Paso 5. Fría el pescado.

Pez Espada Asado a la Naranja

1 naranja
¾ de taza de jugo de naranja
1 cucharada de jugo de limón
1 cucharada de aceite de ajonjolí
1 cucharada de salsa de soya
4 postas de pez espada, hipogloso o tiburón (unos 675 g), enjuagadas y secas
1 cucharadita de fécula de maíz
Sal y pimienta negra molida al gusto

1. Para rallar la cáscara de naranja, enjuague la naranja en el chorro de agua fría; después, séquela. Ralle la cáscara de naranja con la parte más fina de un rallador; tenga cuidado de rallar sólo la parte exterior de la cáscara y no la parte de la membrana blanca, porque es amarga. Ralle suficiente cáscara hasta obtener 1 cucharadita.

2. Para cortar la naranja, con un cuchillo de uso práctico corte una rebanada de la parte superior y otra de la parte inferior; asiente plana la naranja sobre una tabla para picar. Comenzando por la parte superior, y siempre hacia abajo, corte tiras anchas de cáscara y de membrana blanca; siga la curvatura de la naranja. Repita el procedimiento hasta que pele toda la naranja.

3. Haga cortes en forma de "V" hasta el centro de la naranja, justo dentro de la membrana, para sacar los segmentos de naranja. Deseche la membrana de la naranja.

4. En un recipiente chico, mezcle el jugo de naranja, el jugo de limón, el aceite y la salsa de soya. Vierta la mitad de la mezcla de jugo de naranja en un recipiente de vidrio, poco profundo. Agregue ½ cucharadita de la ralladura de cáscara de naranja. Bañe el pescado con la mezcla; tápelo y marínelo en el refrigerador durante 1 hora por lo menos.

5. Vierta el resto de la mezcla de jugo de naranja en una olla chica. Incorpore la fécula de maíz y la ½ cucharadita de cáscara de naranja restante. Caliente a fuego medio-alto, revolviendo sin cesar, de 3 a 5 minutos o hasta que se espese la salsa.

6. Retire el pescado de la marinada; deséchela. Sazone el pescado con un poco de sal y pimienta al gusto. Ase de 3 a 4 minutos por lado o hasta que el pescado esté opaco y se desmenuce con facilidad cuando lo pique con un tenedor. Corone con los gajos de naranja y la salsa de naranja. Sirva de inmediato. *Rinde 4 porciones*

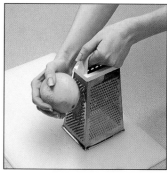
Paso 1. Ralle la naranja.

Paso 2. Corte la cáscara y la membrana de la naranja.

Paso 3. Haga cortes en forma de "V".

Camarón en Salsa Picante

450 g de camarón grande (más o menos 23 camarones)
1 cucharada de vino de arroz o jerez seco
4 dientes de ajo picados (página 116)
1 cucharadita de pimentón
¼ de cucharadita de pimienta roja molida
1 o 2 chiles jalapeños*
2 cucharadas de agua
2 cucharadas de salsa catsup
1 cucharadita de fécula de maíz
½ cucharadita de azúcar
¼ de cucharadita de sal
2 cucharadas de aceite vegetal
Flores comestibles, como violetas, y calabacitas cortadas en forma de hojas para adornar

*Los chiles pueden dar comezón e irritar la piel; cuando maneje chiles, use guantes de hule y no se toque los ojos. Lávese las manos después de trabajar con ellos.

1. Para pelar el camarón, desprenda las patas jalándolas con suavidad. Con los dedos, afloje el caparazón del cuerpo y retírelo; deje adherido el último segmento de la cola.

2. Para quitar la vena del camarón, con un cuchillo para pelar haga un corte superficial a lo largo del dorso del camarón. Saque y deseche la vena. (Es más fácil hacerlo debajo del chorro de agua fría.) Enjuague el camarón y séquelo con toallas de papel.

3. En un recipiente mediano, ponga el camarón, el vino de arroz, el ajo, el pimentón y la pimienta roja; revuelva bien. Tape y refrigere de 1 a 4 horas para que se marine.

4. Enjuague los chiles; séquelos con toallas de papel. Con un cuchillo de uso práctico, corte los chiles por la mitad a lo largo. Desprenda los tallos, las semillas y las venas, y deséchelos. Corte las mitades a lo ancho en rebanadas de 3 mm de grosor.

5. En un recipiente chico, mezcle el agua, la salsa catsup, la fécula de maíz, el azúcar y la sal; revuelva bien.

6. Caliente un wok a fuego alto por 1 minuto. Vierta el aceite y caliéntelo por 30 segundos. Agregue el camarón y los chiles; sofríalos durante unos 3 minutos o hasta que el camarón se torne rosa y opaco.

7. Revuelva la mezcla de fécula de maíz y viértala en el wok. Cueza y revuelva por 2 minutos o hasta que la salsa cubra al camarón y se espese. Pase el camarón a un platón o a platos extendidos. Adorne si lo desea. Sirva de inmediato.

Rinde 4 porciones

Paso 1. Desprenda el caparazón del camarón.

Paso 2. Desvene el camarón.

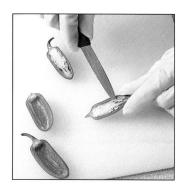

Paso 4. Quite las semillas de los chiles.

Camarón sobre Tallarines Supremo

90 g de queso crema
675 g de camarón mediano
1 bolsa (225 g) de tallarín de espinaca
½ taza de mantequilla
Sal y pimienta negra molida al gusto
1 lata (300 ml) de crema condensada de champiñón
1 taza de crema agria
½ taza de leche y crema a partes iguales
½ taza de mayonesa
1 cucharada de cebollín picado
1 cucharada de perejil picado (página 38)
½ cucharadita de mostaza Dijon
¾ de taza (90 g) de queso cheddar rallado
Rebanadas de limón y ramas de pimentón para adornar

1. Abra la envoltura del queso crema y póngalo sobre una tabla para picar. Con un cuchillo de uso práctico, corte el queso a lo largo en rebanadas de 1.5 cm de grosor. Después, corte a lo ancho en pedazos de 1.5 cm. Deje reposar a temperatura ambiente hasta que se suavice.

2. Para pelar el camarón, desprenda las patas jalándolas con suavidad. Con los dedos, afloje el caparazón y retírelo.

3. Para quitar la vena del camarón, con un cuchillo para pelar haga un corte superficial a lo largo del dorso del camarón. Saque y deseche la vena. (Es más fácil hacerlo debajo del chorro de agua fría.) Si lo desea, puede omitir este paso.

4. Cueza la pasta siguiendo las instrucciones de la envoltura. Escúrrala en un colador.

5. Caliente el horno a 160 °C. Engrase un refractario de vidrio de 33×23 cm.

6. En un recipiente mediano, mezcle el queso crema con los tallarines. Extienda la mezcla en el refractario.

7. En una sartén grande, caliente la mantequilla a fuego medio-alto. Cueza el camarón durante 5 minutos o hasta que se torne rosa y opaco. Sazone con sal y pimienta al gusto. Ponga el camarón sobre el tallarín.

8. En otro recipiente mediano, mezcle la crema con la crema agria, la leche con crema, la mayonesa, el cebollín, el perejil y la mostaza. Vierta sobre el camarón y encima espolvoree el queso cheddar.

9. Hornee durante 25 minutos o hasta que esté caliente y se funda el queso. Adorne si lo desea.

Rinde 6 porciones

Paso 1. Corte el queso crema en trozos de 1.5 cm.

Paso 2. Retire el camarón del caparazón.

Paso 3. Desvene el camarón.

Camarón Relleno de Cangrejo

Salsa

    2 cucharadas de aceite vegetal
    1 cebolla amarilla chica finamente picada
    1 cucharadita de curry en polvo
  1½ cucharaditas de jerez seco
    1 cucharada de salsa satay
    2 cucharaditas de salsa de soya
    1 cucharadita de azúcar
    ¼ de taza de crema o leche

Camarón

    2 claras de huevo ligeramente batidas
    4 cucharaditas de fécula de maíz
    1 cucharada de jerez seco
    1 cucharada de salsa de soya
 180 g de carne de cangrejo, escurrida y desmenuzada
    8 cebollines enteros finamente picados
    2 tallos de apio finamente picados
 675 g de camarón grande, pelado y desvenado (página 30); deje intactas las colas
    ½ taza de harina de trigo
    3 huevos
    3 cucharadas de leche
    2 a 3 tazas de pan molido (de 8 a 10 rebanadas de pan)
    Aceite vegetal para freír

1. En una olla chica, caliente 2 cucharadas de aceite a fuego medio. Agregue la cebolla; fríala hasta que esté suave, durante unos 3 minutos. Añada el polvo de curry y fría por 1 minuto. Ponga 1½ cucharadas de jerez, la salsa satay, 2 cucharaditas de salsa de soya y el azúcar; cueza y revuelva por 2 minutos. Incorpore la crema; deje hervir. Cueza por 2 minutos; revuelva de vez en cuando. Conserve caliente.

2. En un recipiente mediano, mezcle las claras de huevo, la fécula de maíz, 1 cucharada de jerez y 1 cucharada de salsa de soya. Coloque la carne de cangrejo, el cebollín y el apio; revuelva bien.

3. Haga un corte profundo, pero sin atravesar el dorso de los camarones.

4. Aplane un poco los camarones con un mazo para carne o con un rodillo. Rellénelos con la mezcla de cangrejo.

5. Cubra los camarones con un poco de harina.

6. En un recipiente poco profundo, ponga los huevos y la leche; bata con un tenedor. Meta los camarones, con el relleno hacia arriba, y báñelos con cucharadas de la mezcla para cubrirlos completamente.

7. Cubra los camarones con pan molido; compáctelos un poco para que se adhiera bien el pan. Ponga los camarones en una sola capa sobre charolas para hornear o en platones. Refrigérelos por 30 minutos.

8. En un wok o en una sartén grande, caliente el aceite a fuego alto hasta que alcance 190 °C. Meta cuatro o cinco camarones a la vez; cueza hasta que estén dorados, durante unos 3 minutos. Escúrralos sobre toallas de papel. Acompáñelos con la salsa.

Rinde 4 porciones

Paso 3. Corte el camarón.

Paso 4. Rellene los camarones.

Camarones Estofados con Verdura

1 cucharadita de fécula de maíz
½ taza de consomé de pollo
1 cucharadita de salsa de ostión
½ cucharadita de jengibre fresco
    picado (página 130)
¼ de cucharadita de azúcar
⅛ de cucharadita de pimienta
    negra molida
225 g de brócoli fresco
450 g de camarón grande
1 cucharada de aceite vegetal
2 latas (de 120 g cada una) de
    champiñón botón entero,
    escurrido
225 g de bambú en rebanadas

1. En un recipiente chico, mezcle la fécula de maíz con el consomé, la salsa de ostión, el jengibre, el azúcar y la pimienta; revuelva bien.

2. Recorte los tallos dañados del brócoli y deséchelos.

3. Pique grueso el brócoli y los tallos restantes.

4. Desprenda los caparazones del camarón. Para quitar la vena del camarón, con un cuchillo para pelar haga un corte poco profundo a lo largo del dorso del camarón. Desprenda y deseche la vena. (Es más fácil desprenderla debajo del chorro de agua fría.)

5. En un wok o en una sartén grande, caliente el aceite a fuego alto; agregue el camarón; sofríalo hasta que se torne rosa, durante unos 3 minutos.

6. Ponga el brócoli en el wok; sofríalo por 1 minuto. Añada el champiñón y el bambú; sofríalos por 1 minuto.

7. Revuelva la mezcla de fécula de maíz y viértala en el wok. Cueza y revuelva hasta que la salsa hierva y se espese, durante unos 2 minutos.

Rinde 4 porciones

Paso 2. Recorte los tallos del brócoli.

Paso 4. Desvene el camarón.

Paso 5. Sofría el camarón.

Paella de Mariscos

450 g de calamar chico
225 g de camarón mediano
16 mejillones
1 taza más 2 cucharaditas de sal
½ taza de aceite de oliva
2 pimientos morrones verdes
   picados (página 75)
1 cebolla mediana picada
   (página 68)
8 dientes de ajo picados
2 tazas de arroz de grano corto o
   arroz de grano largo, sin cocer
1 cucharadita de cúrcuma molido
1 cucharadita de pimentón
1 hoja de laurel
6 a 7 tazas de caldo de pescado
   caliente (página 74)
½ taza de vino blanco seco
450 g de tomate rojo, picado
450 g de bacalao, pescado monje u
   otro pescado de carne blanca y
   firme, enjuagado, seco y
   cortado en pedazos de 2.5 cm
225 g de vieiras
1 taza de chícharos (guisantes)
   frescos o congelados
¼ de taza de perejil picado
   (página 38)
1 frasco (60 g) de rajas de
   pimiento escurridas

1. Para limpiar cada calamar, con una mano sostenga firmemente el cuerpo, y con la otra, la cabeza; jale la cabeza retorciéndola suavemente de lado a lado. (La cabeza y el contenido del manto se deben desprender en 1 pieza.) Deje a un lado el saco tubular del manto. Corte los tentáculos de la cabeza; déjelos a un lado. Deseche la cabeza y el contenido del manto.

2. Sujete la punta delgada del cartílago claro que sale del manto; despréndala y deséchela. Enjuague el calamar debajo del chorro de agua fría. Desprenda y deseche la membrana exterior moteada que cubre el manto y las aletas. Desprenda las aletas laterales; deje a un lado. Enjuague muy bien el interior del calamar debajo del chorro de agua fría. Repita el procedimiento con los otros calamares.

3. Corte el manto a lo ancho en anillos de .5 cm de ancho; pique finamente los tentáculos y las aletas. (Los anillos, las aletas y los tentáculos son las partes comestibles.) Seque los trozos con toallas de papel.

4. Para pelar el camarón, desprenda las patas jalándolas con suavidad. Afloje el caparazón con los dedos; después, saque el camarón.

5. Para quitar la vena del camarón, con un cuchillo para pelar haga un corte superficial a lo largo del dorso del camarón. Desprenda y deseche la vena. (Es más fácil desprenderla debajo del chorro de agua fría.) Si lo desea, puede omitir este paso.

continúa en la página 232

Paso 1. Desprenda la cabeza del calamar.

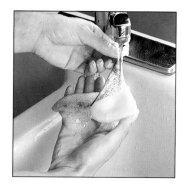

Paso 2. Desprenda y deseche la membrana exterior del calamar.

Paso 3. Corte el calamar en anillos.

Paella de Mariscos, *continuación*

6. Deseche los mejillones que no se cierren cuando los toque con los dedos. Para limpiar los mejillones, frótelos con un cepillo duro debajo del chorro del agua fría. Para quitar las barbas, jale con los dedos los filamentos de las conchas. Remoje los mejillones en una mezcla de ⅓ de taza de sal por 3.475 litros de agua durante 20 minutos; deseche el agua. Repita 2 veces más el procedimiento.

7. Caliente el horno a 190 °C.

8. En una sartén para paella de 35 a 38 cm de diámetro o en una sartén grande de 35 cm de diámetro, caliente el aceite a fuego medio-alto. Agregue los pimientos, la cebolla y el ajo; fríalos de 5 a 8 minutos o hasta que las verduras estén suaves. Incorpore el arroz, las 2 cucharaditas de sal restantes, la cúrcuma, el pimentón y la hoja de laurel. Baje el fuego a medio y añada 5 tazas de caldo de pescado, el vino y el tomate rojo. Deje cocer de 15 a 20 minutos; vierta más caldo según sea necesario, hasta que el arroz esté casi suave; revuelva con frecuencia.

9. Incorpore el calamar, el camarón, el bacalao, las vieiras, los chícharos y el perejil.

10. Adorne la parte superior de la paella con el pimiento y los mejillones. Meta la paella al horno y hornee por 15 minutos o hasta que el marisco y el pescado estén opacos y el líquido se haya absorbido. Retire la hoja de laurel y deséchela. Sirva de inmediato o deje enfriar hasta que esté tibia.*   *Rinde 8 porciones*

*La temperatura correcta para servir la paella española es cuando esté tibia.

Paso 6. Desprenda las barbas de los mejillones.

Paso 9. Revuelva la paella.

Espagueti a la Marinera

8 ostiones frescos
450 g de camarón mediano
225 g de vieiras
6 filetes de anchoa planos,
    enlatados en aceite
2 cucharadas de aceite de oliva
⅓ de taza de cebolla picada
1 diente de ajo picado
½ taza de vino blanco seco
300 g de espagueti seco sin cocer
5 tomates rojos grandes maduros,
    sin semillas y picados
1 cucharada de puré de tomate
    rojo
¾ de cucharadita de albahaca seca
    machacada
¾ de cucharadita de sal
½ cucharadita de orégano seco
    machacado
⅛ de cucharadita de pimienta
    negra molida
3 cucharadas de perejil fresco
    picado
Hojas de albahaca para adornar

1. Lave muy bien los ostiones con un cepillo duro debajo del chorro de agua fría. Póngalos en una charola y refrigérelos por 1 hora para que se suavicen.

2. Para abrir los ostiones, con una mano sostenga un cuchillo para ostión, y con la otra, una toalla gruesa o guante. Sujete con la toalla la concha sobre la palma de la mano. Con el cuchillo conserve nivelado el ostión; inserte la punta del cuchillo entre las valvas, cerca de la charnela; gire el cuchillo apalancándolo con la concha hasta que escuche un crujido. (Utilice el cuchillo como palanca; no lo fuerce.)

3. Gire la concha para abrirla; para conservar el licor, conserve nivelado el ostión todo el tiempo. Corte el músculo de la concha y deseche la valva superior. Vierta el ostión en un colador sobre un recipiente; deseche la valva inferior de la concha. Refrigere los ostiones.

4. Vierta el licor del ostión, a través de una manta de cielo húmeda con tres dobleces, en un recipiente pequeño.

5. Desprenda el caparazón de los camarones debajo del chorro de agua fría. Para quitarles la vena, haga un corte superficial en el dorso del camarón; desprenda y deseche la vena (técnicas en la página 30). Si lo desea, puede omitir este paso.

continúa en la página 234

Paso 2. Para abrir la concha, gire el cuchillo apalancándolo.

Paso 3. Corte el músculo de la concha.

Paso 4. Cuele el licor del ostión a través de manta de cielo.

Espagueti a la Marinera, *continuación*

6. Corte las vieiras en trozos de 1.5 cm; escurra y pique las anchoas. Meta los mariscos al refrigerador.

7. En una cacerola de 3 litros, caliente el aceite a fuego medio-alto; fría ahí la cebolla por 4 minutos o hasta que esté suave. Agregue el ajo y fríalo durante 30 segundos. Vierta el vino; cueza de 4 a 5 minutos hasta que el vino se haya evaporado. Retire del fuego; tape y deje a un lado.

8. En una olla con agua hirviente con sal, cueza el espagueti de 8 a 10 minutos, justo hasta que esté al dente; escurra bien.

9. Incorpore a la cacerola el licor de ostión y las anchoas; agregue el tomate rojo, el puré de tomate, la albahaca, la sal, el orégano y la pimienta. Revuelva bien.

10. Ponga a hervir a fuego alto; baje el fuego a medio. Cueza, sin tapar, por 20 minutos o hasta que la salsa se espese; revuelva de vez en cuando.

11. Añada el camarón, las vieiras y los ostiones.

12. Tape y cueza de 2 a 3 minutos hasta que el camarón se torne opaco y esté bien cocido; revuelva de vez en cuando. Ponga el perejil.

13. En un platón grande, mezcle el espagueti caliente con los mariscos; revuelva hasta que esté bien bañado. Adorne si lo desea. Sirva de inmediato.   *Rinde de 4 a 5 porciones*

Paso 6. Pique las anchoas.

Paso 10. Cueza la salsa hasta que se espese.

Paso 11. Incorpore el camarón, la vieira y el ostión a la salsa.

Vieiras con Verduras

30 g de champiñones secos
   Agua
4 **cucharaditas de fécula de maíz**
2½ **cucharadas de jerez seco**
4 **cucharaditas de salsa de soya**
2 **cucharaditas de consomé
   granulado instantáneo de pollo**
225 **g de ejotes frescos (judías verdes)**
450 **g de vieiras frescas o congeladas**
2 **cucharadas de aceite vegetal**
2 **cebollas amarillas cortadas en
   8 rebanadas separadas**
3 **tallos de apio, cortados
   diagonalmente en trozos de
   1.5 cm**
2 **cucharaditas de jengibre fresco
   picado (página 130)**
1 **diente de ajo picado (página 116)**
6 **cebollines enteros cortados
   diagonalmente en rebanadas
   delgadas (página 116)**
1 **lata (435 g) de elote miniatura
   escurrido**

1. Ponga los champiñones en un recipiente. Agregue suficiente agua para cubrirlos; deje reposar por 30 minutos. Escurra; sacuda toda el agua que sea posible de los champiñones. Corte y deseche los tallos; corte los sombreretes en rebanadas delgadas.

2. En un recipiente chico, mezcle la fécula de maíz y 1 taza de agua adicional; incorpore el jerez, la salsa de soya y el consomé granulado.

3. Corte y deseche los extremos de los ejotes; córtelos diagonalmente en trozos de 2.5 cm.

4. Corte las vieiras en cuartos.

5. En un wok o en una sartén grande, caliente el aceite a fuego alto; agregue los ejotes, la cebolla, el apio, el jengibre y el ajo; sofría por 3 minutos.

6. Revuelva la mezcla de fécula de maíz y viértala en el wok. Cueza y revuelva hasta que la salsa hierva y se espese.

7. Añada el champiñón, la vieira, el cebollín y el elote miniatura.

8. Cueza y revuelva hasta que la vieira se torne opaca, durante unos 4 minutos. Adorne a su gusto.

Rinde de 4 a 6 porciones

Paso 3. Corte los ejotes.

Paso 4. Corte en cuatro las vieiras.

Paso 7. Agregue el elote al wok.

Cangrejo Cocido al Vapor Acompañado con Elote

500 ml de agua o cerveza
500 ml de vinagre de sidra o vinagre blanco
2 docenas de cangrejos vivos
225 g de sazonador para mariscos
4 elotes frescos cocidos

1. En una olla de 35 litros, ponga el agua y el vinagre. En el fondo de la olla, ponga una rejilla, y encima de ésta, 1 capa de cangrejos. Combine el sazonador de mariscos con la sal y espolvoree la mitad de la mezcla sobre los cangrejos.

2. Repita con el resto de los cangrejos y espolvoréelos con el resto del sazonador.

3. Tape la olla y ponga a fuego alto hasta que comience a salir vapor. Cueza al vapor durante unos 25 minutos o hasta que los cangrejos se tornen rojos y la carne esté blanca. Saque los cangrejos con unas pinzas y acomódelos en un platón.

4. Ponga en la mesa un mantel de papel desechable.

5. Para abrir los cangrejos, póngalos sobre el dorso. Con el dedo pulgar o con la punta de un cuchillo, apalanque y desprenda la "placa" (la "lengüeta para jalar" que está en el centro del caparazón) y deséchela.

6. Desprenda la parte superior del caparazón y deséchela.

7. Quite las pinzas dentadas y déjelas a un lado. Con la orilla del cuchillo, raspe las 3 áreas de los pulmones y los desechos que están sobre las membranas duras semitransparentes que cubren la carne comestible; deséchelas.

8. Sostenga el cangrejo por ambos lados; rómpalo por el centro. Deseche las patas. Retire la membrana con el cuchillo; deje expuestos pedazos grandes de carne; retire con los dedos o con un cuchillo.

9. Con un mazo o con un cuchillo, rompa las pinzas y saque la carne.

10. Sirva con los elotes. *Rinde 4 porciones*

Paso 5. Desprenda la "placa".

Paso 7. Remueva los pulmones.

Paso 8. Abra el cangrejo.

Tortitas de Cangrejo

450 g de carne de cangrejo
½ taza de pan molido
1 cucharada de cebolla picada
1 cucharada de pimiento morrón
verde o rojo finamente picado
1 cucharada de perejil fresco
picado (página 38)
¼ de taza de mayonesa
1 huevo
2 cucharaditas de vino blanco
Salsa inglesa
2 cucharaditas de jugo de limón
1 cucharadita de mostaza
preparada
½ cucharadita de sal
¼ de cucharadita de pimienta
blanca molida
Aceite vegetal para freír
(opcional)
Salsa tártara

Sugerencias para Servir: Sirva las tortitas de cangrejo grandes en un plato o prepare emparedados con bollos redondos. Sirva las tortitas chicas en un plato con palillos, como entremés. Acompañe con salsa tártara.

1. Para eliminar el cartílago y el caparazón de la carne de cangrejo, limpie con suavidad entre los dedos una cucharadita de carne a la vez. Con cuidado, revise los pedazos chicos. El caparazón puede ser blanco o naranja, y el cartílago, blanco lechoso y delgado. Deseche el cartílago y el caparazón. Desmenuce la carne con un tenedor.

2. En un recipiente mediano, ponga la carne de cangrejo; agregue el pan molido, la cebolla, el pimiento morrón y el perejil.

3. En un recipiente chico, mezcle el resto de los ingredientes, excepto el aceite y la salsa tártara; revuelva bien. Vierta la mezcla de mayonesa sobre la de cangrejo. Mezcle con suavidad de manera que los grumos grandes no se desbaraten. Con la mezcla haga 6 tortas grandes (de 1.5 cm de grosor) o 36 tortitas del tamaño de un bocado.

Paso 1. Retire el cartílago y el caparazón de la carne de cangrejo.

Freír: Voltee las tortitas de cangrejo.

Para Freír las Tortitas:

En una sartén grande, vierta suficiente aceite para cubrir el fondo. Caliente el aceite a fuego medio-alto; fría las tortitas de cangrejo grandes por 10 minutos, y las chicas, por 6 minutos, o hasta que estén un poco doradas en la base; voltéelas a la mitad del tiempo de cocción.

Para Asar las Tortitas:

Caliente el asador eléctrico. Ponga las tortitas de cangrejo en el asador. Ase de 10 a 15 cm debajo de la fuente de calor; las tortitas grandes por 10 minutos, y las chicas, por 6 minutos, o hasta que estén un poco doradas en la superficie; voltéelas a la mitad del tiempo de cocción. *Rinde 6 porciones*

Langosta Entera Hervida con Salsa de Mantequilla

8 cucharadas de mantequilla
2 cucharadas de perejil fresco
**   picado (página 38)**
1 cucharada de vinagre de sidra
1 cucharada de alcaparras
2 langostas vivas*

*Compre las langostas vivas lo más cercano al momento en que las vaya a preparar. Guárdelas en el refrigerador.

1. Llene una olla de 8 litros con suficiente agua para cubrir las langostas. Tape la olla; ponga a hervir a fuego alto.

2. Mientras tanto, para preparar la Salsa de Mantequilla, derrita la mantequilla en una cacerola mediana a fuego medio. Cueza y revuelva la mantequilla hasta que se ponga oscura como chocolate. Retire del fuego y agregue el perejil, el vinagre y las alcaparras. Vierta en 2 tazones individuales.

3. Sostenga la langosta por la parte posterior y sumerja la cabeza en el agua hirviente; repita esto con la segunda langosta. Tape y siga calentando; cuando el agua vuelva a hervir, deje que la langosta se cueza de 10 a 18 minutos, según su tamaño:

450 g, 10 minutos
560 g, 12 minutos
675 g, 15 minutos
900 g, 18 minutos

4. Ponga las langostas en platones grandes. Retire las ligas que sostenían las tenazas. Para sacar la carne de las tenazas, primero despréndalas del cuerpo. Desprenda la parte del "pulgar" de la tenaza.

5. Después, con un cascanueces de metal, abra con cuidado las tenazas para no dañar la carne. Suavemente, retire la carne de la tenaza con un tenedor para mariscos.

6. Con cuidado, abra las patas con el cascanueces. Saque la carne.

7. Para sacar la carne de la cola, ponga la cola de la langosta con la parte inferior hacia arriba. Con unas tijeras de cocina, corte a través de la parte inferior del caparazón. Jale y desprenda el caparazón; deslice el dedo índice entre la carne y el caparazón para aflojar la carne; con suavidad, desprenda la carne del caparazón.

8. Sirva la langosta con la Salsa de Mantequilla.

Rinde 2 porciones

Paso 4. Desprenda la parte del "pulgar" de la tenaza.

Paso 5. Saque la carne.

Paso 7. Saque la carne de la cola.

Verduras y Guarniciones

Ejotes con Apio a la Francesa

½ **cucharadita de aceite vegetal**
2 **cucharadas de semillas de girasol peladas**
340 **g de ejotes (judías verdes) frescos**
2 **tallos de apio**
Agua
2 **cucharadas de mantequilla derretida**
Hojas de apio y rebanadas de zanahoria para adornar

1. Para tostar las semillas de girasol, caliente el aceite a fuego medio en una sartén chica. Agregue las semillas de girasol; sofríalas por 3 minutos o hasta que estén un poco doradas; sacuda la sartén sin cesar. Con una espumadera, páselas a toallas de papel.

2. Ponga los ejotes en un escurridor y enjuáguelos bien. Para prepararlos, desprenda los extremos de los ejotes y las hebras, si las hay. (Los ejotes tiernos y suaves no tienen hebras.)

3. Sobre una tabla para picar y con un cuchillo para chef, rebane los ejotes a lo largo.

4. Para preparar el apio, sobre una tabla para picar y con un cuchillo para chef, recorte los extremos del tallo y las hojas; conserve las hojas para adornar, si lo desea. Corte diagonalmente los tallos en rebanadas delgadas.

5. En una cacerola mediana, ponga a hervir 2.5 cm de agua a fuego alto. Agregue los ejotes y el apio. Tape; baje el fuego a medio-bajo y deje cocer por 8 minutos o hasta que los ejotes estén suaves; escúrralos.

6. Rocíe los ejotes y el apio con la mantequilla. Pase a un platón caliente y espolvoree encima las semillas de girasol. Adorne si lo desea. Sirva de inmediato. *Rinde 6 porciones*

Paso 2. Corte los extremos de los ejotes.

Paso 3. Rebánelos a lo largo.

Paso 4. Rebane el apio en diagonal.

Ejotes y Champiñones Shiitake

10 a 12 champiñones shiitake secos
  (unos 30 g)
2 cebollines
¾ de taza de agua
3 cucharadas de salsa de ostión
1 cucharada de fécula de maíz
4 dientes de ajo picados
  (página 116)
⅛ de cucharadita de hojuelas de
  pimienta roja
1 cucharada de aceite vegetal
340 a 450 g de ejotes (judías verdes)
  frescos; recorte los extremos
⅓ de taza de albahaca o cilantro
  picado
⅓ de taza de cacahuates (maníes)
  asados (opcional)

1. Ponga los champiñones en un recipiente y cúbralos con agua caliente. Déjelos reposar por 30 minutos o hasta que los sombreretes estén suaves.

2. Escurra los champiñones; sacuda el exceso de agua. Retire y deseche los tallos. Rebane los sombreretes en tiras delgadas.

3. Con un cuchillo para pelar, corte las raíces de los cebollines y deséchelas. Corte los cebollines diagonalmente en rebanadas delgadas (técnica en la página 116).

4. En un recipiente chico, mezcle ¼ de taza de agua, la salsa de ostión, la fécula de maíz, el ajo y las hojuelas de pimienta; revuelva bien.

5. Caliente una sartén mediana o un wok a fuego medio-alto. Vierta el aceite y mueva la sartén para cubrir la base. Agregue el champiñón, el ejote y la ½ taza de agua restante; cueza y revuelva hasta que hierva el agua.

6. Baje el fuego a medio-bajo; tape y cueza de 8 a 10 minutos o hasta que los ejotes estén suaves; revuelva de vez en cuando.

7. Desprenda y deseche los tallos de albahaca. Enjuague las hojas; séquelas con toallas de papel. En una tabla para picar, apile algunas hojas (las más grandes abajo) y después enróllelas. Rebane el rollo en rebanadas de .5 mm de grosor; separe las tiras. Repita el procedimiento con el resto de la albahaca.

8. Revuelva la mezcla de fécula de maíz; agregue al wok. Cueza y revuelva hasta que la salsa espese y los ejotes queden bañados. (Si el agua de cocción se ha evaporado, agregue suficiente agua para que la salsa quede espesa.)

9. Incorpore el cebollín, la albahaca y el cacahuate, si lo desea; revuelva bien. Pase a un platón. Adorne a su gusto. *Rinde de 4 a 6 porciones*

Paso 2. Rebane los sombreretes en tiras delgadas.

Paso 7. Rebane la albahaca en tiras de .5 mm de grosor.

Paso 8. Cueza y revuelva la salsa hasta que espese.

Coliflor con Papa y Masala

Garam Masala*
- **Vainas de cardamomo**
- **2 cucharaditas de comino**
- **2 cucharaditas de granos enteros de pimienta negra**
- **1½ cucharaditas de semilla de cilantro**
- **1 cucharadita de hinojo**
- **¾ de cucharadita de clavo entero**
- **1 rama de canela partida**
- **1 coliflor (de unos 560 g)**
- **225 g de papas (patatas) roja mediana**
- **2 cucharadas de aceite vegetal**
- **1 cucharadita de ajo picado (página 116)**
- **1 cucharadita de jengibre picado (página 130)**
- **1 cucharadita de sal**
- **1 cucharadita de comino**
- **1 cucharadita de cilantro molido**
- **1½ tazas de tomate rojo fresco picado**
- **2 cucharadas de cilantro picado**

*Lo puede comprar en tiendas de especialidades gastronómicas o hindúes.

1. Para preparar el Garam Masala, saque las semillas de las vainas de cardamomo hasta tener ½ cucharadita; deseche las vainas.

2. Caliente el horno a 120 °C. En una charola para pizza, mezcle 2 cucharaditas de comino, los granos de pimienta, el cilantro, el hinojo, el clavo, el cardamomo y la canela; hornee por 30 minutos; revuelva de vez en cuando. Pase las especias a un molino de café o de especias, o a un mortero y pulverícelas. Guarde la mezcla en un frasco de vidrio con tapa; úsela en esta y otras recetas hindúes.

3. Para preparar la coliflor, con un cuchillo de chef corte las hojas entre la coliflor y los tallos; deseche las hojas y los tallos. Con un cuchillo para pelar, corte alrededor del corazón; retire y deseche el corazón.

4. Para separar la coliflor en floretes, sepárela en pedazos; después, con el cuchillo para pelar, corte en trozos de un bocado.

5. Con un pelador de verduras, pele las papas; con un cuchillo para chef, córtelas por la mitad a lo largo; después, corte cada mitad a lo largo en 3 rebanadas.

6. En una olla grande, caliente el aceite a fuego medio-alto. Agregue el ajo, el jengibre, la sal, 1 cucharadita de comino y el cilantro; fría durante unos 30 segundos o hasta que suelten su olor.

7. Añada el tomate rojo; sofríalo por 1 minuto. Ponga la coliflor y la papa; revuelva bien. Baje el fuego; tape y cueza durante unos 30 minutos o hasta que la verdura esté suave.

8. Incorpore ½ cucharadita de Garam Masala; revuelva bien. Vierta en un platón hondo; espolvoree con el cilantro. Adorne a su gusto.

Rinde 6 porciones

Paso 1. Saque las semillas de las vainas de cardamomo.

Paso 3. Recorte las hojas de la coliflor.

Paso 4. Corte los floretes en trozos de un bocado.

Tazones de Brócoli

450 g de brócoli fresco
3 huevos
1 taza de crema espesa
1 cucharada de jugo de limón
¼ de cucharadita de sal
 Pizca de pimienta negra molida
4 tazas de agua hirviente
 Tomate rojo picado y cebollín
  rebanado para adornar

1. Unte generosamente con mantequilla 6 moldes o tazas para natilla de 180 ml de capacidad; ponga en un refractario de 33×23 cm. Caliente el horno a 190 °C.

2. Para preparar el brócoli, recorte las hojas y los extremos dañados de los tallos. Corte el brócoli en floretes con una parte del tallo.

3. Con un pelador de verduras, pele los tallos del brócoli restantes; córtelos en trozos de 2.5 cm; corte cada trozo por la mitad a lo largo.

4. Para cocer el brócoli, en una olla mediana ponga a hervir 1.5 cm de agua a fuego alto. Baje el fuego a medio-bajo; agregue los tallos de brócoli; tape y deje cocer durante unos 10 minutos o hasta que se sientan suaves al picarlos con un tenedor. Con una espumadera, pase los tallos cocidos a un procesador de alimentos o a una licuadora. Ponga los floretes en la olla, tape y deje cocer por unos 5 minutos o hasta que los floretes adquieran un color verde brillante. Retire los floretes con una espumadera y póngalos sobre una tabla para picar.

5. En el procesador de alimentos, incorpore los huevos con los tallos cocidos; procese hasta que se mezclen. Agregue la crema; pulse para que se revuelva bien. Vierta el jugo de limón, la sal y la pimienta; pulse una vez.

6. Reserve 6 floretes chicos para adornar. Pique el resto de los floretes; añádalos al procesador de alimentos. Pulse varias veces para incorporarlos.

7. Divida equitativamente la mezcla en los moldes. Vierta agua hirviente en el refractario de manera que el agua llegue a la mitad de los moldes. Hornee de 25 a 30 minutos hasta que, al insertar en el centro un cuchillo, éste salga limpio. Corone con los floretes que reservó. Adorne si lo desea. Deje reposar por 5 minutos. Sirva en los moldes.

Rinde 6 porciones

Paso 3. Corte los trozos de tallo de 2.5 cm por la mitad a lo largo.

Paso 4. Ponga los trozos de tallo en un procesador de alimentos.

Paso 7. Vierta agua hirviente en el refractario.

Rebanadas de Col con Aderezo Picante

½ **col morada o verde (unos 450 g)**
1 **rebanada de tocino, cortada a lo ancho en tiras de .5 cm**
2 **cucharaditas de fécula de maíz**
⅔ **de taza de jugo de manzana sin endulzar**
¼ **de taza de vinagre de sidra o de vino tinto**
1 **cucharada de azúcar morena**
½ **cucharadita de alcaravea**
1 **cebollín en rebanadas delgadas**

1. Deseche las hojas exteriores marchitas o quemadas de la col. Con un cuchillo de chef, corte la col en 4 rebanadas. (Para conservar intactas las rebanadas, no corte el corazón.)

2. En una sartén grande, fría el tocino a fuego medio hasta que esté crujiente. Con una espumadera, saque el tocino y póngalo sobre toallas de papel. Mientras tanto, en una taza medidora de vidrio, disuelva la fécula de maíz con el jugo de manzana. Incorpore el vinagre, el azúcar morena y la alcaravea. Agregue el cebollín a la grasa caliente; fríalo hasta que esté suave pero no dorado.

3. Ponga en la sartén las rebanadas de col, con el lado plano hacia abajo; vierta encima la mezcla de fécula de maíz y cueza a fuego medio por 4 minutos. Con una espátula, voltee con cuidado las rebanadas de col. Deje cocer durante 6 minutos más o hasta que la col se sienta suave cuando la pique con un tenedor y se espese el aderezo.

4. Con la espátula, pase la col a una tabla para picar; use un cuchillo de uso práctico para cortar con cuidado el corazón de las rebanadas. Póngalas en un platón caliente; vierta el aderezo caliente encima de la col. Espolvoree con el tocino. Adorne a su gusto. Sirva de inmediato. *Rinde 4 porciones*

Paso 1. Corte la col en rebanadas.

Paso 3. Revise si la col ya está cocida.

Paso 4. Corte el corazón de la col cocida.

Zanahoria con Miel y Nuez Moscada

450 g de zanahoria
⅓ de taza de agua
2 cucharadas de miel
¼ de cucharadita de nuez moscada rallada
2 cucharadas de nuez picada
2 flores comestibles, como dragón (perritos), para adornar

1. Lave y pele las zanahorias. Para cortarlas en forma de media luna, ponga 1 zanahoria sobre una tabla para picar; con un cuchillo de uso práctico, corte la zanahoria por la mitad a lo largo. Ponga el lado plano hacia abajo. Con una mano sostenga plana la mitad de la zanahoria; ponga el cuchillo en ángulo de 45°, inclinándolo al lado contrario de su mano y, comenzando por el extremo ancho de la zanahoria, corte rebanadas de .5 cm de grosor diagonalmente. Repita el procedimiento con el resto de las zanahorias.

2. Ponga la zanahoria rebanada y el agua en una cacerola grande; tape. Ponga a hervir a fuego alto; baje el fuego a medio-bajo. Cueza la zanahoria durante unos 8 minutos o hasta que se sienta suave al picarla con un tenedor.

3. Con una espumadera, pase la zanahoria a un platón caliente. Hierva el líquido restante en la cacerola hasta que casi se haya evaporado. Agregue la miel y la nuez moscada; revuelva. Caliente un poco y vierta sobre la zanahoria; revuelva un poco para bañarlas. Encima espolvoree la nuez. Adorne si lo desea. Sirva de inmediato.

Rinde 4 porciones

Paso 1. Corte la zanahoria por la mitad a lo largo.

Paso 1. Cortéla en rebanadas diagonales de .5 cm de grosor.

Paso 2. Revise si ya está cocida la zanahoria.

Elote Asado con Cilantro

4 elotes (mazorcas de maíz)
3 cucharadas de mantequilla o margarina suavizada
1 cucharadita de cilantro molido
¼ de cucharadita de sal (opcional)
⅛ de cucharadita de pimienta roja molida
Perejil de hoja plana y chile rojo para adornar

1. Baje las hojas de los elotes; no las desprenda. (Si lo desea, retire 1 hilera de hojas de la parte interior de cada elote y consérvelas.)

2. Con las manos quite los pelos del elote.

3. Con un cepillo para verduras seco, retire los pelos restantes. No utilice mazorcas manchadas.

4. En un recipiente grande ponga los elotes, cúbralos con agua fría y déjelos remojar de 20 a 30 minutos.

5. Mientras tanto, prepare el asador para asado directo.

6. Saque los elotes del agua y séquelos con toallas de papel. En un recipiente chico, mezcle la mantequilla, el cilantro, la sal y la pimienta roja molida. Con una espátula, unte los elotes con la mezcla.

7. Regrese las hojas a su lugar y amárrelas por la parte superior con alambre forrado de papel. (O, si lo desea, átelos con las hojas de elote que desprendió.)

8. Ponga los elotes sobre la parrilla del asador. Áselos, con el asador tapado, a fuego medio-alto, de 20 a 25 minutos, o hasta que estén calientes y suaves; a la mitad del tiempo de asado, gírelos con unas pinzas. Adorne si lo desea.

Rinde 4 porciones

Nota: Para cocerlos directamente sobre las brasas, prepárelos como se indica, pero omita el paso de remojarlos en agua fría. Envuelva bien los elotes con papel de aluminio grueso y póngalos sobre el carbón. Áselos, con el asador tapado, de 25 a 30 minutos o hasta que estén calientes y suaves; gírelos cada 10 minutos con unas pinzas.

Paso 1. Baje las hojas del elote, no las desprenda.

Paso 5. Acomode el carbón comprimido en el asador.

Paso 6. Unte los elotes con la mezcla de mantequilla.

Berenjena Frita

1 berenjena mediana (de unos
  450 g)
1 cucharadita de sal
180 g de queso mozzarella
½ cucharadita de levadura activa
  en polvo
1½ tazas de agua caliente (de 40 a
  45 °C)
2 tazas de harina de trigo
⅛ de cucharadita de pimienta
  negra molida
4½ cucharadas de aceite de oliva
2 cucharadas de albahaca fresca
  picada o ½ cucharadita de
  albahaca seca machacada
Aceite vegetal
1 clara de huevo
Rebanadas de limón (opcional)
Albahaca fresca para adornar

1. Enjuague la berenjena; córtela a lo ancho en rebanadas de .5 cm de grosor. Póngalas en un colador grande sobre un recipiente; sazone las rebanadas con la sal. Déjela escurrir por 1 hora.

2. Corte el queso en rebanadas de .3 cm de grosor. Corte el queso en rebanadas del tamaño de las de berenjena. Envuélvalas con plástico.

3. En un recipiente mediano, ponga el agua caliente y espolvoree la levadura; revuelva hasta que se disuelva. Incorpore 1½ tazas de harina y la pimienta; bata hasta que se incorporen. Deje reposar la pasta por 30 minutos a temperatura ambiente.

4. Enjuague la berenjena y escúrrala bien; seque las rebanadas con toallas de papel. En una sartén grande a fuego medio-alto, caliente 1½ cucharadas de aceite de oliva; agregue las rebanadas de berenjena; colóquelas en una sola capa, sin amontonarlas. Fríalas por 2 minutos de cada lado hasta que estén un poco doradas. Sáquelas con una espátula ranurada; escúrralas sobre toallas de papel. Repita el procedimiento con el aceite de oliva y las rebanadas de berenjena restantes.

5. Espolvoree albahaca sobre las rebanadas de queso. Ponga una rebanada de queso entre 2 rebanadas de berenjena; presiónelas. En un plato extendido, ponga la ½ taza de harina restante. Espolvoree un poco de harina sobre las tortas de berenjena.

6. En una cacerola grande, caliente 3.5 cm de aceite vegetal a 180 °C. Ajuste el fuego para conservar esa temperatura. En el tazón chico de la batidora eléctrica, bata la clara de huevo a velocidad alta hasta que se le formen picos; incorpore a la pasta de levadura. Sumerja las tortas de berenjena, 1 a la vez, en la pasta; con suavidad, sacuda el exceso. Fría las tortas en el aceite, 3 a la vez, durante 2 minutos de cada lado hasta que estén doradas. Sáquelas con una espumadera; escúrralas sobre toallas de papel y sírvalas calientes con rebanadas de limón. Adorne si lo desea. *Rinde de 4 a 6 porciones*

Paso 1. Rebane la berenjena.

Paso 5. Ponga una rebanada de queso entre 2 de berenjena.

Paso 6. Fría las tortas de berenjena.

Ensalada de Champiñones y Verduras a las Hierbas

120 g de champiñón botón o crimini
1 pimiento morrón rojo o amarillo mediano, cortado en tiras de .5 cm de ancho
1 calabacita mediana, cortada a lo ancho en rebanadas de .5 cm de ancho
1 calabaza amarilla mediana, cortada a lo ancho en rebanadas de .5 cm de ancho
3 cucharadas de mantequilla o margarina derretida
1 cucharada de tomillo picado o 1 cucharadita de tomillo seco machacado
1 cucharada de albahaca picada o 1 cucharadita de albahaca seca, machacada
1 cucharada de cebollín fresco picado
1 diente de ajo picado (página 116)
¼ de cucharadita de sal
¼ de cucharadita de pimienta negra molida

1. Prepare el asador para asado directo (técnica en la página 109).

2. Para preparar los champiñones, cepille los champiñones para quitar la tierra y límpielos frotándolos con una toalla de papel húmeda.

3. Con un cuchillo para pelar, corte una rebanada delgada de la base de cada tallo de champiñón y deséchela. Corte los tallos y los sombreretes de los champiñones en rebanadas delgadas.

4. En un recipiente grande, ponga los champiñones, el pimiento morrón, la calabacita y la calabaza amarilla. En un recipiente chico, mezcle la mantequilla, el tomillo, la albahaca, el cebollín, el ajo, la sal y la pimienta negra. Vierta sobre la mezcla de verduras; revuelva bien para bañarla.

5. Ponga la mezcla en un trozo de papel de aluminio grueso de 50×35 cm. Haga un envoltorio con la técnica de envoltura de farmacia: junte los 2 lados largos del papel de aluminio; doble hacia adentro en series de dobleces cerrados; doble los extremos cortos hacia arriba y vuelva a doblar; presione los dobleces para sellarlos.

6. Ponga el envoltorio sobre la rejilla del asador. Ase el envoltorio, en el asador tapado, de 20 a 25 minutos o hasta que las verduras se sientan suaves. Al servir, abra con cuidado el envoltorio.

Rinde de 4 a 6 porciones

Paso 2. Frote los champiñones, con una toalla de papel.

Paso 3. Corte una rebanada delgada de la base de los tallos.

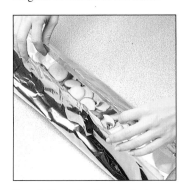

Paso 5. Envuelva la mezcla de verdura con la técnica de envoltura de farmacia.

Pierogi de Papa

4 papas (patatas) medianas (unos
    675 g), peladas y cortadas en
    cuartos
⅓ de taza de leche
2 cucharadas de mantequilla o
    margarina
2 cucharadas de cebollín picado
1 cucharadita de sal
½ cucharadita de pimienta blanca
    molida
2¾ tazas de harina de trigo
1 taza de crema agria
1 huevo
1 yema de huevo
1 cucharada de aceite vegetal
    Mantequilla derretida, tocino
    frito desmenuzado o crema
    agria (opcional)

1. Para preparar el relleno, ponga las papas en una cacerola mediana; cúbralas con agua. Póngalas a hervir a fuego alto; baje el fuego a medio y deje cocer, sin tapar, por 20 minutos o hasta que estén suaves. Escurra el agua; deje las papas en la cacerola.

2. Machaque las papas; incorpore la leche, la mantequilla, el cebollín, ½ cucharadita de sal y ¼ de cucharadita de pimienta. (El puré de papa debe quedar bien consistente.) Deje enfriar.

3. Para preparar la masa pierogi, en un recipiente mediano, mezcle la harina con la crema agria, el huevo, la yema de huevo, el aceite, la sal y la pimienta restantes; revuelva bien.

4. Pase la masa a una superficie enharinada. Amase de 3 a 5 minutos o hasta que esté suave y manejable, pero no pegajosa (técnica en la página 190). Deje reposar por 10 minutos, tapada.

5. Divida la masa a la mitad. Sobre una superficie un poco enharinada y con un rodillo enharinado, extienda cada mitad en círculos de 33 cm de diámetro. Corte la masa con un cortador redondo de 6.5 cm de diámetro.

6. En el centro de cada círculo de masa, coloque 1 cucharadita del puré de papa. Humedezca las orillas con agua y doble por la mitad; presione las orillas con firmeza para sellarlas.

7. En una olla grande, ponga a hervir 4 litros de agua con sal, a fuego alto. Cueza las empanadas, por tandas, durante 10 minutos. Retírelas con una espumadera y póngalas en un platón.

8. Bañe con mantequilla las empanadas; corone con el tocino o sirva con crema agria, si lo desea. Adorne a su gusto.

Rinde unas 5 docenas de empanadas

Paso 4. Amase sobre una superficie enharinada.

Paso 6. Presione con firmeza la orilla para sellarla.

Paso 7. Con una espumadera saque las empanadas del agua.

Papas con Cajún Bajas en Grasa

**Papas (patatas) russet
Antiadherente en aerosol
Sazonador cajún u otro
  sazonador, como pimentón
Hojas de col morada y de salvia
  fresca para adornar**

1. Caliente el horno a 200 °C. Para preparar las papas, frótelas con un cepillo para verduras suave debajo del chorro de agua; enjuáguelas. Séquelas bien. No las pele. Forre una charola para horno con papel de aluminio y rocíe con antiadherente en aerosol.

2. Con un cuchillo de chef, corte las papas por la mitad a lo largo; después, corte cada mitad a lo largo en 3 rebanadas. En la charola, ponga las papas, en una sola capa, con la cáscara hacia abajo.

3. Rocíe las papas con un poco de antiadherente en aerosol y espolvoréelas con el sazonador.

4. Hornéelas por 25 minutos o hasta que se doren y se sientan suaves cuando las pique con un tenedor. Adorne si lo desea. Sirva de inmediato.
Rinde aproximadamente 1 porción por papa

Paso 2. Corte las mitades de papa en rebanadas.

Rodajas de Papa Bajas en Grasa

Prepare las papas como se indica en el paso 1. Con un cuchillo para chef o con un rebanador tipo mandolina, corte las papas a lo ancho en rebanadas delgadas. Póngalas en una sola capa en la charola forrada; rocíe y sazone como se indica en el paso 3. Hornee de 10 a 15 minutos hasta que se doren y estén cocidas. Sirva de inmediato.

Paso 3. Rocíe las papas con antiadherente en aerosol.

Rodajas Gruesas de Papa Bajas en Grasa

Prepare las papas como se indica en el paso 1. Córtelas a lo ancho en rebanadas de .5 cm de grosor. Póngalas en una sola capa en la charola forrada; rocíe y sazone como se indica en el paso 3. Hornee de 15 a 20 minutos hasta que se doren y se sientan suaves cuando las pique con un tenedor. Sirva de inmediato.

Rodajas de Papa Bajas en Grasa: Corte las papas en rebanadas delgadas.

Espinaca y Champiñón Sofritos

2 dientes de ajo
1 pimiento morrón rojo
60 g de champiñón shiitake o botón, fresco*
300 g de espinaca
2 cucharadas de aceite de cacahuate (maní)
1 cucharadita de jengibre picado (página 130)
¼ a ½ cucharadita de hojuelas de pimienta roja
1 cucharadita de salsa de pescado

*Lo puede sustituir por 14 g de champiñón oriental seco; remójelo siguiendo las instrucciones de la envoltura.

1. Para picar el ajo, recorte los extremos de los dientes de ajo. Con la hoja de un cuchillo de chef, machaque ligeramente los dientes (técnica en la página 116); desprenda la cáscara. Con el cuchillo pique finamente el ajo uniformemente.

2. Para quitar las semillas al pimiento morrón, córtelo por la mitad. Con una cuchara desprenda el tallo, las semillas y las venas; tenga cuidado de no perforar el pimiento. Enjuáguelo debajo del chorro de agua; córtelo en triángulos de 2.5 cm.

3. Para preparar los champiñones, sacuda la tierra que puedan tener; límpielos frotándolos con una toalla de papel húmeda (técnica en la página 44). Corte una rebanada delgada del tallo y deséchela. Con un cuchillo de uso práctico, córtelos en rebanadas.

4. Separe las hojas de espinaca. Lávelas con agua fría. Repita varias veces con agua limpia para eliminar la tierra. Seque con toallas de papel.

5. Para quitar los tallos de las hojas de espinaca, doble las hojas por la mitad; después, jale el tallo hacia arriba desprendiéndolo de la hoja (técnica en la página 172). Deseche los tallos.

6. Con un cuchillo de chef, pique la espinaca.

7. Caliente un wok a fuego alto por 1 minuto. Vierta el aceite en el wok; caliente por 30 segundos. Agregue el ajo, el jengibre y las hojuelas de pimienta roja; sofría durante 30 segundos. Añada el pimiento morrón y el champiñón; sofría por 2 minutos. Ponga la espinaca y la salsa de pescado; sofría de 1 a 2 minutos o hasta que la espinaca se marchite. Sirva de inmediato.

Rinde 4 porciones

Paso 2. Corte el pimiento morrón en triángulos de 2.5 cm.

Paso 3. Rebane los champiñones.

Paso 6. Pique la espinaca.

Calabazas Rellenas de Queso

4 calabazas boneteras miniatura (zapallos) (de unos 7.5 cm de diámetro)
4 cucharadas de mantequilla o margarina
2 tallos de apio cortados en cubos
½ taza de cebolla picada (página 68)
½ taza de agua
1 taza de relleno sazonado con hierbas secas
1 taza de queso cheddar rallado grueso

1. Caliente el horno a 180 °C. Para preparar la calabaza, lávela y, con un cuchillo de uso práctico, rebane la parte superior, por encima de las ondas, y deséchela.

2. Con una cuchara saque las semillas del centro.

3. Ponga las calabazas en una sartén grande y vierta .5 cm de agua; tape y deje hervir a fuego alto. Baje el fuego a medio-bajo y deje cocer por 5 minutos. Con una espumadera, pase la calabaza, con el lado cortado hacia arriba, a un refractario engrasado de 20 cm.

4. En una sartén grande a fuego medio-alto, caliente la mantequilla hasta que se derrita y burbujee. Agregue el apio y la cebolla; sofríalos hasta que estén suaves. Vierta el agua y luego el relleno sazonado; revuelva para que se absorba el agua. Incorpore el queso. Divida la mezcla uniformemente entre las calabazas.

5. Hornee de 20 a 30 minutos hasta que las calabazas se sientan suaves cuando las pique con un tenedor y el relleno esté un poco dorado. Adorne a su gusto. Sirva de inmediato.

Rinde 4 porciones

Paso 1. Corte la parte superior.

Paso 2. Saque las semillas de las calabazas.

Paso 4. Rellene las calabazas con la mezcla de queso.

Tofu y Verduras Sofritos

225 g de tofu firme
1 cebolla amarilla mediana pelada
1 calabacita mediana (225 g)
1 calabaza amarilla mediana (200 g)
1 pimiento morrón rojo chico
120 g de tirabeques (vainas)
1 taza de aceite vegetal
8 champiñones botón medianos, limpios (página 44) y cortados en rebanadas delgadas
¼ de taza de agua
1 cucharada de salsa de soya
1 cucharada de puré de tomate*
¼ de cucharadita de sal
⅛ de cucharadita de pimienta negra molida

*El puré de tomate que no emplee en esta receta puede ponerlo en una bolsa de plástico y congelarlo.

Paso 3. Saque las semillas y las venas del pimiento morrón.

1. Escurra el tofu sobre toallas de papel. Córtelo a lo ancho en rebanadas de .5 cm de grosor.

2. Con un cuchillo de chef, corte la cebolla en 8 rebanadas. Corte la calabacita y la calabaza amarilla a lo ancho en rebanadas de 2.5 cm de grosor. Corte las rebanadas largas de calabaza amarilla en cuatro trozos.

3. Para quitar las semillas al pimiento morrón, córtelo por la mitad a lo largo con un cuchillo para chef. Retire el tallo, las semillas y las venas con una cuchara; tenga cuidado de no perforar el pimiento. Enjuague debajo del chorro de agua fría. Corte el pimiento en tiras de .5 cm de ancho.

4. Para quitar el tallo de los tirabeques, desprenda el tallo y jale las hebras hacia abajo, si las hay.

Paso 4. Desprenda el tallo.

5. En un wok a fuego medio-alto, caliente el aceite durante unos 4 minutos; agregue el tofu y fríalo por 3 minutos de cada lado o hasta que esté dorado; voltéelo una vez. Retire el tofu con una espumadera y póngalo en una charola para horno o en un platón grande cubierto con toallas de papel; déjelo escurrir. Escurra el aceite del wok; reserve 2 cucharadas.

6. Regrese al wok el aceite que reservó y caliéntelo a fuego medio durante 30 segundos. Añada la cebolla y sofríala por 1 minuto. Agregue la calabacita, la calabaza amarilla y el champiñón; sofríalos de 7 a 8 minutos hasta que estén suaves la calabacita y la calabaza amarilla.

7. Incorpore el pimiento rojo, los tirabeques y el agua; cueza y revuelva de 2 a 3 minutos hasta que estén suaves. Vierta la salsa de soya, el puré de tomate, la sal y la pimienta negra hasta que se mezclen. Agregue el tofu frito; sofría hasta que esté bien caliente y bañado de salsa. Pase a un platón. Sirva de inmediato.

Rinde 4 porciones

Paso 6. Sofría la calabacita, la calabaza amarilla y el champiñón.

Calabaza Estilo Shanghai

4 champiñones secos
Agua
1 tomate rojo grande
½ taza de consomé de pollo
2 cucharadas de salsa catsup
2 cucharaditas de salsa de soya
1 cucharadita de jerez seco
¼ de cucharadita de azúcar
⅛ de cucharadita de sal
1 cucharadita de vinagre de vino tinto
1 cucharadita de fécula de maíz
2 cucharadas de aceite vegetal
1 cucharadita de jengibre picado (página 130)
1 diente de ajo picado (página 116)
1 cebollín entero finamente picado
450 g de calabacita, cortada en diagonal en trozos de 2.5 cm
½ cebolla amarilla chica, cortada en rebanadas; separe las capas

1. Ponga los champiñones en un recipiente chico; agregue suficiente agua caliente para que los cubra. Deje reposar por 30 minutos. Escúrralos pero conserve ¼ de taza del líquido. Sacuda el exceso de agua.

2. Desprenda los tallos de los champiñones y deséchelos. Corte los sombreretes en rebanadas delgadas.

3. Para desprender la cáscara de los tomates rojos, sumérjalos de 30 a 45 segundos en una cacerola chica con agua hirviente. Enjuáguelos de inmediato debajo del chorro de agua fría. Pélelos con cuidado.

4. Corte los tomates por la mitad. Retire el tallo y las semillas; deséchelos. Pique los tomates.

5. En un recipiente chico, mezcle el ¼ de taza del líquido de champiñón que conservó con el consomé de pollo, la salsa catsup, la salsa de soya, el jerez, el azúcar, la sal y el vinagre.

6. En una taza, ponga 1 cucharada de agua y espolvoree la fécula de maíz; revuelva bien.

7. En un wok a fuego medio-alto, caliente 1 cucharada de aceite. Agregue el jengibre y el ajo; sofría por 10 segundos. Agregue los champiñones, el tomate y el cebollín; sofría durante 1 minuto. Incorpore el consomé de pollo. Ponga a hervir; baje el fuego y deje cocer por 10 minutos; revuelva de vez en cuando. Retire del wok.

8. Ponga en el wok la cucharada de aceite restante; caliéntelo a fuego medio-alto. Incorpore la calabacita y la cebolla amarilla; sofría por 30 segundos. Agregue 3 cucharadas de agua y tape. Ponga a cocer de 3 a 4 minutos; revuelva de vez en cuando, hasta que las verduras estén suaves. Revuelva la mezcla de fécula de maíz y viértala en el wok. Cueza y revuelva hasta que la salsa hierva y se espese.

Rinde de 4 a 6 porciones

Paso 3. Pele el tomate rojo.

Paso 4. Retire las semillas del tomate rojo.

Verduras Chinas

2 cebollas amarillas medianas, peladas

450 g de brócoli fresco*

225 g de tirabeques (vainas) frescos o 1 bolsa (180 g) de tirabeques descongelados

¾ de taza de agua

1 cucharada de consomé granulado instantáneo de pollo

2 cucharadas de aceite vegetal

1 cucharada de jengibre fresco picado (página 130)

225 g de espinaca fresca,* lavada y picada (página 266)

4 tallos de apio,* cortados diagonalmente en trozos de 1.5 cm de grosor

8 cebollines enteros,* cortados diagonalmente en rebanadas delgadas (página 116)

*Puede utilizar zanahoria, calabacita, ejote (judía verde) o pimiento morrón verde además de las verduras asentadas en la lista de ingredientes o en lugar de ellas.

1. Corte la cebolla amarilla en ocho rebanadas; separe las capas.

2. Corte los tallos dañados del brócoli y deséchelos.

3. Corte el brócoli en floretes.

4. Corte los floretes grandes y los tallos en tiras de 5×.5 cm.

5. Desprenda los tallos y las hebras de los tirabeques.

6. En un recipiente chico, mezcle el agua con el consomé instantáneo; revuelva bien.

7. En un wok o en una sartén grande, caliente el aceite a fuego alto. Agregue la cebolla, los trozos más grandes de brócoli y el jengibre; sofría por 1 minuto. Añada los floretes de brócoli, los tirabeques, la espinaca, el apio y el cebollín; revuelva un poco.

8. Vierta la mezcla de consomé; mezcle un poco hasta que las verduras queden bien bañadas. Ponga a hervir tapado; cueza las verduras hasta que estén suaves, de 2 a 3 minutos.

Rinde de 4 a 6 porciones

Paso 3. Corte los floretes del brócoli.

Paso 4. Corte los floretes y los tallos grandes en tiras.

Paso 5. Desprenda el tallo de los tirabeques.

Arroz Rojo

2 cucharadas de aceite vegetal
1 taza de arroz blanco de grano largo sin cocer
½ taza de cebolla finamente picada
1 diente de ajo picado
½ cucharadita de sal
½ cucharadita de comino molido Pizca de chile en polvo
2 tomates rojos grandes, pelados, sin semillas y picados (página 52)
1½ tazas de consomé de pollo
⅓ de taza de chícharos (guisantes) frescos o descongelados
2 cucharadas de pimiento picado Flechas de pimiento rojo para adornar*

*Para hacer las flechas de pimiento morrón rojo, corte una tira de 1.5 cm de ancho. Haga cortes en forma de "V" en la tira, a intervalos de 2.5 cm.

1. En una sartén mediana, caliente el aceite a fuego medio; agregue el arroz y fríalo por 2 minutos o hasta que se opaque.

2. Agregue la cebolla y fríala durante 1 minuto; incorpore el ajo, la sal, el comino y el chile en polvo. Añada el tomate rojo; cueza y revuelva por 2 minutos.

3. Vierta el consomé; ponga a hervir a fuego alto. Baje el fuego, tape y deje cocer a fuego bajo por 15 minutos o hasta que el arroz esté casi suave.

4. Ponga los chícharos y el pimiento picado. Tape y deje cocer de 2 a 4 minutos hasta que el arroz esté suave y todo el líquido se haya absorbido. Los granos del arroz deben quedar un poco firmes y separados, en lugar de suaves y pegados. Adorne si lo desea. *Rinde de 4 a 6 porciones*

Paso 1. Fría el arroz hasta que se opaque.

Paso 2. Cueza los tomates rojos con el arroz.

Paso 4. Agregue el resto de los ingredientes al arroz.

Spätzle con Champiñones

120 g de champiñones shiitake o
    botón
  3 cucharadas de mantequilla
1¼ tazas de harina de trigo
  ½ cucharadita de sal
  ¼ de cucharadita de nuez moscada
    molida
  ¾ de taza de leche
  1 huevo ligeramente batido
    Perejil de hoja plana para
    adornar

1. Para preparar los champiñones, frótelos con una toalla de papel húmeda (técnica en la página 44). Corte una rebanada delgada del tallo y deséchela. Con un cuchillo de uso práctico, corte los champiñones en rebanadas (técnica en la página 266).

2. En una sartén con recubrimiento antiadherente, derrita 1 cucharada de mantequilla a fuego medio-alto. Agregue los champiñones; fríalos por 5 minutos o hasta que estén suaves. Retire del fuego.

3. Para preparar el spätzle, mezcle la harina, la sal y la nuez moscada en un recipiente mediano. En un recipiente chico, combine la leche con el huevo; incorpore la mezcla de leche en la de harina.

4. En una olla ponga a hervir agua con sal. Sobre la olla ponga un escurridor; vierta la pasta y hágala pasar a través de los hoyos presionándola con una espátula de hule.

5. Revuelva el spätzle para separarlo. Cueza por 5 minutos o hasta que esté suave, pero firme (al dente). Escurra el spätzle.

6. Agregue las 2 cucharadas de mantequilla restantes a la sartén que tiene los champiñones. Caliente a fuego medio hasta que se derrita la mantequilla. Vierta el spätzle escurrido en la sartén; revuelva con los champiñones y la mantequilla. Adorne si lo desea.   *Rinde 4 porciones*

Paso 2. Fría los champiñones hasta que estén suaves.

Paso 4. Presione la pasta para que pase a través del escurridor.

Paso 5. Revuelva el spätzle para separarlo.

Pad Thai

225 g de tallarín de arroz (de .3 a
   .5 cm de ancho)
¼ de taza de agua
3 cucharadas de salsa catsup
3 cucharadas de salsa de pescado
2 cucharadas compactas de azúcar
   morena
1 cucharada de jugo de lima
1 chile jalapeño, sin semillas y
   finamente picado (página 75)
1 cucharadita de curry en polvo
2 cucharadas de aceite de
   cacahuate (maní)
450 g de camarón mediano, pelado y
   desvenado (página 30)
3 dientes de ajo picados
   (página 116)
3 huevos ligeramente batidos
2 tazas de germinado de soya
   fresco
⅔ de taza de cacahuates (maníes)
   pelados y asados (con sal o sin
   sal), picados
3 cebollines en rebanadas delgadas
1 zanahoria chica rallada
¾ de taza de col morada o verde
   rallada
½ taza de cilantro picado
1 lima cortada en rebanadas

1. Ponga el tallarín en un recipiente grande; cubra con agua caliente. Deje reposar de 10 a 30 minutos o hasta que esté suave y manejable.

2. Para preparar la salsa, en un recipiente mediano mezcle ¼ de taza de agua, la salsa catsup, la salsa de pescado, el azúcar, el jugo de lima, el chile jalapeño y el curry en polvo.

3. Caliente un wok o una sartén grande a fuego alto; agregue 1 cucharada de aceite y muévalo para cubrir la superficie. Añada el camarón; sofríalo por 2 minutos o hasta que se torne rosado y opaco. Con una espumadera, páselo a un recipiente.

4. Baje el fuego a medio y ponga la cucharada de aceite restante; caliéntelo por 15 segundos. Agregue el ajo y fríalo durante 20 segundos o hasta que esté dorado. Vierta los huevos; cueza por 2 minutos o justo hasta que cuajen; revuelva cada 30 segundos. Vacíe la salsa.

5. Incremente el fuego a alto. Agregue el tallarín; revuelva para bañarlo con la salsa. Cueza de 2 a 4 minutos, revolviendo con frecuencia, hasta que los tallarines estén suaves. (Vierta agua, 1 cucharada a la vez, si se absorbe la salsa y el tallarín aún está seco.)

6. Agregue el camarón cocido, 1½ tazas de germinado de soya, el cacahuate y el cebollín; cueza y revuelva de 1 a 2 minutos o hasta que todo esté bien caliente.

7. Pase la mezcla a un platón grande. Alrededor del tallarín, acomode decorativamente el germinado restante, la zanahoria, la col, el cilantro y las rebanadas de lima. Antes de comerlo, exprima la lima sobre el tallarín.   *Rinde 4 porciones*

Paso 4. Revuelva los huevos.

Paso 5. Revuelva el tallarín para bañarlo con la salsa.

Galletas

Sandwiches Rellenos de Malvavisco

2 tazas de harina de trigo
½ taza de cocoa sin endulzar en polvo
2 cucharaditas de bicarbonato de sodio
¼ de cucharadita de sal
⅔ de taza de mantequilla o margarina suavizada
2 tazas de azúcar
¼ de taza de jarabe de maíz, claro
1 huevo grande
1 cucharadita de vainilla
24 malvaviscos grandes

1. Caliente el horno a 180 °C.

2. Ponga la harina, la cocoa, el bicarbonato de sodio y la sal en un recipiente mediano; revuelva para que se mezclen.

3. En el tazón grande de la batidora eléctrica, bata la mantequilla con 1¼ tazas de azúcar; bata a velocidad media hasta que esponje; limpie una vez la pared del tazón. Sin dejar de batir, incorpore el jarabe de maíz, el huevo y la vainilla; limpie una vez la pared del tazón. Agregue gradualmente la mezcla de harina; bata a velocidad baja; limpie la pared del tazón de vez en cuando. Tape y refrigere la masa por 15 minutos o hasta que esté lo suficientemente firme para formar bolas.

4. En un recipiente poco profundo, ponga el azúcar restante. Con cucharadas de masa, forme bolas de 2.5 cm de diámetro; ruédelas sobre el azúcar para que se cubran. Póngalas sobre charolas para galletas *sin engrasar, separadas 7.5 cm entre sí.*

5. Hornee de 10 a 11 minutos o hasta que se cuezan. Con una espátula, pase las galletas a una rejilla de alambre y déjelas enfriar por completo.

6. Para formar los sandwiches, sobre un plato de cartón, ponga 1 galleta con el lado plano hacia arriba y encima 1 malvavisco; métalos al horno de microondas a temperatura ALTA por 12 segundos o hasta que esté caliente el malvavisco.

7. De inmediato, ponga otra galleta encima del malvavisco, con el lado plano hacia abajo; presione un poco. Repita el procedimiento con las galletas y los malvaviscos restantes.

8. Guarde los sandwiches en un recipiente hermético a temperatura ambiente. No los congele.

Rinde 2 docenas de sandwiches

Paso 4. Ruede la bola de masa sobre el azúcar para que se cubra.

Paso 6. Ponga el malvavisco sobre la galleta.

Paso 7. Forme los sandwiches.

Galletas Tuile Belgas

½ taza de mantequilla suavizada
½ taza de azúcar
1 clara de huevo grande
   (página 343)
1 cucharadita de vainilla
¼ de cucharadita de sal
½ taza de harina de trigo
120 g de chocolate amargo en barra
   picado o chispas de chocolate
   semiamargo

1. Caliente el horno a 190 °C. Engrase charolas para galletas.

2. En el tazón grande de la batidora eléctrica, bata la mantequilla con el azúcar, a velocidad media, hasta que esponje; limpie una vez la pared del tazón. Sin dejar de batir, incorpore la clara de huevo, la vainilla y la sal. Agregue gradualmente la harina; bata a velocidad baja hasta que esté bien mezclada; limpie una vez la pared del tazón.

3. En las charolas engrasadas, vierta cucharaditas de masa, separadas 10 cm entre sí. (Hornee sólo 4 galletas en cada charola.) Aplánelas un poco con una espátula.

4. Hornee de 6 a 8 minutos o hasta que las galletas estén bien doradas; déjelas reposar por 1 minuto sobre la charola.

5. Rápidamente, mientras aún están calientes las galletas, póngalas sobre un rodillo o una botella, de manera que ambos lados cuelguen y tomen una forma curva; déjelas enfriar por completo.

6. En una olla chica, derrita el chocolate a fuego bajo; revuelva sin cesar.

Incline la olla para que el chocolate se acumule en uno de los lados; sumerja en el chocolate la orilla de cada galleta; gire la galleta lentamente para cubrir con chocolate toda la orilla.

7. Ponga las galletas sobre papel encerado; déjelas reposar a temperatura ambiente por 1 hora o hasta que estén firmes.

8. Guárdelas en un recipiente hermético a temperatura ambiente. No las congele.

Rinde unas 2½ docenas de galletas

Paso 3. Con una espátula, aplane un poco la masa.

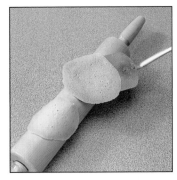
Paso 5. Ponga las galletas sobre un rodillo.

Paso 7. Cubra con chocolate la orilla de las galletas.

Garras de Oso Checas (Medvědí Tlapičvky)

2 tazas (unos 225 g) de avellana entera, tostada y molida (página 338)
2 tazas de harina de trigo
1 cucharada de cocoa sin endulzar en polvo
1 cucharadita de canela molida
½ cucharadita de nuez moscada molida
¼ de cucharadita de sal
1 taza más 1 cucharada de mantequilla suavizada
1 taza de azúcar glass
1 yema de huevo grande (página 343)
½ taza de chispas de chocolate
Tiras de almendra, cortadas por la mitad

1. Caliente el horno a 180 °C. En un recipiente mediano, ponga la avellana, la harina, la cocoa, la canela, la nuez moscada y la sal; revuelva para mezclar.

2. En el tazón grande de la batidora eléctrica, bata a velocidad media 1 taza de mantequilla con el azúcar y la yema de huevo hasta que esponje; limpie una vez la pared del tazón. Agregue gradualmente la mezcla de harina; bata a velocidad baja hasta que se incorpore la masa; limpie una vez la pared del tazón.

3. Con la cucharada de mantequilla restante, engrase 3 moldes para madalenas, 1 cucharadita por molde, y enharínelos. (Si sólo tiene un molde, después de hornear una tanda, lávelo bien, séquelo, vuelva a untarlo con mantequilla y enharínelo. Cubra con envoltura de plástico el resto de la masa; déjela reposar a temperatura ambiente.)

4. Vierta la masa con una cuchara y compáctela en los moldes.

5. Hornee durante 12 minutos o hasta que estén un poco doradas. Deje reposar las galletas por 3 minutos en el molde. Con la punta de un cuchillo chico, afloje con cuidado las galletas del molde. Voltee el molde sobre una rejilla de alambre y golpéelo ligeramente para desmoldar las galletas; deben quedar con el lado curvo hacia arriba. Deje enfriar por completo.

6. Derrita las chispas de chocolate (técnica en la página 298). En una bolsa de plástico, haga un corte pequeño en una esquina y utilícela como duya. En el extremo más ancho de cada galleta, unte el chocolate fundido; ponga las mitades de tiras de almendra sobre el chocolate para hacer las garras. Déjelas reposar a temperatura ambiente por 1 hora o hasta que se enfríen.

7. Guárdelas en un recipiente hermético a temperatura ambiente. No las congele.

Rinde unas 3 docenas de galletas

Paso 3. Engrase los moldes.

Paso 4. Presione la masa.

Paso 6. Coloque las mitades de tiras de almendra sobre el chocolate.

Galletas Mexicanas de Boda

1 taza de pedazos o mitades de nuez
1 taza de mantequilla sin sal, suavizada
2 tazas de azúcar glass
2 tazas de harina de trigo
2 cucharaditas de vainilla
¼ de cucharadita de sal

1. Ponga las nueces en un procesador de alimentos. Procese pulsando el botón de encendido/apagado hasta que las nueces estén molidas, pero no pastosas.

2. En el tazón grande de la batidora eléctrica, bata la mantequilla con ½ taza de azúcar glass, a velocidad media, hasta que esponje; limpie una vez la pared del tazón. Agregue gradualmente 1 taza de harina, la vainilla y la sal; bata a velocidad baja hasta que se incorpore; limpie una vez la pared del tazón. Con una cuchara, incorpore el resto de la harina y las nueces molidas.

3. Forme una bola con la masa; envuélvala con plástico y refrigérela durante 1 hora o hasta que esté firme.

4. Caliente el horno a 180 °C. Forme bolas de masa de 2.5 cm de diámetro; póngalas sobre charolas para galletas sin engrasar, separadas 2.5 cm entre sí.

5. Hornee de 12 a 15 minutos o hasta que tengan un color dorado claro. Deje reposar las galletas por 2 minutos sobre las charolas.

6. Mientras tanto, ponga 1 taza de azúcar glass en un refractario de 33×23 cm. Pase las galletas calientes al refractario.

7. Revuelque las galletas sobre el azúcar; deben quedar bien cubiertas. Déjelas enfriar sobre el azúcar.

8. Antes de servirlas, cierna el azúcar glass restante sobre las galletas.

9. Guarde las galletas en un recipiente hermético a temperatura ambiente o congélelas hasta por 1 mes.

Rinde unas 4 docenas de galletas

Paso 3. Forme una bola con la masa.

Paso 6. Ponga las galletas calientes sobre el azúcar glass.

Paso 7. Revuelque las galletas sobre el azúcar glass.

Madalenas de Chocolate

1 cucharada de mantequilla
    suavizada
1¼ tazas de harina para torta o
    harina de trigo
¼ de taza de cocoa sin endulzar en
    polvo
¼ de cucharadita de sal
¼ de cucharadita de polvo para
    hornear
1 taza de azúcar granulada
2 huevos grandes
¾ de taza de mantequilla derretida,
    fría
2 cucharadas de licor de almendra
    o kirsch*
Azúcar glass

*El kirsch es un brandy hecho de jugo y
huesos de cereza

1. Caliente el horno a 190 °C. Con la mantequilla suavizada, engrase 3 moldes para madalenas, 1 cucharadita por molde, y enharínelos. (Si sólo tiene un molde, después de hornear cada tanda, lávelo bien, séquelo, vuelva a untarlo con mantequilla y enharínelo. Cubra con envoltura de plástico el resto de la masa; déjela reposar a temperatura ambiente.)

2. En un recipiente mediano, ponga la harina, la cocoa, la sal y el polvo para hornear; revuelva para mezclarlos.

3. En el tazón grande de la batidora eléctrica, bata el azúcar con los huevos, a velocidad media, por 5 minutos o hasta que la mezcla tenga un color claro, que esté espesa y que escurra de las aspas en forma de listones anchos; limpie una vez la pared del tazón.

4. Sin dejar de batir, a velocidad baja, incorpore la mezcla de harina hasta que esté bien batida; limpie una vez la pared del tazón. Vierta la mantequilla derretida y el licor; bata hasta que se incorporen.

5. Vierta cucharadas rasas de pasta en los moldes. Hornee por 12 minutos o hasta que suban y estén doradas.

6. Deje reposar las galletas durante 1 minuto en el molde. Con la punta de un cuchillo chico, afloje con cuidado las galletas del molde. Voltee los moldes sobre una rejilla de alambre. Golpee con suavidad para desmoldar las galletas; la parte curva de las galletas debe quedar hacia arriba. Deje enfriar por completo.

7. Espolvoréelas con azúcar glass cernida.

8. Guárdelas en un recipiente hermético a temperatura ambiente hasta por 24 horas, o congélelas hasta por 3 meses.

Rinde unas 3 docenas de madalenas

Paso 1. Engrase el molde.

Paso 5. Vierta cucharadas de pasta en el molde.

Paso 7. Espolvoree con azúcar glass.

Coronas Noruegas (Berliner Kranser)

1 yema de huevo grande, bien cocida
1 huevo grande (página 343)
½ taza de mantequilla suavizada
½ taza de azúcar glass
½ cucharadita de vainilla
1¼ tazas de harina de trigo
Cristales gruesos de azúcar o cubos de azúcar machacados

1. Caliente el horno a 180 °C. Engrase charolas para galletas.

2. En el tazón mediano de la batidora eléctrica, bata la yema de huevo cocido y la yema cruda, a velocidad media, hasta que se incorporen.

3. Sin dejar de batir, incorpore la mantequilla, el azúcar y la vainilla; limpie una vez la pared del tazón. Bata con una cuchara 1 taza de harina. Agregue el resto de la harina hasta que obtenga una masa compacta.

4. Ponga la masa sobre una hoja de papel encerado. Con el papel encerado, envuelva la masa y ruédela de atrás hacia delante hasta formar una barra; corte la barra en 18 trozos iguales. Ruede cada trozo de masa para formar tiras de 20 cm de largo; ahúse los extremos.

5. Con las tiras forme las coronas; traslape los extremos y deje que sobresalgan de la corona.

6. Acomode las coronas en las charolas que preparó. Refrigérelas por 15 minutos o hasta que estén firmes.

7. Bata la clara de huevo con un tenedor hasta que esté espumosa. Barnice las coronas con la clara de huevo y luego espolvoréelas con los cristales de azúcar. Hornéelas de 8 a 10 minutos o hasta que estén un poco doradas. Saque las coronas con una espátula y páselas a una rejilla de alambre; déjelas enfriar por completo.

8. Guárdelas en un recipiente hermético a temperatura ambiente o congélelas hasta por 3 meses.

Rinde aproximadamente 1½ docenas de galletas

Paso 2. Bata las yemas de huevo hasta que se incorporen.

Paso 4. Extienda la masa para formar tiras de 20 cm de largo.

Paso 5. Con tiras forme las coronas.

Galletas Mexicanas de Azúcar (Polvorones)

1 taza de mantequilla suavizada
½ taza de azúcar glass
2 cucharadas de leche
1 cucharadita de vainilla
1 cucharadita de canela molida
1½ a 1¾ tazas de harina de trigo
1 cucharadita de polvo para hornear
1 taza de azúcar granulada
1 trozo (30 g) de chocolate semiamargo finamente rallado

1. Caliente el horno a 160 °C. Engrase charolas para galletas.

2. En el tazón grande de la batidora eléctrica, bata la mantequilla, el azúcar glass, la leche, la vainilla y ½ cucharadita de canela, a velocidad media, hasta que se incorporen y esponje; limpie una vez la pared del tazón. Agregue gradualmente 1½ tazas de harina y el polvo para hornear; bata a velocidad baja hasta que se incorporen; limpie una vez la pared del tazón. Si la masa está demasiada suave como para darle forma, añada cucharadas de harina adicional.

3. Con la masa forme bolas de 3 cm de diámetro; póngalas separadas 7.5 cm entre sí sobre las charolas para galletas. Meta la base de un vaso en azúcar granulada y luego aplane las bolas de manera que los polvorones tengan 5 cm de circunferencia.

4. Hornéelos de 20 a 25 minutos o hasta que las orillas estén doradas. Déjelos reposar de 3 a 4 minutos sobre las charolas.

5. Mientras tanto, en un recipiente chico, mezcle el azúcar granulada, el chocolate rallado y la canela restante; revuelva para mezclarlos. Con una espátula, pase los polvorones, uno a la vez, por la mezcla de azúcar; cubra ambos lados. Con la espátula, páselos a una rejilla de alambre; déjelos enfriar por completo.

6. Guárdelos en un recipiente hermético a temperatura ambiente o congélelos hasta por 3 meses. *Rinde unas 2 docenas de galletas*

Paso 2. Añada cucharadas de harina adicional.

Paso 3. Coloque las bolas de masa separadas 7.5 cm entre sí.

Paso 5. Cubra los polvorones con la mezcla de azúcar.

Torta Escocesa de Mantequilla en Molde

1½ tazas de harina de trigo
¼ de cucharadita de sal
¾ de taza de mantequilla suavizada
⅓ de taza de azúcar
1 huevo grande
1 molde de cerámica para torta
   escocesa de 25 cm de diámetro

1. Caliente el horno a la temperatura recomendada por el fabricante del molde. En un recipiente mediano, ponga la harina y la sal; revuelva para mezclarlos.

2. En el tazón grande de la batidora eléctrica, bata la mantequilla con el azúcar a velocidad media hasta que esponje; limpie una vez la pared del tazón.

3. Sin dejar de batir, incorpore el huevo y luego agregue gradualmente la mezcla de harina. Bata a velocidad baja hasta que esté bien mezclado; limpie una vez la pared del tazón.

4. Rocíe el molde con antiadherente en aerosol. Ponga la masa en el molde y presiónela con firmeza dándole la forma del molde. Hornee, deje enfriar y desmolde siguiendo las instrucciones del fabricante.

5. Si no consigue el molde, caliente el horno a 180 °C. Con la masa haga bolas de 2.5 cm de diámetro; póngalas separadas 5 cm entre sí en charolas para galletas *sin engrasar. Aplánelas con un tenedor.*

6. Hornéelas de 18 a 20 minutos o hasta que las orillas estén un poco doradas. Deje reposar las galletas durante 2 minutos en las charolas. Con una espátula, pase las galletas a rejillas de alambre; déjelas enfriar por completo.

7. Guárdelas en un recipiente hermético a temperatura ambiente o congélelas hasta por 3 meses.

Rinde 1 torta de molde o 2 docenas de galletas

Paso 2. Limpie la pared del tazón.

Paso 4. Presione la masa.

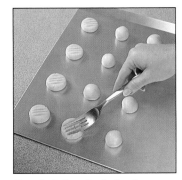
Paso 5. Aplane las bolas de masa con un tenedor.

Galletas de Moka Suizas

60 g de chocolate amargo suizo en trozos
½ taza más 2 cucharadas de mantequilla suavizada
1 cucharada de café exprés instantáneo en polvo
1 cucharadita de vainilla
1¾ tazas de harina de trigo
½ cucharadita de bicarbonato de sodio
½ cucharadita de sal
¾ de taza de azúcar
1 huevo grande
90 g de chocolate blanco suizo en trozos

1. En una olla chica, derrita el chocolate amargo con las 2 cucharadas de mantequilla, a fuego bajo; revuelva con frecuencia. Agregue el café; revuelva hasta que se disuelva. Retire del fuego e incorpore la vainilla. Deje enfriar a temperatura ambiente.

2. En un recipiente mediano, ponga la harina, el bicarbonato de sodio y la sal; revuelva para mezclarlos.

3. En el tazón grande de la batidora eléctrica, ponga la mantequilla restante y el azúcar; bata a velocidad media hasta que esponje; limpie una vez la pared del tazón. Sin dejar de batir, incorpore el chocolate amargo y el huevo. Agregue gradualmente la mezcla de harina; bata a velocidad baja hasta que se incorpore; limpie una vez la pared del tazón. Tape y refrigere por 30 minutos o hasta que esté firme.

4. Caliente el horno a 190 °C. Con la masa forme bolas de 2.5 cm de diámetro; póngalas separadas 7.5 cm entre sí sobre charolas para galletas *sin engrasar*. Aplánelas con un tenedor cubierto de azúcar hasta que queden galletas de 1.2 cm de grosor.

5. Hornee de 9 a 10 minutos o hasta que se cuezan. (No hornee de más o las galletas se resecarán). De inmediato, con una espátula, pase las galletas a una rejilla de alambre; déjelas enfriar por completo.

6. Ponga el chocolate blanco en una bolsa chica para congelar; cierre la bolsa. Meta al horno de microondas a temperatura MEDIA (50 %) durante 1 minuto. Voltee la bolsa y vuelva a calentar por 1 minuto más a temperatura MEDIA o hasta que se derrita. Amase hasta que el chocolate esté suave.

7. En una esquina de la bolsa haga un corte pequeño; utilice la bolsa como duya para decorar las galletas frías con el chocolate. Déjelas reposar por 30 minutos o hasta que se enfríen.

8. Guárdelas en un recipiente hermético a temperatura ambiente o congélelas hasta por 3 meses. *Rinde unas 4 docenas de galletas*

Paso 4. Con la masa haga bolas de 2.5 cm de diámetro.

Paso 6. Amase la bolsa hasta que el chocolate esté suave.

Paso 7. Decore las galletas ya frías con el chocolate blanco.

Conchas Suecas de Galleta (Sandbakelser)

1 taza de mantequilla suavizada
⅔ de taza de azúcar
1 clara de huevo grande
    (página 343)
1 cucharadita de vainilla
½ cucharadita de extracto de
    vainilla
2 tazas de harina de trigo
¼ de taza de almendra blanqueada
    finamente molida (página 304)

1. En el tazón grande de la batidora eléctrica, bata la mantequilla con el azúcar a velocidad media hasta que esponje; limpie una vez la pared del tazón. Agregue y bata la clara de huevo, la vainilla y el extracto de almendra hasta que se incorporen; limpie una vez la pared del tazón.

2. Agregue gradualmente 1½ tazas de harina y la almendra; bata a velocidad baja hasta que se incorporen bien; limpie una vez la pared del tazón. Con una cuchara agregue la harina restante hasta que se forme una masa suave. Con la masa haga un cuadrado de 2.5 cm de espesor; envuélvalo con plástico y refrigérelo hasta que esté firme, por 1 hora o toda una noche.

3. Caliente el horno a 190 °C. Engrase moldes de hojalata con forma de concha. Rellene los moldes o moldes chicos de panqué con una cucharadita abundante de masa.

4. Ponga los moldes sobre una charola para horno. Hornee de 8 a 10 minutos o hasta que las conchas de galleta estén ligeramente doradas. Déjelas enfriar por 1 minuto en los moldes.

5. Con la punta de un cuchillo chico, afloje con cuidado las galletas de los moldes. Voltee los moldes sobre rejillas de alambre, déles un golpe ligero para desmoldar; colóquelas con la vista hacia arriba. Déjelas enfriar por completo, repita el procedimiento con el resto de la masa; deje enfriar los moldes entre tandas.

6. Sirva las galletas con el lado plano hacia abajo. Guárdelas en un envase hermético a temperatura ambiente o congélelas hasta por 3 meses.

Rinde unas 10 docenas de galletas

Paso 3. Rellene los moldes de hojalata con la masa.

Paso 5. Afloje las galletas de los moldes.

Biscotti Clásico de Anís

120 g de almendra blanqueada entera (unos ¾ de taza)
2¼ tazas de harina de trigo
1 cucharadita de polvo para hornear
¾ de cucharadita de sal
¾ de taza de azúcar
½ taza de mantequilla sin sal, suavizada
3 huevos grandes
2 cucharadas de brandy
2 cucharaditas de ralladura de cáscara de limón
1 cucharada de semilla de anís entera

1. Caliente el horno a 190 °C. Para tostar la almendra, distribúyala sobre una charola para galletas. Hornéela de 6 a 8 minutos hasta que esté tostada y un poco dorada. Con una cuchara, pase la almendra a una tabla para picar; deje enfriar. Pique la almendra.

2. En un recipiente chico, revuelva la harina con el polvo para hornear y la sal. En el tazón mediano de la batidora eléctrica, bata el azúcar con la mantequilla a velocidad media hasta que esponje. Agregue los huevos, 1 a la vez; bata bien después de cada adición y limpie con frecuencia la pared del tazón. Incorpore el brandy y la ralladura de limón. Añada gradualmente la mezcla de harina; revuelva hasta que se incorpore. Ponga la almendra y las semillas de anís. Tape y refrigere la masa por 1 hora o hasta que esté firme.

3. Caliente el horno a 190 °C. Engrase una charola grande para galletas. Divida la masa a la mitad. Con cada mitad forme una barra de 30×5 cm sobre una superficie ligeramente enharinada. (La masa quedará algo suave.) Con las yemas de los dedos enharinadas, aplane un poco la barra. Repita el procedimiento con el resto de la masa. Ponga las dos barras en la charola para galletas.

4. Hornee de 20 a 25 minutos hasta que los panes estén un poco dorados. Saque la charola del horno y póngala sobre una rejilla de alambre; apague el horno. Deje enfriar los panes por completo.

5. Caliente el horno a 180 °C. Con un cuchillo dentado, corte los panes diagonalmente en rebanadas de 1.5 cm de grosor. Ponga las rebanadas planas en una sola capa en 2 charolas para horno sin engrasar.

6. Hornee por 8 minutos. Voltee las rebanadas; hornee de 10 a 12 minutos más hasta que las superficies cortadas estén un poco doradas y las rebanadas estén secas. Pase las rebanadas a una rejilla de alambre; déjelas enfriar por completo. Guarde el pan en un recipiente hermético hasta por 2 semanas.

Rinde unas 4 docenas de rebanadas

Paso 1. Pique la almendra.

Paso 3. Forme dos barras.

Paso 5. Rebane los panes horneados.

Galletas Bolivianas de Almendra (Alfajores de Almendra)

4 tazas de almendras naturales
1 taza de harina de trigo
¼ de cucharadita de sal
1 taza de azúcar
¾ de taza de mantequilla suavizada
1 cucharadita de vainilla
½ cucharadita de extracto de almendra
2 huevos grandes
2 cucharadas de leche
1 cucharada de ralladura de cáscara de limón
1 taza de almendra natural rebanada

1. Ponga la almendra entera en un procesador de alimentos. Procese pulsando el botón de encendido/apagado hasta que la almendra esté molida; no debe quedar pastosa.

2. Caliente el horno a 180 °C. Engrase charolas para galletas.

3. En un recipiente mediano, ponga la almendra molida, la harina y la sal; revuelva para mezclarlas.

4. En el tazón grande de la batidora eléctrica, bata el azúcar, la mantequilla, la vainilla y el extracto de vainilla a velocidad media hasta que esponje; limpie una vez la pared del tazón. Sin dejar de batir, incorpore los huevos y la leche. Agregue gradualmente la mitad de la mezcla de harina; bata a velocidad baja hasta que estén bien batidos; limpie una vez la pared del tazón. Con una cuchara, incorpore la ralladura de limón y el resto de la mezcla de harina.

5. En las charolas para galletas vierta cucharaditas abundantes de masa separadas 5 cm entre sí.

6. Aplánelas un poco con la cuchara; corone con la almendra rebanada.

7. Hornee de 10 a 12 minutos o hasta que las orillas estén un poco doradas. Con una espátula, pase las galletas a rejillas de alambre; déjelas enfriar por completo.

8. Guarde en un envase hermético a temperatura ambiente o congele hasta por 3 meses.

Rinde unas 3 docenas de galletas

Paso 1. Revise la consistencia de la almendra molida.

Paso 5. Ponga cucharaditas abundantes de masa en la charola para galletas.

Paso 6. Corone con almendras rebanadas.

Galletas de Almendra y Chispas de Chocolate

½ taza de almendras en trozos
1¼ tazas de harina de trigo
½ cucharadita de bicarbonato de sodio
½ cucharadita de sal
½ taza de mantequilla o margarina suavizada
½ taza semicompacta de azúcar morena
⅓ de taza de azúcar granulada
1 huevo grande
2 cucharaditas de licor de almendra
1 taza de chispas de chocolate de leche

1. Caliente el horno a 180 °C. Para tostar la almendra, distribúyala en una charola para horno y hornéela de 8 a 10 minutos o hasta que esté dorada; revuelva con frecuencia. Retire la almendra de la charola y déjela enfriar.

2. *Incremente la temperatura del horno a 190 °C.*

3. En un recipiente chico ponga la harina, el bicarbonato de sodio y la sal; revuelva para mezclar.

4. En el tazón grande de la batidora eléctrica, bata la mantequilla con el azúcar morena y el azúcar granulada a velocidad media hasta que esponje; limpie una vez la pared del tazón. Agregue el huevo y bata hasta que esté bien incorporado. Vierta el licor y bata; añada gradualmente la mezcla de harina; bata a velocidad baja hasta que esté bien mezclada; limpie una vez la pared del tazón.

5. Con una cuchara mezcladora incorpore las chispas y la almendra.

6. En charolas para galletas sin engrasar, ponga cucharaditas de masa separadas 5 cm entre sí.

7. Hornee de 9 a 10 minutos o hasta que las orillas estén doradas. Deje reposar las galletas en las charolas por 2 minutos. Con una espátula, pase las galletas a rejillas de alambre; déjelas enfriar por completo.

8. Guárdelas en un recipiente hermético a temperatura ambiente o congélelas hasta por 3 meses.   *Rinde unas 3 docenas de galletas*

Paso 4. Limpie la pared del tazón.

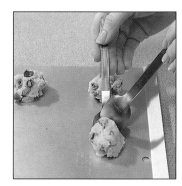

Paso 6. En la charola para galletas, ponga cucharaditas abundantes de masa.

Paso 7. Pase las galletas a una rejilla de alambre.

Galletas de Calabaza

2 tazas de harina de trigo
1 cucharadita de polvo para
   hornear
1 cucharadita de canela molida
½ cucharadita de bicarbonato de
   sodio
½ cucharadita de sal
½ cucharadita de pimienta inglesa
   molida
1 taza de mantequilla suavizada
1 taza de azúcar
1 taza de calabaza de lata o cocida
1 huevo grande
1 cucharadita de vainilla
1 taza de nueces picadas
1 taza de arándano rojo seco
   (opcional)
   Mitades de nuez (unas 36)

1. Caliente el horno a 190 °C.

2. En un recipiente mediano, ponga la harina, el polvo para hornear, la canela, el bicarbonato de sodio, la sal y la pimienta inglesa; revuelva para mezclar.

3. En el tazón grande de la batidora eléctrica, bata la mantequilla con el azúcar a velocidad media hasta que esponje; limpie una vez la pared del tazón. Sin dejar de batir, agregue la calabaza, el huevo y la vainilla. Añada gradualmente la mezcla de harina y bata a velocidad baja hasta que esté bien batida; limpie una vez la pared del tazón. Con una cuchara mezcle la nuez picada y el arándano.

4. En charolas para galletas sin engrasar, acomode cucharadas abundantes de masa separadas 5 cm entre sí. Aplánelas un poco con el dorso de una cuchara.

5. En el centro de cada montículo, ponga media nuez; presiónela un poco. Hornee de 10 a 12 minutos o hasta que estén doradas.

6. Deje que las galletas reposen sobre la charola por 1 minuto. Con una espátula, páselas a rejillas de alambre; déjelas enfriar completamente.

7. Guárdelas en un recipiente hermético a temperatura ambiente o congélelas hasta por 3 meses.   *Rinde unas 3 docenas de galletas*

Paso 3. Incorpore la nuez y el arándano a la masa.

Paso 4. En la charola para galletas, ponga cucharadas abundantes de masa.

Paso 5. En el centro de cada montículo de masa, ponga media nuez y presiónela un poco.

Galletas de Avena con Chocolate Confitado

¾ de taza de harina de trigo
¾ de cucharadita de sal
½ cucharadita de bicarbonato de sodio
¾ de taza de mantequilla o margarina suavizada
¾ de taza de azúcar granulada
¾ de taza semicompacta de azúcar morena
3 cucharadas de leche
1 huevo grande
2 cucharaditas de vainilla
3 tazas de avena sin cocer
1 taza de chocolate semiamargo confitado

1. Caliente el horno a 190 °C. Engrase charolas para galletas.

2. En un recipiente chico, ponga la harina, la sal y el bicarbonato de sodio; revuelva para mezclar.

3. En el tazón grande de la batidora eléctrica, bata la mantequilla con el azúcar granulada y el azúcar morena a velocidad media hasta que esponje; limpie la pared del tazón. Vierta la leche, el huevo y la vainilla; bata bien; limpie una vez la pared del tazón. Agregue la mezcla de harina; bata a velocidad baja; limpie una vez la pared del tazón.

4. Con una cuchara mezcladora, incorpore la avena y luego el chocolate confitado.

5. En las charolas ponga cucharadas de la mezcla separadas 5 cm entre sí.*

6. Hornee de 10 a 11 minutos hasta que las orillas estén doradas. Deje reposar las galletas sobre las charolas por 2 minutos. Con una espátula, pase las galletas a rejillas de alambre; déjelas enfriar por completo.

7. Guarde las galletas en un envase hermético a temperatura ambiente o congélelas hasta por 3 meses.   *Rinde unas 4 docenas de galletas*

*Puede utilizar también una cuchara para helado (# 80); rellénela de masa y presione un poco sobre la pared del tazón para dejarla al ras.

Paso 4. Incorpore la avena.

Paso 5. Vierta la masa con una cuchara para helado.

Paso 6. Pase las galletas a una rejilla de alambre.

Galletas Florentinas

¼ **de taza de almendra blanqueada
y rebanada**

¼ **de taza de nuez**

5 **cerezas rojas confitadas**

1 **cucharada de uvas pasa doradas
u oscuras**

1 **cucharada de cáscara de limón
confitado cortada en cubos**

1 **cucharada de jengibre
cristalizado**

¼ **de taza de mantequilla sin sal**

¼ **de taza de azúcar**

1 **cucharada de crema espesa o
crema batida**

3 **cucharadas de harina de trigo**

120 **g de chocolate semiamargo**

1. Pique finamente la almendra, la nuez, la cereza, las uvas pasa, la cáscara de limón y el jengibre; mezcle en un recipiente chico.

2. Caliente el horno a 180 °C. Engrase 2 charolas para galletas grandes.

3. En una cacerola chica, mezcle la mantequilla, el azúcar y la crema. Cueza a fuego medio, sin tapar, hasta que se disuelva el azúcar y hierva la mezcla; revuelva sin cesar. Cueza y revuelva por 1 minuto más. Retire del fuego e incorpore la mezcla de nuez y fruta. Agregue la harina; revuelva bien.

4. En las charolas, vierta cucharadas abundantes de masa; hornee sólo 4 galletas por charola para que tengan espacio para extenderse. Repita el procedimiento con el resto de la masa.

5. Hornee las galletas, 1 charola a la vez, de 8 a 10 minutos hasta que estén doradas. Saque la charola del horno y póngala sobre una rejilla de alambre.

continúa en la página 314

Paso 1. Pique la cereza confitada.

Paso 3. Incorpore la mezcla de nuez y fruta a la mantequilla.

Paso 4. En la charola para galletas, acomode cucharadas de la mezcla.

Galletas Florentinas, *continuación*

6. Si las galletas se extienden de manera irregular, empuje hacia adentro la mezcla con una espátula de metal para que queden con forma circular. Deje enfriar las galletas por 1 minuto o hasta que estén lo suficientemente firmes para retirarlas de la charola; después, rápidamente, pero con cuidado, pase las galletas con una espátula ancha de metal a una rejilla de alambre. Déjelas enfriar por completo.

7. Repita el procedimiento con el resto de la mezcla. (Para evitar que las galletas se extiendan demasiado rápido, deje que las charolas se enfríen antes de engrasarlas y poner la mezcla.)

8. Pique finamente el chocolate.

9. Ponga a hervir agua en la olla inferior de un baño María; retire del fuego. Ponga el chocolate en la olla superior del baño María sobre el agua. Revuelva el chocolate hasta que se derrita; de inmediato, retire del agua. Deje que el chocolate se enfríe un poco.

10. Cubra con papel encerado una charola grande para galletas. Unte con chocolate la parte inferior de las galletas; acomódelas sobre la charola con el chocolate hacia arriba; déjelas reposar hasta que el chocolate esté casi frío.

11. Con un tenedor, haga un dibujo en forma de zigzag. Deje reposar hasta que el chocolate esté completamente frío o refrigere hasta que esté firme. Sirva o guarde en el refrigerador en un recipiente hermético. Adorne a su gusto.

Rinde unas 2 docenas de galletas

Paso 6. Con una espátula de metal, déle forma redonda a las galletas.

Paso 8. Pique el chocolate.

Paso 11. Sobre el chocolate haga un diseño en forma de zigzag.

Muñecos de Jengibre

2¼ tazas de harina de trigo
2 cucharaditas de canela molida
2 cucharaditas de jengibre molido
1 cucharadita de polvo para hornear
½ cucharadita de sal
¼ de cucharadita de clavo molido
¼ de cucharadita de nuez moscada molida
¾ de taza de mantequilla suavizada
½ taza semicompacta de azúcar morena
½ taza de melaza oscura
1 huevo grande
Dulces de canela rojos picantes (opcional)
Betún (página 316)
Colorantes vegetales de diferentes colores (opcional)
Variedad de dulces y ornamentos para decorar

1. En un recipiente grande, ponga la harina, la canela, el jengibre, el polvo para hornear, la sal, el clavo y la nuez moscada; revuelva para que se mezclen.

2. En el tazón grande de la batidora eléctrica, bata la mantequilla con el azúcar morena a velocidad media hasta que esponje; limpie una vez la pared del tazón. Sin dejar de batir, incorpore la melaza y el huevo. Agregue gradualmente la mezcla de harina; bata a velocidad baja hasta que se incorpore bien; limpie una vez la pared del tazón.

3. Divida la masa y forme 3 bolas; envuélvalas en plástico y refrigérelas por 1 hora o hasta que estén firmes.

4. Caliente el horno a 180 °C. Trabaje con una bola de masa a la vez. Desenvuelva la masa y colóquela sobre una superficie ligeramente enharinada. Extienda la masa con un rodillo un poco enharinado hasta que mida .5 cm de grosor.

5. Corte los muñecos con un cortador de galletas de 12.5 cm enharinado.

6. Ponga los muñecos sobre charolas para galletas sin engrasar. Si lo desea, para los ojos y los botones puede colocar los dulces de canela; presiónelos en la masa.

7. Con cuidado, reúna los recortes de masa; vuelva a extender y corte más galletas. (La masa vuelta a amasar da como resultado galletas un poco más duras que las primeras.)

continúa en la página 316

Paso 4. Extienda la masa hasta que mida .5 cm de grosor.

Paso 5. Corte la masa con un cortador de galletas enharinado.

Paso 7. Junte los recortes y vuelva a amasarlos.

Muñecos de Jengibre, continuación

8. Hornee durante unos 12 minutos o hasta que las orillas estén doradas. Deje reposar las galletas por 1 minuto en las charolas. Con una espátula, pase las galletas a rejillas de alambre; déjelas enfriar por completo.

9. Prepare el Betún. Si lo desea, para decorar las galletas puede dividir el Betún en recipientes chicos y pintarlo de diferentes colores vegetales.

10. Ponga cada betún de color en bolsas chicas para congelar. Haga un corte pequeño en una esquina de las bolsas.

11. Utilice las bolsas como duya; decore las galletas frías con el betún. Adorne el betún con dulces; presiónelos para fijarlos. Deje reposar a temperatura ambiente por 20 minutos o hasta que se endurezca el betún.

12. Guarde en un recipiente hermético a temperatura ambiente o congele hasta por 3 meses.   *Rinde unas 16 galletas grandes*

Betún*

1½ tazas de azúcar glass cernida
2 cucharadas de leche más leche adicional, si es necesaria
½ cucharadita de vainilla

*Si lo desea, en lugar de este betún puede utilizar betún cremoso o en gel.

Ponga todos los ingredientes en un tazón mediano; revuelva con una cuchara hasta que espese, pero que aún pueda untarse. (Si el betún queda demasiado espeso, agregue 1 cucharadita más de leche.)

Paso 10. Haga un corte pequeño en una esquina de la bolsa.

Paso 11. Decore las galletas frías con el betún.

Betún: Revise la consistencia del betún.

Galletas Fritas Polacas (Chrusciki)

1 taza de harina de trigo
1 cucharada de azúcar granulada
3 yemas de huevo grandes
   (página 343)
3 cucharadas de crema agria
1 cucharada de vodka o whisky
   Aceite vegetal para freír
2²⁄₃ tazas de azúcar glass

1. En un recipiente mediano, ponga la harina y el azúcar granulada; revuelva para mezclarlos. En el centro haga un hueco y agregue las yemas de huevo, la crema agria y el vodka. Revuelva con una cuchara hasta que obtenga una masa suave.

2. Sobre una superficie un poco enharinada, coloque la masa; ámasela con suavidad hasta que esté suave. Divida la masa y forme 2 bolas; envuélvalas en plástico y refrigérelas hasta que estén firmes, durante 30 minutos o por toda una noche.

3. Trabaje con una bola a la vez. Desenvuelva la masa y póngala sobre una superficie un poco enharinada. Extienda la masa con un rodillo un poco enharinado hasta que mida .3 cm de grosor; haga un rectángulo de 30×25 cm. Corte la masa por la mitad a lo largo; corte cada mitad en 12 tiras de 2.5 cm de ancho.

4. Haga un corte vertical de 2.5 cm en el centro de cada tira. Pase un extremo de la tira a través del corte para formar el moño; repita el procedimiento con cada tira.

5. En una cacerola grande, caliente el aceite a 190 °C. Ponga 6 tiras a la vez en el aceite.

6. Fríalas por 1 minuto o hasta que estén doradas; con una espumadera, voltee las galletas una vez. Escúrralas sobre toallas de papel.

7. En una bolsa de papel chica, ponga ⅓ de taza de azúcar glass. Agregue 6 galletas calientes a la vez; cierre la bolsa y sacúdala hasta que las galletas estén cubiertas de azúcar. Repita el procedimiento con azúcar adicional y las galletas restantes.

8. Las galletas saben mejor si se comen al momento, pero puede guardarlas en un recipiente hermético durante 1 día.

Rinde 4 docenas de galletas

Paso 5. Meta las tiras de masa en el aceite caliente.

Paso 6. Voltee las galletas con una espumadera.

Paso 7. Agite la bolsa para cubrir las galletas con azúcar glass.

Galletas Linzer Rellenas

1⅓ **tazas de harina de trigo**
¼ **de cucharadita de polvo para**
  hornear
¼ **de cucharadita de sal**
¾ **de taza de azúcar**
½ **taza de mantequilla suavizada**
 1 **huevo grande**
 1 **cucharadita de vainilla**
½ **taza de jalea de frambuesa sin**
  semillas

1. En un recipiente chico, ponga la harina, el polvo para hornear y la sal; revuelva para mezclar.

2. En el tazón mediano de la batidora eléctrica, bata el azúcar con la mantequilla a velocidad media hasta que esponje; limpie una vez la pared del tazón. Sin dejar de batir, agregue el huevo y la vainilla. Añada gradualmente la mezcla de harina; bata a velocidad baja hasta que la masa tome forma; limpie una vez la pared del tazón.

3. Divida la masa y forme 2 bolas; envuélvalas en plástico y refrigérelas por 2 horas o hasta que estén firmes.

4. Caliente el horno a 190 °C. Trabaje con 1 bola a la vez. Desenvuelva la masa y póngala sobre una superficie un poco enharinada. Extienda la masa con un rodillo un poco enharinado.

5. Corte la masa con cortadores de galletas enharinados, de diferentes figuras. Corte números pares de cada figura. (Si la masa aún está suave, cúbrala y refrigérela por varios minutos más antes de continuar.)

6. Corte y retire centros de 2.5 cm de la parte media de las galletas. Con cuidado, junte los recortes; vuelva a extender la masa y corte más galletas. Ponga las galletas, separadas de 3.5 a 5 cm entre sí, en charolas para galletas *sin engrasar*.

7. Hornee de 7 a 9 minutos o hasta que las orillas casi estén doradas. Deje reposar las galletas de 1 a 2 minutos sobre las charolas; luego, con una espátula, páselas a rejillas de alambre; déjelas enfriar por completo.

8. Para armar las galletas, unte, casi hasta la orilla, más o menos 1 cucharadita de jalea sobre el lado plano de las galletas enteras. Encima de la jalea, ponga la galleta con perforación, con el lado plano hacia abajo.

9. Guarde en un recipiente hermético a temperatura ambiente o congele hasta por 3 meses.

Rinde unas 2 docenas de galletas rellenas

Paso 5. Corte la masa con cortadores de galletas enharinados.

Paso 6. Corte y retire centros de 2.5 cm de la parte media.

Paso 8. Unte jalea en las galletas enteras.

Kolachy de Chocolate y Frambuesa

2 cuadros (de 30 g cada uno) de chocolate semiamargo, picado grueso
1½ tazas de harina de trigo
¼ de cucharadita de bicarbonato de sodio
¼ de cucharadita de sal
¼ taza de mantequilla o margarina suavizada
90 g de queso crema o queso crema ligero, suavizado
⅓ de taza de azúcar granulada
1 cucharadita de vainilla
¼ de taza de jalea de frambuesa sin semillas
Azúcar glass

1. Caliente el horno a 190 °C. Engrase ligeramente charolas para galletas. Ponga el chocolate en una taza medidora de vidrio. Hornee en el microondas, a temperatura ALTA, de 3 a 4 minutos o hasta que el chocolate se derrita; revuelva después de 2 minutos en el horno.

2. En un recipiente chico, ponga la harina, el bicarbonato de sodio y la sal; revuelva. En el tazón grande de la batidora eléctrica, bata la mantequilla con el queso crema a velocidad media hasta que se incorporen bien; limpie ocasionalmente la pared del tazón. Agregue el azúcar granulada y bata hasta que esponje; limpie una vez la pared del tazón. Sin dejar de batir, incorpore la vainilla y el chocolate. Añada poco a poco la mezcla de harina; bata a velocidad baja; limpie una vez la pared del tazón.

3. Divida la masa a la mitad; aplane cada mitad para formar un disco. Envuélvalos en plástico; refrigérelos durante unas 2 horas o hasta que estén firmes.

4. Desenvuelva y, con un rodillo enharinado, extienda cada pedazo de masa sobre una superficie bien enharinada hasta que mida de .3 a .6 cm de grosor. Corte la masa con un cortador redondo de 7.5 cm de diámetro. Acomode los círculos de masa sobre las charolas, separados 5 cm entre sí. En el centro de cada círculo, sirva ½ cucharadita abundante de jalea.

5. Doble hacia arriba tres orillas de la masa sobre la jalea para formar un triángulo; pellizque las orillas para sellarlas; deje el centro del triángulo un poco abierto.

6. Hornee por 10 minutos o hasta que se cuezan las galletas. Déjelas reposar por 2 minutos sobre las charolas. Con una espátula, páselas a rejillas de alambre; déjelas enfriar por completo. Poco antes de servirlas, espolvoréelas con azúcar glass.

7. Guárdelas en un recipiente hermético en el refrigerador; déjelas reposar por 30 minutos a temperatura ambiente antes de servirlas. No las congele. *Rinde unas 18 galletas*

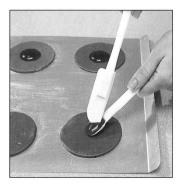
Paso 4. Ponga la jalea.

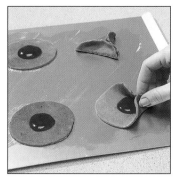
Paso 5. Forme un triángulo con la masa.

Galletas Moravas de Especias

⅓ de taza de manteca
⅓ de taza compacta de azúcar
    morena
¼ de taza de melaza sin sulfurar
¼ de taza de jarabe oscuro de maíz
1¾ a 2 tazas de harina de trigo
  2 cucharaditas de jengibre molido
  1 cucharadita de canela molida
½ cucharadita de clavo molido
1¼ cucharaditas de bicarbonato de
    sodio
    Azúcar glass

1. En una cacerola chica, derrita la manteca a fuego bajo. Retire del fuego e incorpore el azúcar morena, la melaza y el jarabe de maíz. Deje enfriar.

2. En el tazón grande de la batidora eléctrica, mezcle 1½ tazas de harina, las especias y el bicarbonato de sodio. Agregue la manteca y bata a velocidad media; limpie una vez la pared del tazón. Incorpore gradualmente harina adicional hasta obtener una masa firme; limpie una vez la pared del tazón.

3. Sobre una superficie ligeramente enharinada, amase la mezcla; si la masa está muy pegajosa, agregue más harina. Con la masa forme 2 bolas; envuélvalas en plástico y refrigérelas por 30 minutos o hasta que estén firmes.

4. Caliente el horno a 180 °C. Engrase charolas para galletas. Trabaje con una bola a la vez. Desenvuelva la masa y póngala sobre una superficie ligeramente enharinada. Extienda la masa con un rodillo un poco enharinado hasta que mida 1.5 mm de grosor.

5. Corte la masa con un cortador de galletas con forma de concha, de 6 cm de diámetro. (Si la masa está demasiado suave, refrigérela por varios minutos antes de continuar.) Con cuidado, junte los recortes de masa; vuelva a extender la masa y corte más galletas. (La masa que vuelva a amasar producirá galletas más duras que las primeras.) Ponga las galletas separadas 1.5 cm entre sí sobre las charolas para galletas.

6. Hornee por 8 minutos o hasta que estén firmes y un poco doradas. Con una espátula, pase las galletas a rejillas de alambre; déjelas enfriar por completo.

7. Sobre las galletas, acomode trozos chicos de cartón o de papel pergamino recortado con figuras; espolvoree las galletas con azúcar glass cernida. Con cuidado, retire el cartón. Guárdelas en un recipiente hermético a temperatura ambiente o congélelas hasta por 3 meses.

Rinde unas 6 docenas de galletas

Paso 1. Mezcle el azúcar morena, la melaza y el jarabe de maíz.

Paso 3. Amase.

Cuadros de Coco Tropicales

Base

- **1 taza de mantequilla suavizada**
- **½ taza de azúcar granulada**
- **2 yemas de huevo grandes (página 343)**
- **¼ de cucharadita de sal**
- **2¼ tazas de harina de trigo**

Cobertura

- **3 cucharadas de harina de trigo**
- **½ cucharadita de polvo para hornear**
- **1½ tazas semicompactas de azúcar morena**
- **3 huevos grandes**
- **1 cucharadita de vainilla**
- **1½ tazas de nuez de macadamia**
- **2 tazas de coco rallado**

1. Caliente el horno a 180 °C. Engrase una charola para rollo de pan, de 38×25 cm.

2. Para la base, en el tazón grande de la batidora eléctrica, bata la mantequilla con el azúcar granulada, a velocidad media, hasta que esponje; limpie una vez la pared del tazón. Sin dejar de batir, incorpore las yemas de huevo y la sal. Agregue poco a poco la harina; bata a velocidad baja hasta que se incorpore; limpie una vez la pared del tazón.

3. Distribuya la masa en la charola. Hornee de 16 a 18 minutos o hasta que esté dorada.

4. Mientras tanto, para la cubierta, ponga la harina y el polvo para hornear en un tazón chico; revuelva para mezclar. En el tazón grande de la batidora eléctrica, bata el azúcar morena con los huevos, a velocidad media, de 2 a 3 minutos o hasta que la mezcla esté muy espesa; limpie una vez la pared del tazón. Incorpore la vainilla. Añada gradualmente la mezcla de harina; bata a velocidad baja hasta que esté bien mezclada; limpie una vez la pared del tazón. Con una cuchara agregue la nuez.

5. Distribuya la pasta uniformemente sobre la base caliente; encima espolvoree el coco.

6. Regrese al horno; hornee de 20 a 22 minutos o hasta que la cubierta esté dorada y esponje.

7. Pase la charola a una rejilla de alambre; deje enfriar por completo. Corte en cuadros de unos 5 cm.

8. Guarde los cuadros en un recipiente hermético a temperatura ambiente o congele hasta por 3 meses.

Rinde unos 40 cuadros

Paso 3. Distribuya la masa en la charola.

Paso 5. Encima espolvoree el coco.

Paso 6. Hornee hasta que la cubierta esté dorada.

Brownies de Capuchino con Coco

6 cuadros (de 30 g cada uno) de
   chocolate semiamargo, picados
1 cucharada de café secado por
   congelación
1 cucharada de agua hirviente
¾ de taza de harina de trigo
¾ de cucharadita de canela molida
½ cucharadita de polvo para
   hornear
¼ de cucharadita de sal
½ taza de azúcar
¼ de taza de mantequilla o
   margarina suavizada
3 huevos grandes
¼ de taza de crema batida
1 cucharadita de vainilla
¾ de taza de coco rallado
½ taza de chispas de chocolate
   semiamargo

1. Caliente el horno a 180 °C. Engrase un molde cuadrado de 20 cm.

2. En una cacerola chica, derrita los cuadros de chocolate a fuego bajo; revuelva sin cesar. En una taza chica, disuelva el café en el agua hirviente.

3. Ponga la harina, la canela, el polvo para hornear y la sal en un tazón chico; revuelva para mezclar.

4. En el tazón grande de la batidora eléctrica, bata el azúcar con la mantequilla, a velocidad media, hasta que esponje; limpie una vez la pared del tazón. Sin dejar de batir, incorpore 2 huevos, 1 a la vez; después de cada adición, limpie la pared del tazón. Bata la mezcla de chocolate y la mezcla de café hasta que se incorporen bien. Agregue la mezcla de harina; bata a velocidad baja hasta que esté bien incorporada; limpie una vez la pared del tazón. Vierta la pasta uniformemente en el molde que preparó.

5. Para coronar, mezcle la crema con el huevo restante y la vainilla en un tazón chico; revuelva bien. Incorpore ½ taza de coco y ¼ de taza de chispas de chocolate. Distribuya uniformemente sobre la base del brownie; espolvoree encima el coco y las chispas de chocolate restantes.

6. Hornee de 30 a 35 minutos o hasta que el coco esté dorado y el centro esté cocido. Pase el molde a una rejilla de alambre; deje enfriar por completo. Corte en cuadros de 5 cm.

7. Guarde en un recipiente hermético a temperatura ambiente o congele hasta por 3 meses.

Rinde 16 brownies

Paso 2. Revuelva el chocolate.

Paso 5. Distribuya la mezcla sobre la pasta.

Barras Alemanas de Miel (Lebkuchen)

2¾ tazas de harina de trigo
2 cucharaditas de canela molida
1 cucharadita de polvo para hornear
½ cucharadita de bicarbonato de sodio
½ cucharadita de sal
½ cucharadita de cardamomo molido
½ cucharadita de jengibre molido
½ taza de miel
½ taza de melaza oscura
¾ de taza compacta de azúcar morena
3 cucharadas de mantequilla derretida
1 huevo grande
½ taza de almendra tostada picada (opcional)
Glasé (receta más adelante)

1. Caliente el horno a 180 °C. Engrase una charola para rollo de pan de 38×25 cm.

2. En un recipiente mediano, ponga la harina, la canela, el polvo para hornear, el bicarbonato de sodio, la sal, el cardamomo y el jengibre; revuelva para mezclar.

3. En una cacerola mediana, mezcle la miel con la melaza; ponga a hervir a fuego medio. Retire del fuego y deje enfriar por 10 minutos.

4. Incorpore el azúcar morena, la mantequilla y el huevo a la mezcla de miel.

5. En el tazón grande de la batidora eléctrica, ponga la mezcla de azúcar morena; agregue poco a poco la mezcla de harina; bata a velocidad baja hasta que se forme la masa; limpie una vez la pared del tazón. Con una cuchara, revuelva la almendra. (La masa le quedará un poco pegajosa.)

6. Distribuya uniformemente la masa en el molde. Hornee de 20 a 22 minutos o hasta que esté dorada y cocida. Pase el molde a una rejilla de alambre; deje enfriar por completo.

7. Prepara el Glasé y úntelo sobre la galleta fría. Deje reposar hasta que cuaje, durante unos 30 minutos. Corte en barras de 5×2.5 cm.

8. Guarde en un recipiente hermético a temperatura ambiente o congele hasta por 3 meses.

Rinde unas 6 docenas de barras

Glasé

1¼ tazas de azúcar glass cernida
3 cucharadas de jugo de limón recién exprimido
1 cucharadita de ralladura de cáscara de limón

Ponga todos los ingredientes en un recipiente mediano; revuelva con una cuchara hasta que se incorporen.

Paso 3. Deje que hierva la mezcla de miel.

Paso 4. Incorpore el azúcar, la mantequilla y el huevo.

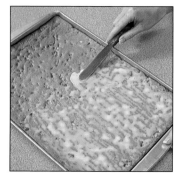
Paso 7. Unte el Glasé sobre la galleta fría.

Exquisitas Barras de Limón

2 limones
2 tazas de harina de trigo
1 taza de mantequilla
½ taza de azúcar glass
¼ de cucharadita de sal
1 taza de azúcar granulada
3 huevos grandes
⅓ de taza de jugo de limón recién
    exprimido
  Azúcar glass adicional

1. Ralle finamente la porción de color de la cáscara de limón; utilice un rallador de campana o un rallador de mano. Obtenga 4 cucharaditas.

2. Caliente el horno a 180 °C. Engrase un molde de 33×23 cm. En un procesador de alimentos, ponga 1 cucharadita de ralladura de cáscara de limón, la harina, la mantequilla, ½ taza de azúcar glass y la sal. Procese hasta que en la mezcla se formen grumos gruesos.

3. Distribuya la mezcla en el molde y presiónela. Hornee de 18 a 20 minutos o hasta que esté dorada.

4. En el tazón mediano de la batidora eléctrica, bata las 3 cucharaditas restantes de ralladura de cáscara de limón, el azúcar granulada, los huevos y el jugo de limón, a velocidad media, hasta que se mezclen bien.

5. Vierta uniformemente la mezcla sobre la base tibia. Regrese al horno; hornee de 18 a 20 minutos más o hasta que el centro cuaje y las orillas estén doradas. Saque el molde del horno y póngalo sobre una rejilla de alambre; deje enfriar por completo.

6. Encima espolvoree el azúcar glass cernida adicional; corte en barras de unos 5×4 cm.

7. Guarde en un recipiente hermético a temperatura ambiente. No las congele.

Rinde 3 docenas de barras

Paso 1. Ralle la cáscara de limón.

Paso 3. En el molde, distribuya la mezcla y presiónela.

Paso 5. Vierta la mezcla de limón sobre la base tibia.

Galletas de Canela Remojadas en Chocolate

1¼ tazas de harina de trigo
1½ cucharaditas de canela molida
¼ de cucharadita de sal
1 taza de mantequilla sin sal suavizada
1 taza de azúcar glass
1 huevo grande
1 cucharadita de vainilla
120 g de chocolate amargo de barra, partido

1. Ponga la harina, la canela y la sal en un recipiente; revuelva.

2. En el tazón grande de la batidora eléctrica, bata la mantequilla a velocidad media hasta que esponje; limpie una vez la pared del tazón. Agregue el azúcar; bata bien. Incorpore el huevo y la vainilla; bata bien; limpie una vez la pared del tazón. Añada gradualmente la mezcla de harina; bata a velocidad baja; limpie de vez en cuando la pared del tazón.

3. Ponga la masa sobre un trozo de papel encerado. Con el papel encerado envuelva la masa y ruede de atrás hacia delante para formar una barra de unos 30 cm de largo y 6 cm de diámetro.

4. Envuelva ajustadamente la masa con el papel encerado. Refrigérela durante 2 horas por lo menos o hasta que esté firme. (Puede congelar la barra hasta por 3 meses; descongélela en el refrigerador antes de hornear las galletas.)

5. Caliente el horno a 180 °C. Corte la barra con un cuchillo largo afilado, en rebanadas de .5 cm de grosor. Acomode las rebanadas en charolas para galletas, *sin engrasar*, separadas 5 cm entre sí.

6. Hornee por 10 minutos o hasta que se cuezan. Deje reposar las galletas por 2 minutos sobre las charolas. Con una espátula, pase las galletas a una rejilla de alambre; déjelas enfriar.

7. Derrita el chocolate en una taza medidora de vidrio metida en un tazón con agua muy caliente; revuelva dos veces. Tardará unos 10 minutos en derretirse. Remoje las galletas en el chocolate; cubra 2.5 cm de un lado. Deje que el exceso de chocolate gotee en la taza.

8. Ponga las galletas sobre rejillas de alambre o sobre papel encerado; deje reposar a temperatura ambiente por unos 40 minutos hasta que el chocolate se enfríe.

9. Guárdelas entre hojas de papel encerado a temperatura ambiente o en el refrigerador. No las congele.   *Rinde unas 2 docenas de galletas*

Paso 3. Forme una barra.

Paso 5. Corte la masa en rebanadas de .5 cm de grosor.

Paso 7. Remoje las galletas en el chocolate derretido.

Rollos de Chocolate con Menta

1¼ tazas de harina de trigo
1 cucharadita de polvo para hornear
½ cucharadita de sal
⅔ de taza de mantequilla o margarina suavizada
1 taza de azúcar
1 huevo grande
1 cucharadita de vainilla
1 taza de avena de cocción rápida, sin cocer
1 taza de chispas de chocolate de menta

1. Ponga la harina, el polvo para hornear y la sal en un recipiente chico; revuelva para mezclarlos.

2. En el tazón grande de la batidora eléctrica, bata la mantequilla con el azúcar, a velocidad media, hasta que esponje; limpie una vez la pared del tazón. Agregue el huevo y la vainilla; bata bien; limpie una vez la pared del tazón. Añada gradualmente la mezcla de harina; bata a velocidad baja; limpie una vez la pared del tazón. Bata la avena con una cuchara mezcladora.

3. Ponga las chispas en una taza medidora de vidrio. Meta al horno de microondas a temperatura ALTA, durante unos 2 minutos o hasta que se derrita; revuelva después de 1½ minutos.

4. Divida la masa a la mitad. Ponga el chocolate derretido a una de las mitades; revuelva bien.

5. Extienda cada mitad de masa entre 2 hojas de papel encerado; forme un rectángulo de 38×25 cm. Desprenda el papel encerado de la parte superior de cada rectángulo.

6. Ponga la masa con chocolate sobre la masa sin chocolate; retire el papel encerado de la masa con chocolate. Con el papel encerado debajo de la masa sin chocolate como guía, enrolle ajustadamente la masa comenzando por un lado largo; a medida que la enrolla, vaya retirando el papel. Envuelva la masa en plástico; refrigérela durante 2 horas por lo menos o hasta por 24 horas.

7. Caliente el horno a 180 °C. Engrase ligeramente una charola para galletas. Desenvuelva el rollo y, con un cuchillo largo afilado, corte la masa en rebanadas de .5 cm de grosor. Póngalas sobre la charola separadas 7.5 cm entre sí.

8. Hornee de 10 a 12 minutos o hasta que se cuezan. Con una espátula, pase las galletas a rejillas de alambre; deje enfriar.

9. Guarde en un recipiente hermético a temperatura ambiente o congele hasta por 3 meses.

Rinde unas 3 docenas de galletas

Paso 6. Enrolle ambas masas ajustadamente.

Paso 7. Corte la masa en rebanadas de .5 cm de grosor.

Galletas Vienesas de Mantequilla y Avellana

1 taza de avellana
1¼ tazas de azúcar glass
1 taza de mantequilla suavizada
1 huevo grande
1 cucharadita de vainilla
1¼ tazas de harina de trigo
¼ de cucharadita de sal
1 taza de chispas de chocolate
    semiamargo

1. Caliente el horno a 180 °C. En una charola para horno, distribuya la avellana en una sola capa. Hornee de 10 a 12 minutos o hasta que se tueste y la cáscara comience a desprenderse; deje enfriar un poco. Envuelva las avellanas en una toalla gruesa de cocina; frótelas para eliminar tanta cáscara como sea posible. En un procesador de alimentos, muela la avellana; debe quedar molida pero no pastosa.

2. En el tazón mediano de la batidora eléctrica, bata el azúcar glass con la mantequilla, a velocidad media, hasta que esponje; limpie una vez la pared del tazón. Bata el huevo y la vainilla. Agregue gradualmente la harina y la sal. Incorpore la avellana a velocidad baja hasta que esté bien mezclada.

3. Ponga la masa sobre una hoja de papel encerado. Ruede la masa de atrás hacia delante para formar una barra de 30 cm de largo y 6 cm de diámetro. Envuélvalo en plástico y refrigérelo hasta que esté firme, durante 2 horas o hasta por 48 horas.

4. Caliente el horno a 180 °C. Corte la masa con un cuchillo a lo ancho en rebanadas de .5 cm de grosor. Ponga las galletas sobre charolas para galletas, sin engrasar, separadas 5 cm entre sí.

5. Hornee de 10 a 12 minutos o hasta que las orillas estén un poco doradas. Deje reposar las galletas por 1 minuto sobre las charolas. Con una espátula, pase las galletas a rejillas de alambre; deje enfriar por completo.

6. Ponga las chispas de chocolate en una taza medidora de vidrio de 2 tazas de capacidad. Meta al horno de microondas a temperatura ALTA durante unos 2 minutos; revuelva una vez. Remoje las galletas en el chocolate; cubra sólo la mitad. Deje que el exceso de chocolate gotee en la taza. Ponga las galletas sobre papel encerado; déjelas reposar a temperatura ambiente por 1 hora o hasta que el chocolate esté frío.

7. Guárdelas en un recipiente hermético entre hojas de papel encerado a temperatura ambiente o congélelas hasta por 3 meses.

Rinde unas 3 docenas de galletas

Paso 1. Frote las avellanas para desprender la cáscara.

Paso 3. Ruede la masa envuelta en papel encerado.

Paso 4. Corte la masa en rebanadas de .5 cm de grosor.

Postres

Torta Dulce de Calabaza

3 tazas de calabaza pelada y
   rallada (unos 450 g)
1 taza de nueces molidas
1 taza de coco rallado
4 huevos grandes
1 taza de aceite vegetal
2 cucharadas de vainilla
2½ tazas de azúcar granulada
3 tazas de harina de trigo
2 cucharaditas de canela molida
1½ cucharaditas de bicarbonato de
   sodio
1 cucharadita de polvo para
   hornear
1 cucharadita de sal
   Betún de Queso Crema y Piña
   (página 342)

1. Caliente el horno a 180 °C. Con un poco de manteca, engrase la base y el costado de dos moldes redondos para torta de 25 cm de diámetro.

2. En cada molde ponga de 2 a 3 cucharaditas de harina. Incline el molde para cubrir el fondo y el costado. Voltee el molde y déle un golpe ligero para eliminar el exceso de harina.

3. En un recipiente mediano, mezcle la calabaza con la nuez y el coco.

4. En el tazón grande de la batidora eléctrica, bata los huevos, el aceite y la vainilla, a velocidad media, hasta que se incorporen. Sin dejar de batir, agregue gradualmente el azúcar. Mezcle la harina, la canela, el bicarbonato de sodio, el polvo para hornear y la sal en un recipiente grande. Incorpore poco a poco a la mezcla de huevo; revuelva bien después de cada adición. Añada la mezcla de calabaza. Vierta equitativamente en los moldes.

5. Hornee de 35 a 40 minutos o hasta que, al insertar en el centro del pan un palillo, éste salga limpio. Deje enfriar por 10 minutos los pasteles en los moldes sobre rejillas de alambre. Con un cuchillo o una espátula flexible de metal, afloje la orilla del pan. Ponga una rejilla de alambre sobre un molde y sosténgalos juntos con guantes para horno; voltéelos de manera que el molde quede invertido sobre la rejilla. Con suavidad, sacuda el pan para sacarlo del molde; retire el molde. Repita el procedimiento con el otro pan. Déjelos enfriar completamente.

continúa en la página 342

Paso 1. Engrase el molde.

Paso 2. Enharine el molde.

Paso 5. Saque el pan del molde.

Torta Dulce de Calabaza, continuación

6. Con un cepillo para repostería o con la mano, retire con cuidado las migajas sueltas de la parte superior y del costado de los panes.

7. Prepare el Betún de Queso Crema y Piña. Rellene y cubra la torta con el betún.

Rinde una torta de 2 capas

Betún de Queso Crema y Piña

1 caja (225 g) de queso crema
450 g (unas 4½ tazas) de azúcar glass
½ taza (1 barra) de margarina
    suavizada
1 lata (225 g) de piña en trozos,
    escurrida y machacada

1. Desenvuelva el queso crema y póngalo con la envoltura sobre una tabla para picar. Con un cuchillo de uso práctico, corte el queso a lo largo en rebanadas de 1.5 cm de ancho; después córtelo a lo ancho en cubos de 1.5 cm. Déjelo reposar a temperatura ambiente hasta que se suavice.

2. En un tazón grande, cierna el azúcar glass con un cernidor o un colador fino.

3. En otro tazón grande, con la batidora eléctrica a velocidad alta, bata el queso crema y la margarina hasta que estén cremosos. Incorpore la piña.

4. Agregue gradualmente el azúcar glass, batiendo hasta que el betún esté suave y tenga una consistencia untable.

Paso 6. Antes de untar el betún, retire las migajas sueltas.

Betún de Queso y Piña: Paso 1. Deje que el queso se suavice.

Betún de Queso Crema y Piña: Paso 2. Cierna el azúcar glass.

Torta de Azúcar Quemada

1½ tazas de azúcar granulada
½ taza de agua hirviente
2 huevos grandes
½ taza (1 barra) de margarina
   suavizada
1 cucharadita de vainilla
2¼ tazas de harina de trigo
1 cucharada de polvo para
   hornear
1 cucharadita de sal
1 taza de leche
   Betún de Caramelo (página 344)
   Figuras de Azúcar Caramelizada
     para adornar (página 344)

1. Para preparar el jarabe de azúcar, en una cacerola de 20 cm de diámetro, caliente ½ taza de azúcar granulada a fuego medio, revolviendo sin cesar, hasta que el azúcar se derrita y esté dorada.

2. *Reduzca el fuego a bajo.* Vierta poco a poco el agua hirviente al azúcar; continúe calentando hasta que se disuelva el azúcar; revuelva sin cesar. Retire del fuego.

3. Caliente el horno a 190 °C. Engrase y enharine dos moldes redondos para torta de 20 cm de diámetro (técnica en la página 340).

4. Para separar la yema y la clara del huevo, golpee con delicadeza el centro del huevo contra una superficie dura, como la orilla de un tazón. Sostenga una mitad del huevo en cada mano; con suavidad, pase la yema de una mitad de cascarón a la otra; deje que la clara chorree en un recipiente mediano.

5. Cuando toda la clara haya quedado en el recipiente, ponga la yema en un tazón. Pase la clara a un tercer recipiente. Repita el procedimiento de separación con el otro huevo. (En las claras de huevo no deben quedar residuos de la yema para que puedan alcanzar el volumen adecuado cuando las bata.) Deje a un lado las yemas.

6. Bata las claras con la batidora eléctrica a velocidad media hasta que esponjen.

7. Agregue gradualmente ½ taza de azúcar granulada; bata a velocidad alta hasta que se formen picos rígidos.

8. En el tazón grande de la batidora eléctrica, bata la margarina y el azúcar restante hasta que esponje. Sin dejar de batir, incorpore las yemas. Vierta la vainilla y luego agregue poco a poco el jarabe de azúcar; bata hasta que estén bien incorporados.

continúa en la página 344

Paso 1. Derrita el azúcar.

Paso 2. Agregue el agua a la mezcla de azúcar.

Paso 4. Separe la yema y la clara del huevo.

Torta de Azúcar Quemada, continuación

9. Revuelva la harina, el polvo para hornear y la sal; agregue esta mezcla a la de margarina, alternándola con la leche; bata bien después de cada adición. Incorpore de forma envolvente la mezcla de clara de huevo. Vierta la pasta equitativamente en los moldes preparados.

10. Hornee de 20 a 25 minutos o hasta que, al insertar en el centro del pan un palillo, éste salga limpio. Deje enfriar por 10 minutos los panes en los moldes sobre rejillas de alambre.

11. Con un cuchillo o con una espátula flexible de metal, afloje la orilla de los panes. Ponga una rejilla de alambre sobre uno de los moldes y sosténgalos juntos con guantes para horno; voltéelos de manera que el molde quede invertido sobre la rejilla. Con suavidad, sacuda el pan para sacarlo del molde; retire el molde. Repita el procedimiento con el otro pan. Déjelos enfriar completamente.

12. Con un cepillo para repostería o con la mano, retire con cuidado las migajas sueltas de la parte superior y del costado de los panes.

13. Para armar la torta, ponga un pan sobre un platón. Para conservar limpio el platón mientras unta el betún, ponga tiras chicas de papel encerado debajo del pan. Prepare el Betún de Caramelo y úntelo en la parte superior del pan.

14. Acomode encima el otro pan; unte betún encima y en los costados. Retire el papel encerado. Adorne si lo desea.

Rinde una torta de 2 capas

Betún de Caramelo

2 cucharadas de margarina
⅔ de taza compacta de azúcar morena
⅛ de cucharadita de sal
⅓ de taza de leche evaporada
2½ tazas de azúcar glass
½ cucharadita de vainilla

1. Derrita la margarina en una olla de 2 litros. Añada el azúcar morena, la sal y la leche evaporada; deje que hierva; revuelva sin cesar. Retire del fuego; deje enfriar hasta que la mezcla esté tibia.

2. Con la batidora eléctrica a velocidad alta, incorpore batiendo el azúcar glass hasta que el betún tenga una consistencia untable. Vierta la vainilla.

Figuras de Azúcar Caramelizada: En una olla de 20 cm de diámetro, caliente de ½ a ¾ de taza de azúcar granulada a fuego medio, revolviendo sin cesar, hasta que el azúcar se derrita y esté dorada. De inmediato, vierta el azúcar formando figuras sobre una charola para galletas engrasada. Deje reposar hasta que se enfríen. Con cuidado, retírelas de la charola.

Paso 9. Incorpore de forma envolvente la clara de huevo.

Paso 11. Con suavidad, saque el pan del molde.

Paso 13. Unte el Betún de Caramelo.

Torta Lady Baltimore

1¼ tazas de manteca
2¼ tazas de azúcar
2 cucharaditas de vainilla
3¼ tazas de harina de trigo
4½ cucharaditas de polvo para
    hornear
1½ cucharaditas de sal
1½ tazas de leche
8 claras de huevo grande*
    (página 343)
    Relleno de Fruta (página 348)
    Betún Esponjoso (página 348)

*Para el Relleno de Fruta, conserve tapadas las 8 yemas de huevo en el refrigerador.

1. Caliente el horno a 180 °C. Engrase con un poco de manteca tres moldes redondos para torta de 23 cm de diámetro.

2. En la superficie de trabajo, ponga volteado un molde; sobre la base del molde, ponga una hoja de papel encerado. Presiónela alrededor de toda la orilla para que se marque la base. Con unas tijeras, corte el papel por donde indica la marca, de tal forma que quede un círculo de 23 cm. Recorte dos círculos más. Ponga un círculo dentro de cada molde.

3. En el tazón grande de la batidora eléctrica, bata la manteca con el azúcar a velocidad alta hasta que esponje. Vierta la vainilla.

4. Cierna juntos la harina, el polvo para hornear y la sal. Agregue a la mezcla de azúcar alternándola con la leche; bata bien después de cada adición.

5. En otro tazón bata con la batidora eléctrica las claras de huevo a velocidad alta hasta que se formen picos rígidos.

6. Con una espátula de hule, incorpore, con movimientos envolventes, las claras de huevo en la pasta; revuelva con suavidad desde el fondo del tazón; limpie la pared del tazón. Después, revuelva la parte superior de la mezcla hasta que esté uniformemente incorporada. Vierta en los moldes que preparó.

7. Hornee por 30 minutos o hasta que, al insertar en el centro del pan un palillo, éste salga limpio. Deje enfriar por 10 minutos en el molde sobre rejillas de alambre. Con un cuchillo o con una espátula flexible de metal, afloje la orilla de los panes. Ponga una rejilla de alambre sobre un molde y sosténgalos con guantes para horno; voltéelos de manera que el molde quede invertido sobre la rejilla. Con suavidad, sacuda el pan para desmoldarlo. Retire el molde y desprenda el papel encerado. Repita el procedimiento con los otros panes. Déjelos enfriar completamente.

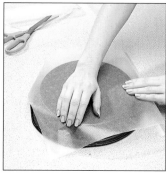

Paso 2. Presione alrededor del molde para marcar la base.

Paso 3. Bata la manteca con el azúcar.

Paso 7. Saque el pan del molde.

continúa en la página 348

Torta Lady Baltimore, continuación

8. Con un cepillo para repostería o con la mano, retire con cuidado las migajas sueltas de la parte superior y de los costados de los panes.

9. Prepare el Relleno de Fruta. Para formar la torta, unte dos capas de pan con el relleno; apile las capas sobre un platón para torta. Corone con la tercera capa de pan.

10. Prepare el Betún Esponjoso. Cubra la torta con el betún.   *Rinde una torta de 3 capas*

Relleno de Fruta

½ **taza (1 barra) de mantequilla o margarina**
1 **taza de azúcar**
½ **taza de agua**
⅓ **de taza de bourbon o brandy****
2 **huevos grandes más las 8 yemas de huevo que conservó**
1 **taza de uvas pasa finamente picadas**
¾ **de taza de nueces picadas**
½ **taza de cerezas maraschino escurridas y picadas**
½ **taza de coco rallado**
¾ **de cucharadita de vainilla**

**Puede omitir el licor. Si lo hace así, aumente la cantidad de agua a ¾ de taza y agregue 1 cucharada de extracto de ron con vainilla.

1. Derrita la mantequilla en una cacerola de 2 litros. Incorpore el azúcar, el agua y el bourbon. Ponga a hervir a fuego medio-alto; revuelva de vez en cuando para disolver el azúcar.

2. Separe las yemas y las claras de los 2 huevos (técnica en la página 343). Junte las 2 yemas con las 8 yemas que conservó y bátalas un poco. Conserve las 2 claras para el Betún Esponjoso.

3. Agregue un poco de la mezcla caliente a las yemas; revuelva.

4. Vierta las yemas en la cacerola.

5. Cueza y revuelva hasta que espese. (*No deje hervir.*) Retire del fuego.

6. Incorpore las uvas pasa, las nueces, las cerezas y el coco. Ponga la vainilla y deje enfriar por completo.

Betún Esponjoso

1½ **tazas de azúcar**
½ **taza de agua**
2 **claras de huevo que conservó*****
2 **cucharaditas de jarabe de maíz o ¼ de cucharadita de cremor tártaro**
Pizca de sal
1 **cucharadita de vainilla**

***Utilice huevos limpios, que no estén rotos.

1. En la olla superior de un baño María, mezcle el azúcar, el agua, las claras de huevo, el jarabe de maíz y la sal. Bata con una batidora eléctrica a velocidad alta por 30 segundos.

2. Ponga sobre la estufa; cueza sobre agua caliente durante 7 minutos; revuelva de vez en cuando.

3. Retire del fuego y agregue la vainilla. Con batidora eléctrica a velocidad alta, bata por 3 minutos o hasta que el betún tenga una consistencia untable.

Relleno de Fruta: Paso 5. Cueza hasta que espese.

Betún Esponjoso: Paso 1. Bata la mezcla de azúcar por 30 segundos.

Betún Esponjoso: Paso 3. Bata hasta que tenga una consistencia untable.

Torta de Plátano

2½ tazas de harina de trigo
1 cucharadita de sal
¾ de cucharadita de polvo para
hornear
¾ de cucharadita de bicarbonato
de sodio
2 a 3 plátanos (bananas) maduros
⅔ de taza de manteca
1⅔ tazas de azúcar
2 huevos grandes
⅔ de taza de suero de leche
⅔ de taza de nueces picadas
Betún de Vainilla (página 350)
Rebanadas de plátano y hojas de
menta para adornar

1. Caliente el horno a 190 °C. Engrase con un poco de manteca dos moldes redondos para torta de 23 cm de diámetro. A cada molde agréguele de 2 a 3 cucharaditas de harina. Incline el molde para cubrir el fondo y el costado. Voltee el molde y déle un golpe ligero para eliminar el exceso de harina.

2. En un tazón mediano, mezcle la harina, la sal, el polvo para hornear y el bicarbonato de sodio.

3. Pele los plátanos y póngalos en un recipiente mediano. Macháquelos con un tenedor hasta obtener 1¼ tazas.

4. En el tazón grande de la batidora eléctrica, bata la manteca con el azúcar a velocidad media hasta que esponje. Agregue los huevos, 1 a la vez; bata bien después de cada adición.

5. Incorpore el plátano machacado. Añada la mezcla de harina alternándola con el suero de leche; bata bien después de cada adición. Ponga las nueces. Vierta equitativamente en los moldes.

6. Hornee de 30 a 35 minutos o hasta que, al insertar en el centro del pan un palillo, éste salga limpio. Deje enfriar por 10 minutos los panes sobre rejillas de alambre.

continúa en la página 350

Paso 1. Enharine el molde.

Paso 4. Agregue los huevos.

Paso 5. Añada el plátano.

Torta de Plátano, continuación

7. Con un cuchillo o una espátula flexible de metal, afloje la orilla de los panes. Ponga una rejilla de alambre sobre uno de los moldes y sosténgalos juntos con guantes para horno; voltéelos de manera que el molde quede invertido sobre la rejilla. Con suavidad, sacuda el pan para desmoldarlo. Repita el procedimiento con el otro pan. Déjelos enfriar completamente.

8. Con un cepillo para repostería o con la mano, retire con cuidado las migajas sueltas de la parte superior y del costado de los panes.

9. Prepare el Betún de Vainilla. Para formar la torta, sobre un platón ponga un pan; úntelo con un poco de betún. Cubra con el segundo pan.

10. Unte el betún sobre la parte superior y el costado de la torta. Con una espátula flexible de metal, alise lo más posible la superficie del pastel.

11. Pase un cepillo para torta por el costado y por la parte superior para darle un efecto rayado. Adorne si lo desea.

Rinde una torta de 2 capas

Betún de Vainilla

⅓ **de taza más 2 cucharadas de harina de trigo**
   Pizca de sal
 1 **taza de leche**
½ **taza de manteca**
½ **taza (1 barra) de margarina, suavizada**
1¼ **tazas de azúcar granulada**
 1 **cucharadita de vainilla**

1. En una cacerola de 2 litros, ponga la harina y la sal; agregue gradualmente la leche hasta que se mezclen. Cueza a fuego medio hasta que se espese; revuelva de vez en cuando. Deje enfriar.

2. En el tazón grande de la batidora eléctrica, bata la manteca con la margarina a velocidad media hasta que estén cremosas. Agregue el azúcar; bata hasta que esponje. Incorpore la vainilla. Agregue la mezcla de harina fría; bata hasta que se incorporen.

Paso 7. Saque el pan del molde.

Paso 11. Pase un cepillo para torta sobre la superficie.

Torta de Calabaza y Chocolate

2 a 3 calabazas medianas
½ taza (1 barra) de margarina o mantequilla suavizada
½ taza de aceite vegetal
1⅔ tazas de azúcar
2 huevos grandes
1 cucharadita de vainilla
½ cucharadita de jarabe de chocolate
2½ tazas de harina de trigo
¼ de taza de cocoa sin endulzar
1 cucharadita de bicarbonato de sodio
½ cucharadita de sal
½ taza de suero de leche
½ taza de nueces picadas
1 taza (180 g) de chispas de chocolate semiamargo

1. Caliente el horno a 160 °C. Con un poco de manteca, engrase un molde de 33×23 cm.

2. Espolvoree de 3 a 4 cucharaditas de harina en el molde; con delicadeza, incline el molde para cubrir el fondo y los costados. Voltee el molde y déle un golpe ligero para eliminar el exceso de harina.

3. Con un rallador de campana o de mano, ralle la calabaza hasta obtener 2 tazas. (No es necesario que pele la calabaza antes de rallarla.)

4. En el tazón grande de la batidora eléctrica, bata la margarina con el aceite y el azúcar a velocidad media hasta que estén bien incorporados.

5. Agregue los huevos, 1 a la vez; bata bien después de cada adición. Sin dejar de batir, incorpore la vainilla y el jarabe de chocolate.

6. En un recipiente mediano, mezcle la harina, la cocoa, el bicarbonato de sodio y la sal. Añada a la mezcla de margarina alternándola con el suero de leche; bata bien después de cada adición. Ponga la calabaza.

7. Vierta en el molde enharinado. Encima distribuya las nueces y las chispas de chocolate.

8. Hornee por 55 minutos o hasta que, al insertar en el centro del pan un palillo, éste salga limpio; deje enfriar completamente en el molde sobre una rejilla de alambre. Corte en cuadros. Úntelo con su betún de chocolate favorito si lo desea.

Rinde una torta de 33×23 cm

Paso 1. Engrase el molde.

Paso 3. Ralle la calabaza.

Paso 7. Distribuya sobre la pasta las nueces y las chispas de chocolate.

Torta de Arándano Negro

1 limón
½ taza (1 barra) de mantequilla
    suavizada
⅔ de taza de azúcar
1 huevo grande
2½ cucharaditas de vainilla
1½ tazas de harina de trigo
1½ cucharaditas de polvo para
    hornear
4 tazas de arándano negro fresco
2 tazas de crema agria
2 yemas de huevo grande
    (página 343)
¼ de cucharadita de cardamomo
    molido
    Cáscara de limón y hojas de
    menta para adornar

1. Caliente el horno a 180 °C. Con un poco de manteca, engrase un molde con desmoldador de 23 cm de diámetro.

2. Ralle finamente la porción coloreada de la cáscara del limón; utilice un rallador de campana o un rallador de mano. Obtenga ¼ de cucharadita.

3. En el tazón grande de la batidora eléctrica, bata la mantequilla con ⅓ de taza de azúcar, a velocidad media, hasta que esponje. Incorpore 1 huevo y 1½ cucharaditas de vainilla.

4. En un recipiente mediano, combine la harina con el polvo para hornear. Agregue esta mezcla a la de mantequilla; revuelva hasta que se incorporen. Vierta en el molde; encima acomode el arándano.

5. Mezcle el azúcar restante, 1 cucharadita de vainilla, la crema agria, las yemas de huevo, el cardamomo y la cáscara de limón rallada; vierta sobre el arándano.

6. Hornee de 50 a 55 minutos o hasta que se cueza. (No cueza de más.) Deje enfriar por 10 minutos. Afloje el aro del molde. Deje enfriar completamente la torta antes de retirar el aro. Adorne si lo desea.

Rinde una torta de 23 cm de diámetro

Paso 4. Acomode el arándano sobre la pasta.

Paso 5. Vierta la mezcla de crema agria sobre el arándano.

Paso 6. Afloje el aro del molde.

Panqué de Suero de Leche

3 tazas de harina de trigo cernida
½ cucharadita de polvo para hornear
½ cucharadita de bicarbonato de sodio
½ cucharadita de sal
1 taza (2 barras) de mantequilla o margarina suavizada
2 tazas de azúcar superfina*
2 huevos grandes
1 cucharadita de vainilla
1 cucharadita de extracto de limón
1 taza de suero de leche
1 naranja para adornar
Rebanadas de carambola (estrellita) y de fresa para adornar

*El azúcar superfina es azúcar granulada más fina que el azúcar común.

1. Caliente el horno a 180 °C. Con un poco de manteca, engrase dos moldes para panqué de 23×13 cm. En cada molde espolvoree de 2 a 3 cucharaditas de harina. Con delicadeza, incline el molde para cubrir el fondo y los costados. Voltee el molde y déle un golpe ligero para eliminar el exceso de harina.

2. En un recipiente mediano, mezcle la harina con el polvo para hornear, el bicarbonato de sodio y la sal.

3. En el tazón grande de la batidora eléctrica, bata la mantequilla con el azúcar a velocidad alta hasta que esponje. Agregue los huevos, 1 a la vez; bata bien después de cada adición. Incorpore la vainilla y el extracto de limón.

4. Agregue, alternándolos, la mezcla de harina con el suero de leche; bata bien después de cada adición. Vierta equitativamente en los moldes.

5. Hornee de 35 a 40 minutos o hasta que, al insertar en el centro del pan un palillo, éste salga limpio.

6. Con un pelador de cítricos, pele la naranja recortando tiras delgadas. Consérvelas para adornar si lo desea.

7. Deje enfriar los panqués por 10 minutos en los moldes, sobre rejillas de alambre. Afloje las orillas; desmolde los panes y déjelos sobre las rejillas de alambre para que se enfríen por completo. Adorne si lo desea. *Rinde dos panqués de 23×13 cm*

Paso 1. Enharine el molde.

Paso 3. Agregue los huevos.

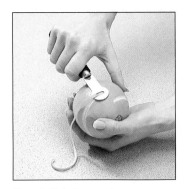

Paso 6. Pele la naranja.

Volteado de Manzana

¼ de taza (½ barra) más
    3 cucharadas de mantequilla
½ taza compacta de azúcar morena
½ cucharadita de canela molida
¼ de cucharadita de nuez moscada
    molida
¼ de cucharadita de macís molido
  3 manzanas McIntosh*
 2 cucharaditas de jugo de limón
1⅓ tazas de harina para torta,
    cernida
¾ de taza de azúcar granulada
1¾ cucharaditas de polvo para
    hornear
¼ de cucharadita de sal
½ taza de leche
 1 cucharadita de vainilla
 1 huevo grande, separado
    (página 343)

*Puede utilizar cualquier tipo de manzana grande adecuada para cocer.

1. Caliente el horno a 190 °C.

2. En un molde cuadrado de 20 cm para horno, derrita ¼ de taza de mantequilla. Agregue el azúcar morena y las especias; revuelva bien.

3. Pele las manzanas; quíteles el corazón y deséchelos.

4. Corte las manzanas en aros. Acomódelos sobre la mezcla de azúcar morena; rocíelos con jugo de limón.

5. En un tazón grande, mezcle la harina para torta, el azúcar granulada, el polvo para hornear y la sal. Con un mezclador de repostero, incorpore la mantequilla restante hasta que la mezcla tenga una consistencia de migajas gruesas.

6. Vierta la leche y la vainilla; bata con la batidora eléctrica a velocidad baja hasta que se humedezcan los ingredientes en polvo. Bata por 2 minutos más a velocidad media. Incorpore la yema de huevo.

7. Limpie las aspas de la batidora. En un tazón chico, bata la clara de huevo a velocidad alta hasta que se formen picos rígidos. Con delicadeza, revuelva de forma envolvente la clara en la pasta. Vierta en el molde sobre la manzana.

8. Hornee por 35 minutos o hasta que, al insertar en el centro del pan un palillo, éste salga limpio. Deje enfriar la torta por 5 minutos en el molde, sobre una rejilla de alambre. Afloje las orillas y voltee la torta sobre un platón. Deje reposar por 1 minuto antes de sacarla del molde. Sírvala caliente.

Rinde una torta cuadrada de 20 cm

Paso 3. Quíteles el corazón a las manzanas.

Paso 5. Incorpore la mantequilla.

Rosca Angelical

1¼ tazas de harina para torta
1⅓ tazas más ½ taza de azúcar
12 claras de huevo grande
 (página 343)
1¼ cucharaditas de cremor tártaro
¼ de cucharadita de sal
1 cucharadita de vainilla
¼ de cucharadita de extracto de
 almendra
 Fresas frescas para acompañar
 (opcional)

1. Caliente el horno a 180 °C.

2. Cierna cuatro veces la harina junto con ½ taza de azúcar.

3. En el tazón grande de la batidora eléctrica, bata juntas las claras de huevo con el cremor tártaro, la sal, la vainilla y el extracto de almendra, a velocidad alta, hasta que se formen picos rígidos.

4. Agregue gradualmente las 1⅓ tazas de azúcar; bata bien después de cada adición. Con una espátula de hule, incorpore con movimientos envolventes la mezcla a la pasta; revuelva desde el fondo y limpiando la pared del tazón; después revuelva la parte superior de la pasta. Repita el procedimiento hasta que la mezcla de harina esté bien incorporada.

5. Vierta en un molde de rosca de 25 cm de diámetro sin engrasar.

6. Hornee de 35 a 40 minutos o hasta que la rosca se sienta esponjosa cuando la presione ligeramente con un dedo.

7. Voltee el molde; póngalo sobre una botella vacía, limpia y a prueba de calor. Deje que la rosca se enfríe completamente antes de sacarla del molde.

8. Acompañe con fresas si lo desea.

Rinde una rosca de 25 cm de diámetro

Paso 2. Cierna juntas la harina y la sal.

Paso 4. Revuelva.

Paso 6. Compruebe si ya está lista.

Pay de Queso y Manzana

1 taza de galletas de trigo entero
   molidas
1 taza de azúcar
1 cucharadita de canela molida
3 cucharadas de margarina
   derretida
2 cajas (de 225 g cada una) de
   queso crema suavizado
2 huevos grandes
½ cucharadita de vainilla
1.125 kg de manzana pelada, en
   rebanadas delgadas (4 tazas)
½ taza de nueces picadas

1. Caliente el horno a 180 °C.

2. En un recipiente chico, mezcle la galleta pulverizada, 3 cucharadas de azúcar, ½ cucharadita de canela y la margarina; revuelva bien. Ponga la mezcla en un molde para pay de 23 cm de diámetro y presiónela para que se adhiera a la base y al costado del molde.

3. Hornee la base por 10 minutos.

4. En el tazón grande de la batidora eléctrica, bata el queso crema con ½ taza de azúcar a velocidad media hasta que se incorporen. Agregue los huevos, 1 a la vez; bata bien después de cada adición. Vierta la vainilla y la mezcla sobre la base.

5. Mezcle el azúcar con la canela restantes en un recipiente grande. Agregue la manzana; revuelva con suavidad para cubrirla.

6. Acomode la manzana sobre la mezcla de queso crema.

7. Encima espolvoree las nueces.

8. Hornee durante 1 hora y 10 minutos o hasta que se cueza. Deje enfriar completamente antes de servir. Guarde en el refrigerador.

Rinde un pay de queso de 23 cm de diámetro

Paso 2. Presione la mezcla de galleta en la base del molde.

Paso 6. Acomode la manzana sobre la mezcla de queso crema.

Paso 7. Encima espolvoree las nueces.

Pay de Queso con Nuez

225 g de galletas de chocolate o de vainilla

¼ de taza (½ barra) de mantequilla derretida

2½ cajas (560 g en total) de queso crema suavizado (página 178)

1 taza de azúcar

4½ cucharaditas de harina de trigo

¼ de cucharadita de sal

1 cucharadita de vainilla

3 huevos grandes

2 cucharadas de crema batida

Betún de Caramelo (receta más adelante)

Betún de Chocolate (receta más adelante)

1 Taza de nueces tostadas y picadas

1. Caliente el horno a 230 °C.

2. Meta las galletas en una bolsa de plástico; saque el exceso de aire y cierre la bolsa. Con un rodillo, machaque las galletas hasta que estén finamente molidas.

3. Mezcle las migajas de galleta con la mantequilla; póngalas en un molde con desmoldador de 23 cm de diámetro y presiónelas en el fondo.

4. En el tazón grande de la batidora eléctrica, bata el queso crema a velocidad media hasta que esté cremoso. Agregue el azúcar, la harina, la sal y la vainilla; revuelva bien. Añada los huevos, 1 a la vez; bata bien después de cada adición. Incorpore la crema y vierta sobre la base. Hornee por 10 minutos.

5. Baje la temperatura del horno a 90 °C. Continúe horneando de 35 a 40 minutos o hasta que esté cocido. Afloje el aro del molde y retírelo; deje enfriar.

6. Prepare el Betún de Caramelo y el Betún de Chocolate. Rocíelos sobre el pay de queso; refrigérelo. Encima espolvoree las nueces.

Rinde un pay de queso de 23 cm de diámetro

Betún de Caramelo

½ bolsa de caramelos (420 g)
⅓ de taza de crema batida

En una cacerola chica mezcle los ingredientes; póngalos a fuego bajo y revuelva hasta que se incorporen.

Betún de Chocolate

120 g de chocolate de leche para hornear
1 cucharadita de mantequilla
2 cucharadas de crema batida

En una cacerola chica mezcle los ingredientes; póngalos a fuego bajo y revuelva hasta que se incorporen.

Paso 2. Machaque las galletas con un rodillo.

Paso 4. Agregue los huevos.

Paso 6. Rocíe el Betún de Chocolate sobre el pay de queso.

Flores de Queso con Frambuesa

3 bolsas (de 300 g cada una) de
   frambuesa en almíbar,
   descongelada
¼ de taza de mantequilla derretida
8 hojas de pasta filo*
1 caja (225 g) de queso crema
   suavizado (página 178)
½ taza de queso cottage
1 huevo grande
½ taza más 3 cucharadas de azúcar
4 cucharaditas de jugo de limón
½ cucharadita de vainilla
   Frambuesas frescas y rebanadas
   de kiwi para adornar

*Cubra la pasta con plástico y después con un
trapo de cocina húmedo para evitar que se
reseque.

1. Escurra las frambuesas descongeladas en un colador fino colocado sobre una taza medidora de vidrio de 1 taza de capacidad. Conserve el almíbar.

2. Caliente el horno a 180 °C. Engrase 12 moldes para muffin (de 7 cm de diámetro).

3. Barnice una hoja de pasta con la mantequilla derretida. Cúbrala con una segunda hoja de pasta; barnícela con mantequilla. Repita el procedimiento con el resto de la pasta.

4. Corte la pila de pasta en tres tiras a lo largo y después en cuatro a lo ancho; debe obtener 12 cuadros en total. Con suavidad, meta una pila de cuadros en cada molde para muffin.

5. En un procesador de alimentos o en la licuadora, ponga el queso crema, el queso cottage, el huevo, 3 cucharadas de azúcar, 1 cucharadita de jugo de limón y la vainilla; procese hasta que se incorporen. Vierta equitativamente la mezcla entre los moldes.

6. Hornee de 10 a 15 minutos o hasta que la pasta esté un poco dorada. Con cuidado, desmolde la pasta y póngala sobre una rejilla de alambre para que se enfríe.

7. En una olla chica, ponga a hervir el almíbar de frambuesa a fuego medio-alto. Cueza hasta que se reduzca a ¾ de taza; revuelva de vez en cuando.

8. En el procesador de alimentos o en la licuadora, ponga las frambuesas descongeladas; procese hasta que se licuen. Vierta sobre un colador fino y presione con el dorso de una cuchara para eliminar las semillas.

9. En un recipiente chico, mezcle el puré de frambuesa, el almíbar de frambuesa, el azúcar restante y las 3 cucharaditas de jugo de limón; revuelva bien.

10. Para servir, vierta la salsa de frambuesa en 12 platos para postre. Encima ponga las flores de queso. Adorne si lo desea.   *Rinde 12 porciones*

Paso 1. Escurra las frambuesas.

Paso 3. Barnice la pasta con la mantequilla.

Paso 4. Acomode la pasta en los moldes para muffin.

Pay Volteado de Manzana

Masa Doble para Pay
- 2 tazas de harina de trigo
- ½ cucharadita de sal
- ¾ de taza de manteca
- 5 cucharadas de agua helada

Relleno de Manzana
- ¼ de taza de mantequilla o margarina suavizada
- ½ taza de mitades de nuez
- ½ taza compacta de azúcar morena
- 4 manzanas Granny Smith grandes
- 1 cucharada de jugo de limón
- 1 cucharada de harina de trigo
- ½ taza de azúcar granulada
- 1 cucharadita de canela molida
- 1 cucharadita de nuez moscada molida
- Pizca de sal

1. Prepare la Masa Doble para Pay de acuerdo con la técnica de la página 10. Cubra la pasta con plástico y refrigérela por 30 minutos.

2. En un molde para pay de 23 cm de diámetro, distribuya uniformemente la mantequilla en la base y el costado. Presione las nueces, con la parte curva hacia abajo, en la mantequilla. Distribuya el azúcar morena sobre las nueces.

3. Caliente el horno a 200 °C. Extienda 1 bola de masa para la base del pay (técnica en la página 10). Póngala sobre el azúcar morena y la nuez.

4. Pele las manzanas; quíteles el corazón y deséchelos. Rebane las manzanas.

5. Ponga las rebanadas de manzana en un recipiente grande; rocíelas con el jugo de limón. En un recipiente chico, mezcle la harina, el azúcar granulada, la canela, la nuez moscada y la sal; espolvoree sobre la manzana; revuelva para cubrirla.

6. Ponga la manzana sobre la base de pay; distribúyala uniformemente para hacer la capa superior.

7. Extienda la parte superior de la masa y póngala sobre el relleno (técnica en la página 10).

8. Recorte la orilla de la masa de manera que sobresalga 1.5 cm. Doble hacia abajo la parte que sobresale, para que quede al nivel de la orilla del molde. Presiónela y aplánela para sellarla. Si lo desea, pliéguela. Pique la cubierta superior con un tenedor para permitir que salga el vapor.

9. Hornee por 50 minutos. Saque del horno; deje enfriar por 5 minutos sobre una rejilla de alambre.

10. Ponga un platón sobre el molde caliente. Voltee ambos de manera que el platón quede abajo. Desmolde el pay. Sirva el pay caliente o a temperatura ambiente. *Rinde de 6 a 8 pociones*

Paso 2. Distribuya el azúcar morena sobre la nuez.

Paso 4. Rebane las manzanas.

Paso 10. Después de voltear el pay, retire el molde.

Pay Neblina del Mississippi

1 caja (225 g) de queso crema
    ligero
6 a 8 limones
50 galletas de vainilla
5 cucharadas de mantequilla o
    margarina derretida
2 tazas de fresas frescas
1 lata (420 ml) de leche
    condensada endulzada
1 cucharada de licor de crema de
    menta verde
    Crema Batida Endulzada
    (página 372)
    Rebanadas de limón para
    adornar

1. Desenvuelva el queso crema y póngalo con la envoltura sobre una tabla para picar. Con un cuchillo de uso práctico, corte el queso a lo largo en rebanadas de 1.5 cm de ancho; después córtelo a lo ancho en cubos de 1.5 cm. Déjelo reposar a temperatura ambiente hasta que se suavice.

2. Para exprimir los limones, córtelos por la mitad sobre la tabla para picar.

3. Con un exprimidor de cítricos, exprima los limones y vierta el jugo en una taza medidora o en un tazón chico. Obtenga ½ taza de jugo.

4. Ponga las galletas en el procesador de alimentos o en la licuadora; procese pulsando el botón de encendido/apagado hasta que estén finamente molidas.

5. En un recipiente mediano, mezcle las migajas de galleta con la mantequilla; revuelva bien. Compacte la mezcla en la base y en el costado de un molde para pay de 23 cm. Refrigere hasta que esté firme.

continúa en la página 372

Paso 1. Suavice el queso crema.

Paso 3. Exprima los limones.

Paso 4. Muela las galletas en el procesador de alimentos.

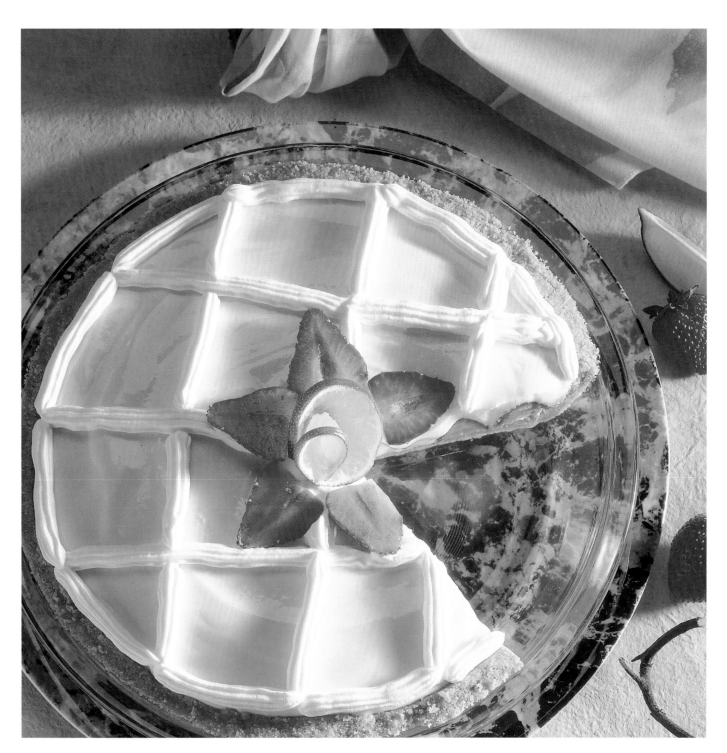

Pay Neblina del Mississippi, continuación

6. Reserve 3 fresas para adornar. Recorte el cáliz de las fresas restantes de manera que las fresas no midan más de 2.5 cm de largo. Acomode las fresas sobre la base, con el lado cortado hacia abajo; refrigere.

7. En el tazón grande de la batidora eléctrica, bata el queso crema a velocidad media hasta que esté suave; limpie una vez la pared del tazón. Vierta la leche condensada y bata a velocidad media hasta que se incorpore. Vacíe el jugo de limón y el licor; bata a velocidad baja hasta que se incorpore.

8. Vierta en la base para cubrir las fresas. Refrigere durante 1 hora por lo menos.

9. Prepare la Crema Batida Endulzada. Viértala en una duya con punta decorativa de estrella. Con la crema, haga un diseño reticulado en la parte superior del pay.

10. Rebane las fresas que reservó. Adorne si lo desea.   *Rinde de 6 a 8 porciones*

Crema Batida Endulzada

1 taza de crema batida
3 cucharadas de azúcar
½ cucharadita de vainilla

1. Refrigere un tazón grande y los ingredientes. Vierta la crema batida fría en el tazón refrigerado y bata con una batidora eléctrica a velocidad alta hasta que se formen picos suaves. Para comprobar, saque las aspas de la crema; la mezcla debe tener picos suaves, pero definidos.

2. Agregue gradualmente el azúcar y la vainilla. Bata hasta que se formen picos rígidos. Para comprobar, saque las aspas de la crema; los picos rígidos deben permanecer en la superficie.

Paso 6. Acomode las fresas sobre la base.

Paso 9. Haga un diseño reticulado sobre el pay.

Crema Batida Endulzada: Paso 2. Compruebe si se forman picos rígidos.

Torta Rellena de Natilla al Ron

6 huevos grandes
1¼ tazas de azúcar granulado
¾ de cucharadita de sal
1¼ tazas de harina de trigo
⅓ de taza de fécula de maíz
3 tazas de leche
2 yemas de huevo grande
2 cucharadas de mantequilla o margarina
2 cucharaditas de vainilla
950 g de fresas frescas
6 cucharadas de ron añejo
4 tazas de crema espesa o crema batida (950 g)
¼ de taza de azúcar glass cernida

1. Caliente el horno a 180 °C. Engrase y enharine un molde con desmoldador de 25 cm de diámetro. En el tazón grande de la batidora eléctrica, bata los huevos a velocidad alta hasta que esponjen. Sin dejar de batir, incorpore ¾ de taza de azúcar granulada, 2 cucharadas a la vez; bata bien después de cada adición. Bata por 3 minutos más e incorpore ¼ de cucharadita de sal. Cierna ⅓ de la harina sobre la mezcla de huevo; bata en forma envolvente. Repita hasta que haya incorporado toda la harina.

2. Distribuya la pasta en el molde. Hornee durante 40 minutos o hasta que, al insertar en el centro del pan un palillo, éste salga limpio. Deje enfriar por 10 minutos en el molde sobre una rejilla de alambre. Con un cuchillo o con una espátula flexible de metal, afloje el pan de la orilla del molde; retire el aro. Pase el pan a una rejilla de alambre sin la base del molde. Deje enfriar por completo. Lave el molde.

3. Para preparar la natilla, mezcle el azúcar granulada y la sal restantes con la fécula de maíz en una cacerola grande; revuelva. Agregue la leche y revuelva hasta que se incorpore. Deje que hierva a fuego medio; revuelva con frecuencia. Hierva por 3 minutos, sin dejar de mover; retire del fuego. En un recipiente chico, bata las yemas; añada gradualmente 1 taza de la mezcla de leche caliente. Vierta poco a poco, sin dejar de mover, la mezcla de yema de huevo en la mezcla de leche restante en la cacerola. Cueza a fuego bajo por 1 minuto, sin dejar de revolver. De inmediato, pase la natilla a un recipiente mediano. Corte la mantequilla en 6 trozos; agréguelos a la natilla y revuelva hasta que se derritan. Vierta la vainilla. Ponga un pedazo de papel encerado en la superficie y presiónelo; refrigere hasta que se enfríe por completo.

4. Enjuague y escurra las fresas. Séquelas y reserve 8 fresas enteras; envuélvalas en plástico y refrigérelas para usarlas posteriormente para adornar. Quite el cáliz y corte en rebanadas el resto de las fresas.

Paso 1. Cierna la harina sobre la mezcla de huevo.

Paso 3. Cueza y revuelva la natilla hasta que se espese.

Paso 4. Quite el cáliz y rebane las fresas.

continúa en la página 374

Torta Rellena de Natilla al Ron, continuación

5. Para cortar horizontalmente en 3 capas iguales el pan frío, mídalo con una regla y divídalo en 3 partes iguales; márquelas con palillos de madera. Corte el pan con un cuchillo con sierra; utilice los palillos de madera como guías.

6. Para formar la torta, barnice la parte superior de cada capa con 2 cucharadas de ron. Ponga una capa de torta en la base del molde limpio. Unte equitativamente la mitad de la natilla. Acomode la mitad de las rebanadas de fresa sobre la natilla en una sola capa. Coloque una segunda capa de pan; unte la natilla restante y corone con las demás rebanadas de fresa. Encima ponga la tercera capa de pan. Tape y refrigere durante 12 horas por lo menos.

7. Unos 45 minutos antes de servir, en el tazón grande de la batidora eléctrica bata la crema con el azúcar glass a velocidad alta hasta que esté rígida. Vierta 2 tazas de la crema batida en una duya con punta de estrella grande; refrigérela.

8. Retire el aro del molde; ponga la torta sobre un platón. (No retire la base del molde.) Unte el resto de la crema batida y alise el costado y la parte superior del pastel.

9. Con la crema batida decore la parte superior y el costado del pastel. Refrigere por 30 minutos antes de servir.

10. Para servir, adorne con las fresas enteras que reservó. Corte el pastel en rebanadas. Refrigere los sobrantes.

Rinde de 10 a 12 porciones

Paso 5. Corte el pan en 3 capas iguales.

Paso 6. Acomode las rebanadas de fresa sobre la natilla.

Paso 9. Adorne la torta con la crema batida.

Torta Crujiente de Durazno

**1 lata (800 g) o 2 latas (de 450 g
cada una) de duraznos en
almíbar en rebanadas**
**⅓ de taza más 1 cucharada de
azúcar granulada**
1 cucharada de fécula de maíz
½ cucharadita de vainilla
½ taza compacta de azúcar morena
2 tazas de harina de trigo
**⅓ de taza de avena desmenuzada
sin cocer**
**¼ de taza de margarina o
mantequilla derretida**
½ cucharadita de canela molida
½ cucharadita de sal
½ taza de manteca
**4 a 5 cucharadas de agua fría
Crema Batida Endulzada
(página 372) para adornar**

1. Escurra las rebanadas de durazno en un colador fino colocado sobre una taza medidora de 2 tazas de capacidad. Conserve ¾ de taza del almíbar.

2. En una cacerola chica, mezcle ⅓ de taza de azúcar granulada con la fécula de maíz. Lentamente agregue el almíbar; revuelva bien. Añada la vainilla. Cueza a fuego bajo, revolviendo sin cesar, hasta que espese.

3. En un recipiente chico, mezcle el azúcar morena, ½ taza de harina, la avena, la margarina y la canela; revuelva hasta que la mezcla tenga una consistencia de migajas gruesas.

4. Caliente el horno a 180 °C.

5. En un recipiente chico, mezcle la harina y el azúcar granulada restantes con la sal. Incorpore la manteca y, con un mezclador de repostero o con 2 cuchillos, córtela hasta que se formen pedazos del tamaño de un chícharo.

6. Vierta el agua, 1 cucharada a la vez, sobre la mezcla de harina. Revuelva un poco con un tenedor hasta que la mezcla se pegue. Forme una bola.

7. Extienda la masa en un cuadrado de .5 cm de grosor (técnica en la página 10). Corte un cuadrado de 25 cm.

8. Doble la masa por la mitad y otra vez por la mitad. Con cuidado, ponga la masa doblada en el centro de un refractario de 20×20 cm. Desdóblela y presiónela contra la base y contra unos 2.5 cm de los costados del refractario.

9. Sobre la base acomode el durazno y vierta encima la salsa. Espolvoree las migajas.

10. Hornee por 45 minutos. Prepare la Crema Batida Endulzada. Sirva caliente o a temperatura ambiente y acompañe con la Crema Batida Endulzada, si lo desea.   *Rinde unas 6 porciones*

Paso 1. Escurra los duraznos.

Paso 5. Corte la manteca hasta que se formen pedazos del tamaño de un chícharo.

Paso 8. Presione la masa contra la base y los costados del refractario.

Nieve Italiana

1 taza de vino blanco afrutado
1 taza de agua
1 taza de azúcar
1 taza de jugo de limón
2 claras de huevo* (página 343)
Moras frescas (opcional)
Hojas de menta para adornar

*Utilice huevos limpios, que no estén rotos.

1. En una cacerola chica, ponga el vino y el agua; agregue el azúcar. Cueza a fuego medio-alto hasta que se disuelva el azúcar y el jarabe hierva; revuelva con frecuencia. Tape y deje hervir por 1 minuto. Destape; ajuste el fuego para que se siga cociendo. Deje cocer por 10 minutos sin revolver. Retire del fuego. Refrigere por 1 hora o hasta que el jarabe esté completamente frío.

2. Incorpore el jugo de limón en el jarabe frío. Vierta en un molde redondo para torta de 23 cm de diámetro. Congele por 1 hora.

3. Rápidamente, bata la mezcla con un tenedor rompiendo los cristales. Congele durante 1 hora más o hasta que esté firme, pero no sólido. Mientras tanto, ponga un tazón mediano en el congelador para que se enfríe.

4. En el tazón chico de la batidora eléctrica, bata las claras de huevo a velocidad alta hasta que se formen picos rígidos. Pase la mezcla de limón del molde al tazón frío. De inmediato, bata el hielo con un batidor o con un tenedor hasta que se suavice. Incorpore de manera envolvente las claras de huevo; revuelva bien. Distribuya uniformemente la mezcla en el mismo molde para torta.

5. Congele por 30 minutos. De inmediato, revuelva con un tenedor; cubra el molde con papel de aluminio. Congele durante 3 horas por lo menos o hasta que esté firme.

6. Sirva cucharadas de helado en copas altas para champaña o en platos para postre. Acompañe con las moras. Adorne con hojas de menta si lo desea.

Rinde 4 porciones

Paso 2. Vierta el jarabe frío en un molde para torta.

Paso 3. Rompa el hielo.

Paso 4. Incorpore de forma envolvente las claras de huevo batidas en la mezcla congelada.

Índice

Notas